DIE RECHTSVERFOLGUNG
IM
INTERNATIONALEN VERKEHR.

DARSTELLUNG

DER JUSTIZORGANISATION, DES PROZESSRECHTS,
DES KONKURSRECHTS UND DER ERBSCHAFTSREGULIRUNG
IN DEN KULTURSTAATEN DES ERDBALLS.

UNTER

MITWIRKUNG HERVORRAGENDER JURISTEN ALLER LÄNDER

HERAUSGEGEBEN

VON

Dr. W. REULING, UND **Dr. W. LOEWENFELD,**

RECHTSANWALT BEIM REICHSGERICHT ZU LEIPZIG, RECHTSANWALT BEIM LANDGERICHT I ZU BERLIN.

ERSTE LIEFERUNG.

(DEUTSCHES REICH, OESTERREICH-UNGARN EINSCHLIESSLICH BOSNIEN
UND HERZEGOWINA, SCHWEIZ, NIEDERLANDE.)

LEIPZIG,
VERLAG VON VEIT & COMP.
1887.

Der Prospekt umstehend.

Prospekt.

Das vorliegende Werk soll nicht einseitig den Interessen des deutschen Juristen und des deutschen Handelsstandes dienen; es ist bestimmt, ein Hand- und Nachschlagebuch für alle Länder der Kulturwelt zu werden.

Durch die Ausdehnung der internationalen Beziehungen, durch die vielfachen direkten Verbindungen zwischen den Produktionsstätten und den Centren der Konsumtion, sowie in Folge des Wandertriebes der Bevölkerungen der Kulturländer haben die Fälle, in welchen das rechtsuchende Publikum genöthigt ist, sein Recht bei den Gerichten auswärtiger Staaten zu suchen, eine früher ungeahnte Zahl und Bedeutung erlangt. In solchen Fällen tritt den Betheiligten und den berathenden Anwälten als die grösste und kaum zu überwindende Schwierigkeit die thatsächliche Unmöglichkeit entgegen, sich von den Rechtsnormen und den Justizeinrichtungen des fremden Staates ausreichende Kenntniss zu verschaffen. Auf dem Gebiete des materiellen Rechts ist wenigstens für die praktisch bedeutsamsten Gebiete, das Handels- und Wechselrecht, sowie das Urheber- und Patentrecht, durch die werthvollen Arbeiten von Borchardt, Klostermann, Gareis u. A. diese Schwierigkeit im Wesentlichen beseitigt. Dagegen fehlt es, sowohl in deutscher als in fremder Sprache, an einem gleichartigen Werke, welches die Gerichtsorganisation (einschliesslich der Konsulargerichtsbarkeit), das Prozessrecht, das Konkursrecht und die Regulirung der Erbschaften behandelt. Und doch ist Kenntniss der Justizeinrichtungen des fremden Landes sowohl für die Ertheilung der Information an den ausländischen Prozessbevollmächtigten, wie zur Kontrolle desselben unentbehrlich. Ja, der Entschluss selbst, vor einem ausländischen Gericht den Prozess zu führen, wird in erster Linie von den Garantien, welche die Gerichte des Landes für eine gute und rasche Rechtspflege, und die Anwälte für gewissenhafte Prozessführung bieten, sowie von der Erwägung abhängig sein, welche Kosten durch den Rechtsstreit verursacht werden.

Wesentlich diesem praktischen Bedürfniss soll Abhülfe geschaffen werden durch ein Werk, zu welchem die Herausgeber und die unterzeichnete Verlagsbuchhandlung mit hervorragenden praktischen Juristen in allen für die Aufgabe irgend in Betracht kommenden Ländern der Erde sich verbunden haben.

Aber nicht nur für diejenigen, welche im Auslande Prozesse führen, sondern für Alle, welche überhaupt Rechts- und Geschäftsbeziehungen ausserhalb ihres Landes unterhalten, hat das vorliegende Werk eine nicht zu

Fortsetzung auf Seite 3 des Umschlags.

Erster Abschnitt.

Deutsches Reich.

Von

Richard Altsmann,

Amtsrichter in Nauen bei Berlin.

Ein übersichtliches Bild der deutschen Justizeinrichtungen zu geben, hätte noch vor wenigen Jahren bei der Mannigfaltigkeit der damals in den einzelnen Bundesstaaten geltenden Rechtsnormen fast unüberwindliche Schwierigkeiten geboten. Durch die im Jahre 1879 in Kraft getretenen grossen Reichsgesetze sind jedoch die Verfassung der Gerichte, das Civilprozessverfahren und das Konkursrecht für das Deutsche Reich einheitlich geregelt. Dagegen herrscht auf dem Gebiete des materiellen bürgerlichen Rechts die alte Zerrissenheit. Nur das Handelsrecht, Wechselrecht und einzelne kleinere Materien sind einheitlich geordnet; ein gemeinsames bürgerliches Gesetzbuch ist zwar seit Jahren in Vorbereitung, wird jedoch voraussichtlich noch längere Zeit auf sich warten lassen. Auf keinem Gebiete des materiellen Rechts aber ist die Zersplitterung grösser als auf dem Gebiete des ehelichen Güterrechts und, im Zusammenhang damit, des Erbrechts. Denn in weitem Umfange haben hier statutarische und provinzialrechtliche Normen sich entwickelt und Geltung gewonnen. Die Darstellung des Nachlasswesens kann deshalb in dem engen Rahmen dieser Skizze nur eine fragmentarische sein.

A. Verfassung und sachliche Zuständigkeit der Gerichte.

Das am 1. October 1879 in Kraft getretene Gerichtsverfassungsgesetz für das Deutsche Reich vom 27. Januar 1877 hat für alle zum Deutschen Reiche gehörigen Staaten die Verfassung und sachliche Zuständigkeit der Gerichtsbehörden einheitlich wie folgt geordnet:

I. Gerichte erster Instanz sind: die **Amtsgerichte** und **Landgerichte.** Die Amtsgerichte bilden die Grundlage des Systems der deutschen Gerichtsverfassung.

Jeder deutsche Staat, mit alleiniger Ausnahme der freien Stadt Lübeck, für deren kleines Gebiet nur ein einziges Amtsgericht errichtet ist, hat sein Territorium in eine Anzahl von Bezirken zerlegt, welche das Zuständigkeitsgebiet je eines Amtsgerichtes bilden, das in diesem Bezirke seinen Sitz hat. Die einzelnen Bezirke sind nach Flächeninhalt und Seelenzahl von verschiedener Grösse, indess bilden die grösseren Städte sämmtlich und die kleineren in ihrer grossen Mehrzahl den Sitz von Amtsgerichten, deren Gebiet ausser dem Stadtbezirke regelmässig zugleich ein mehr oder minder grosses ländliches Territorium umfasst. In besonders stark bevölkerten sowie in städtearmen Gebieten sind auch Dörfer die Sitze eines Amtsgerichtes.

Das Amtsgericht ist je nach der Grösse und Seelenzahl seines Bezirkes mit einem oder mit mehreren Richtern (Amtsrichtern) besetzt, denen das nöthige Bureau- und Unterpersonal beigegeben ist. Jeder der bei dem Amtsgerichte angestellten Richter fungirt als Einzelrichter, d. h. er erledigt die ihm zugewiesenen Geschäfte selbstständig, eine kollegiale Berathung und Beschlussfassung findet nicht statt.

Bei den Amtsgerichten kommt das Gros derjenigen Geschäfte, welche der Bearbeitung durch die Gerichtsbehörden unterliegen, zur Erledigung.

Insbesondere sind diejenigen Geschäfte, welche neben der eigentlichen Rechtsprechung, nach theils reichsgesetzlichen, zumeist aber landesgesetzlichen Bestimmungen, zur Kompetenz der Gerichte gehören, fast durchweg den Amtsgerichten überwiesen. So die Führung der Handelsregister, die Bearbeitung der Vormundschafts-, der Nachlass- und Hypothekensachen u. A. Die den Amtsgerichten übergeordneten Gerichte sind dagegen fast ausschliesslich mit der Rechtsprechung befasst.

In bürgerlichen Rechtsstreitigkeiten sind die Amtsgerichte zuständig (§ 23 Gerichtsverfassungs-Gesetz):

1. Für alle Streitigkeiten über vermögensrechtliche Ansprüche, deren Gegenstand an Geld oder Geldeswerth die Summe von 300 Mark nicht übersteigt — mit Ausnahme einiger Gattungen von Streitigkeiten, welche von dem Gesetze ohne Rücksicht auf den Werth des Streitgegenstandes den Landgerichten ausschliesslich überwiesen sind (§ 70 Gerichtsverfassungs-Gesetz).

Bei Berechnung des Streitgegenstandes werden Nebenforderungen (Früchte, Zinsen, Nutzungen, Schäden und Kosten) in die Klagesumme nicht eingerechnet.

2. Ohne Rücksicht auf den Werth des Streitgegenstandes für eine Reihe von Streitigkeiten, welche theils besonders schneller Erledigung bedürftig sind, theils, ihrer Natur nach, der Entscheidung selten erhebliche Schwierigkeiten bieten.

Es gehören hierher: gewisse Streitigkeiten zwischen Miethern und Vermiethern von Wohnungs- und anderen Räumen, zwischen Herrschaft und Gesinde, Arbeitgebern und Arbeitern, zwischen Reisenden und Wirthen, Fuhrleuten und gewissen anderen Personen; sodann Streitigkeiten wegen Viehmängel, wegen Wildschäden und Ansprüche aus ausserehelichem Beischlafe.

Die Amtsgerichte sind sodann zuständig für das Aufgebotsverfahren. Sie sind ferner zuständig für das Zwangsvollstreckungsverfahren, soweit in demselben richterliche Mitwirkung stattfindet.

Die Amtsgerichte sind endlich auch die Konkursgerichte.

Eine — nicht durchweg gleich gross bemessene — Mehrzahl von Amtsgerichtsbezirken bilden den Bezirk eines Landgerichts.

Die Landgerichte sind kollegiale Behörden, welche mit einer, nach der Grösse des Bezirkes erheblich differirenden, Zahl von Richtern (Landrichtern) besetzt sind.

An der Spitze des Landgerichts steht als erster Justizbeamter des Landgerichtsbezirks der Landgerichts-Präsident; die Mitglieder des Landgerichts und die Amtsrichter, sowie die Bureau- und Unterbeamten des Bezirks unterstehen seiner Dienstaufsicht.[1]

Sind die Amtsrichter nur als Einzelrichter thätig, so ergehen dagegen die Entscheidungen des Landgerichts — wenn von der Thätigkeit der bei den Landgerichten zu bestellenden Untersuchungsrichter und einigen anderen geringfügigen Ausnahmen abgesehen wird — nur als Collegialbeschlüsse. Gefasst werden diese Beschlüsse in den einzelnen „Kammern“ des Landgerichts, welche für die Dauer je eines Geschäftsjahres bei jedem Landgerichte aus den Mitgliedern desselben gebildet werden. Jede Kammer erhält für die Dauer des Jahres ihren Geschäftskreis zugewiesen, eine jede hat ihren ständigen Vorsitzenden, der vor den anderen Kammermitgliedern jedoch im Wesentlichen nur geschäftsleitende Befugnisse voraus hat. Die Landgerichte sind in bürgerlichen Rechtsstreitigkeiten zuständig (§§ 70. 71 Gerichts-Verfassungs-Gesetz):

a) als erstinstanzliche Gerichte für alle Streitigkeiten, welche nicht zur Competenz der Amtsgerichte gehören,

b) als Gerichte zweiter Instanz für die Entscheidung über das Rechtsmittel der „Beschwerde“ gegen Verfügungen und Beschlüsse der Amtsgerichte und über das Rechtsmittel der „Berufung“ gegen die von den Amtsgerichten erlassenen Urtheile.

Und zwar werden diese Geschäfte von den „Civilkammern“ (die „Strafkammern“ sind mit Strafsachen befasst) in einer Besetzung von je drei Mitgliedern (einschliesslich des Vorsitzenden) erledigt.

Die Civilkammern der Landgerichte entscheiden ferner über Beschwerden gegen die von den Amtsgerichten als Konkursgerichten erlassenen Entscheidungen.

Dieselben sind endlich, nach näherer Bestimmung der Landesgesetze, die Beschwerdegerichte in den durch die Landesgesetze den Amtsgerichten überwiesenen, nicht zur eigentlichen Rechtsprechung gehörigen Angelegenheiten (Vormundschafts-, Nachlasssachen u. dergl.).

In einzelnen Landgerichtsbezirken sind neben den Civilkammern „Kammern für Handelssachen“ eingerichtet (§§ 100 ff. Gerichts-Verfassungs-Gesetz), welche aus einem Mitgliede des Landgerichts (ausnahmsweise einem Amtsrichter) als Vorsitzendem und zwei aus den Kaufleuten des Bezirks oder, an Seeplätzen, aus dem Kreise der Schifffahrtskundigen auf je drei Jahre ernannten Handelsrichtern bestehen. Vor die Kammern für Handelssachen, welche nur als erstinstanzliche, nicht auch als Berufungs- oder Beschwerdegerichte thätig werden, können, sofern nach dem Werthe des

[1] An den Landgerichts-Präsidenten sind die Beschwerden zu richten, welche das der Dienstaufsicht unterliegende Verhalten eines Richters oder eines Collegialgerichtes, also insbesondere den Geschäftsgang — ungebührliche Verzögerung u. dergl. — betreffen.

Streitgegenstandes das Landgericht zuständig ist, Klagen gebracht werden: gegen einen Kaufmann aus Geschäften, die auf Seiten beider Kontrahenten Handelsgeschäfte sind, ferner Klagen aus Wechseln und aus einer Reihe im Gesetze näher bezeichneter Rechtsverhältnisse, welche zumeist dem See- und Handelsrecht angehören. Auch der Beklagte kann, wenn die Zuständigkeit der Kammer für Handelssachen begründet, die Klage aber bei einer Civilkammer angebracht ist, die Verweisung des Rechtsstreits vor die Kammer für Handelssachen fordern; indess darf derselbe auf seine Kaufmannseigenschaft sich nur stützen, wenn seine Firma in das Handelsregister eingetragen ist.

II. **Oberlandesgerichte.** Mehrere Landgerichtsbezirke bilden den Bezirk eines Oberlandesgerichts.[1] An der Spitze desselben steht der Oberlandesgerichts-Präsident. Er nimmt für den Bezirk des Oberlandesgerichts diejenige Stellung ein, welche der Landgerichts-Präsident für den Bezirk des Landgerichts inne hat.[2]

Den Kammern der Landgerichte entsprechen die — mit je fünf Mitgliedern (einschliesslich des Vorsitzenden) besetzten — Senate des Oberlandesgerichts. Eine den landgerichtlichen Kammern für Handelssachen entsprechende Einrichtung giebt es bei den Oberlandesgerichten nicht.

Die Civilsenate sind zuständig: für die Entscheidung über Beschwerden gegen von den Landgerichten in erster oder zweiter Instanz gefasste Beschlüsse sowie für die Entscheidung über das Rechtsmittel der „Berufung“ gegen von den Landgerichten (Civil- oder Handelskammern) in erster Instanz erlassene Urtheile.

Die Oberlandesgerichte werden in bürgerlichen Rechtsstreitigkeiten somit nur als Gerichte höherer Instanz, nicht als erstinstanzliche Gerichte thätig.

III. Das **Reichsgericht.** Ueber den Oberlandesgerichten steht als höchster Gerichtshof des Deutschen Reiches das Reichsgericht, welches seinen Sitz zu Leipzig hat.[3]

Die Senate des Reichsgerichts entscheiden in einer Besetzung von sieben Mitgliedern, einschliesslich des Vorsitzenden.

An das Reichsgericht geht in bürgerlichen Rechtsstreitigkeiten das Rechtsmittel der Beschwerde gegen Entscheidungen der Oberlandesgerichte und das Rechtsmittel der „Revision“ gegen die von den Oberlandesgerichten gefällten Urtheile.[4]

---

[1] Die Hansestädte haben ein gemeinschaftliches Oberlandesgericht zu Hamburg, die kleinen Thüringischen Staaten ein solches zu Jena, dessen Bezirk auch einen Theil der preussischen Provinz Sachsen umfasst. In gleicher Weise umfassen die Bezirke einzelner Landgerichte in Nord- und Mitteldeutschland Gebietstheile mehrerer Staaten.

[2] Der Oberlandesgerichts-Präsident entscheidet sonach über Beschwerden, welche gegen Massnahmen und Verfügungen des Landgerichts-Präsidenten gerichtet sind.

[3] Beschwerden über die Entscheidungen des Oberlandesgerichts-Präsidenten sind jedoch nicht an den Präsidenten des Reichsgerichts, sondern an die oberste Landesjustiz-Verwaltungs-Behörde (Justizminister) zu richten.

[4] Für das Königreich Bayern bildet in bürgerlichen Rechtsstreitigkeiten — mit Ausnahme der Handelssachen und einiger anderer, ausschliesslich der Kompetenz des Reichsgerichts überwiesener Materien — nicht dieses, sondern das „Oberste Landesgericht für das Königreich Bayern“ zu München die letzte Instanz.

In Patentsachen ist das Reichsgericht als zweite und letzte Instanz zuständig für die Entscheidung über das Rechtsmittel der Berufung gegen Entscheidungen des Patentamts, bei welchen es sich um die Nichtigkeitserklärung oder die Zurücknahme eines Patentes handelt.

An das Reichsgericht gehen ferner die Rechtsmittel der Beschwerde und der Berufung gegen Entscheidungen der Konsuln und der Konsulargerichte in bürgerlichen Rechtsstreitigkeiten und in Konkurssachen (s. unten „Konsulargerichtsbarkeit").

Der *Staatsanwaltschaft*, der mit dem Amte des öffentlichen Anklägers betrauten Behörde, steht in bürgerlichen Rechtsstreitigkeiten eine Mitwirkung nur zu in Ehesachen, d. i. in Rechtsstreitigkeiten, welche die Trennung, Ungültigkeit oder Nichtigkeit einer Ehe oder die Herstellung des ehelichen Lebens zum Gegenstande haben, sowie in Entmündigungssachen, d. i. in dem Verfahren, welches den Antrag, eine Person für geisteskrank oder für einen Verschwender zu erklären oder einen solchen Entmündigungsbeschluss wieder aufzuheben, zum Gegenstande hat.

Hülfsbeamte der Gerichte sind die *Gerichtsvollzieher,* staatlich geprüfte, mit Beamtencharakter versehene Personen, welche in bürgerlichen Rechtsstreitigkeiten die „Zustellungen", d. i. die formgerechte Mittheilung von Schriftstücken Seitens einer Partei an die andere und Seitens des Gerichts an die Parteien, sowie ferner alle diejenigen Zwangsvollstreckungshandlungen zu bewirken haben, welche nicht den Gerichten vorbehalten sind, namentlich die Pfändungen und den Verkauf der beweglichen körperlichen Vermögensstücke des Schuldners. An jedem Orte, an welchem sich ein Amtsgericht befindet, hat zum mindesten ein Gerichtsvollzieher seinen Wohnsitz. Für ihre Thätigkeit im Auftrage der Parteien haben die Gerichtsvollzieher Gebühren nach Maassgabe einer besonderen „Gebühren-Ordnung" zu beanspruchen. Sie unterliegen der Aufsicht der Gerichtsbehörden.

Gerichtssprache.

(§§ 186 ff. Gerichtsverfassungs-Gesetz.)

Die Gerichtssprache ist bei allen Gerichten des Deutschen Reichs die deutsche.

Es werden demgemäss, abgesehen von Elsass-Lothringen, wo gegenwärtig noch der Gebrauch der französischen Sprache neben der deutschen zugelassen ist, vor allen Gerichten des Reichs die Verhandlungen nur in deutscher Sprache geführt, sofern alle Betheiligten der deutschen Sprache mächtig sind.

Ist bei einer Verhandlung eine der deutschen Sprache nicht mächtige Person betheiligt, so wird ein Dolmetscher zugezogen; es kann in diesem Falle auch in fremder Sprache ohne Zuziehung eines Dolmetschers verhandelt werden, wenn alle Betheiligten der fremden Sprache mächtig sind. Jedoch hat im Anwaltsprozesse (vgl. unten S. 8) die der deutschen Sprache nicht mächtige Partei keinen Anspruch darauf, neben ihrem Anwalte zum Worte verstattet zu werden.

Der schriftliche Verkehr in gerichtlichen Angelegenheiten findet

— von Elsass-Lothringen abgesehen — nur in deutscher Sprache statt. Die Gerichte sind nicht verbunden, Schriftstücke, welche ihnen in einer fremden Sprache eingereicht werden, zu beachten oder in das Deutsche übertragen zu lassen. Vielmehr kann den Parteien aufgegeben werden, auch von solchen, in fremder Sprache abgefassten Urkunden, welche im Prozessverfahren (z. B. als Beweismittel) vorgelegt werden, eine durch einen beeidigten Dolmetscher angefertigte Uebersetzung beizubringen.

B. Rechtsanwaltschaft.

(Rechtsanwalts-Ordnung vom 1. Juli 1878.)

Bei dem Reichsgerichte, bei allen Oberlandes- und Landgerichten sind eine Anzahl und bei sehr vielen Amtsgerichten sind ein oder mehrere Rechtsanwälte „zugelassen“.

Um die Zulassung zur Rechtsanwaltschaft zu erlangen, muss man (durch Absolvirung des vorgeschriebenen Universitäts-Studiums und des praktischen Vorbereitungsdienstes, sowie durch Ablegung der gesetzlichen Prüfungen) die Fähigkeit zur Bekleidung des Richteramtes erlangt haben.

Dem in dieser Weise zur Rechtsanwaltschaft Befähigten kann die Zulassung nur aus bestimmten, im Gesetze näher bezeichneten Gründen versagt werden. In gewissen Fällen *muss* dagegen die Zulassung versagt werden, z. B. wenn dem Antragsteller in Folge strafgerichtlicher Verurtheilung die Fähigkeit zur Bekleidung öffentlicher Aemter mangelt.

Der Rechtsanwalt ist nicht Staatsbeamter, er wird jedoch auf getreue Erfüllung seiner Pflichten vereidet und unterliegt in ähnlicher Weise wie die Staatsbeamten disciplinarischen Vorschriften.

Die Zulassung erfolgt bei einem bestimmten Gerichte, sie kann — abgesehen von der Zulassung bei dem Reichsgerichte, über welche das Präsidium dieses Gerichts nach freiem Ermessen entscheidet — nicht aus dem Grunde versagt werden, weil ein Bedürfniss zur Vermehrung der Zahl der bei dem Gerichte zugelassenen Anwälte nicht vorliegt. Die Zulassung kann, nach näherer Vorschrift des Gesetzes, zugleich bei mehreren Gerichten erfolgen: Der bei einem Amtsgerichte zugelassene Rechtsanwalt kann auch bei dem übergeordneten Landgerichte, und es kann ferner ein Rechtsanwalt bei mehreren Landgerichten oder bei einem Landgerichte und dem übergeordneten Oberlandesgerichte zugelassen sein.

Wer bei einem deutschen Gerichte als Rechtsanwalt zugelassen ist, kann vor jedem Gerichte des Reiches in den durch die Reichs-Straf-Prozess-Ordnung geregelten Strafsachen Vertheidigungen führen; er kann vor jedem Gerichte des Reiches in Civilprozess- und Konkurssachen neben der Partei als deren Beistand, und auch, sofern nicht (in bürgerlichen Rechtsstreitigkeiten) eine Vertretung durch Anwälte geboten ist, als Bevollmächtigter der Partei auftreten. Soweit dagegen (s. unten S. 8) eine Vertretung durch Anwälte geboten ist, kann nur ein bei dem Prozessgerichte zugelassener Anwalt die Vertretung als Prozessbevollmächtigter übernehmen.

Der Rechtsanwalt ist nicht verpflichtet, einen ihm zugehenden Auftrag zu übernehmen. Er muss die Ablehnung jedoch ohne Verzug erklären, sonst haftet er für den aus der Verzögerung erwachsenden Schaden.

Findet eine Partei keinen Anwalt, der ihre Vertretung (in einem bürgerlichen Rechtsstreit) übernehmen will, so kann, falls für den gegebenen Fall die Vertretung durch einen Rechtsanwalt geboten ist, das Prozessgericht der Partei einen Anwalt beiordnen, welcher alsdann die Vertretung übernehmen muss.

Die Rechtsanwälte jedes Oberlandesgerichtsbezirkes und die Rechtsanwälte des Reichsgerichts bilden je eine Anwaltskammer.

Die Anwaltskammer wählt aus ihren Mitgliedern einen Vorstand (von 9 bis 15 Personen), dessen Aufgabe es insbesondere ist, Streitigkeiten zwischen einzelnen Mitgliedern der Kammer sowie zwischen einem Mitgliede der Kammer und seinem Auftraggeber (auf Antrag des letzteren) zu vermitteln.[1]

Als Ehrengericht (in einer Besetzung von fünf Mitgliedern) handhabt der Vorstand der Anwaltskammer die Disciplinargewalt gegen die Mitglieder der Kammer. Das Ehrengericht erkennt auf Ertheilung einer Warnung oder eines Verweises, auf Geldstrafe und äusserstenfalls auf Amtsentsetzung. Gegen die Urtheile des Ehrengerichts ist die Berufung an den Ehrengerichtshof zu Leipzig zulässig, der aus Mitgliedern des Reichsgerichts und der Anwaltskammer bei diesem Gerichte sich zusammensetzt.

C. Civilprozess-Verfahren.

Durch die Civilprozess-Ordnung vom 30. Januar 1877, in Kraft getreten am 1. October 1879, ist für das Deutsche Reich ein einheitliches Civilprozess-Verfahren geschaffen worden.

I. Folgende *Hauptgrundsätze* charakterisiren dieses Verfahren:

1. Das Verfahren ist ein mündliches — die Parteien haben den Rechtsstreit mündlich vor dem erkennenden Gerichte zu „verhandeln“. Nur was bei dieser Verhandlung von den Parteien vorgetragen ist, darf der Richter bei Erlass der Entscheidung berücksichtigen; derselbe muss andererseits alles mündlich Vorgetragene beachten, mag es auch in den nur zur Vorbereitung der mündlichen Verhandlung dienenden „Schriftsätzen“ der Parteien nicht enthalten sein.

Dem angeführten Grundsatze gemäss findet die Beweisaufnahme in der Regel vor dem erkennenden Gerichte statt. So weit, in den vom Gesetze zugelassenen Ausnahmefällen, ein anderer Richter den Beweis erhebt, ist das Ergebniss dieser Beweisaufnahme dem erkennenden Gerichte bei der nächsten Verhandlung von den Parteien vorzutragen.

2. Der Prozessbetrieb liegt im Wesentlichen in der Hand der Parteien.

Die Partei, welche vor Gericht verhandeln und Anträge stellen will, hat die Anberaumung des Termins bei dem Gerichte zu erwirken und den Gegner zu demselben durch „Zustellung“ eines die Ladung enthaltenden Schriftstücks zu laden. Für Termine, welche in einer mündlichen Verhand-

[1] Beschwerden über den Anwalt sind sonach an den Vorstand der Anwaltskammer zu richten, der seinen Sitz an dem Orte des Oberlandesgerichtes hat.

lung verkündet sind, ist indess eine Ladung in der Regel nicht erforderlich. Erscheinen beide Parteien in einem anberaumten Termine nicht, so ruht das Verfahren, bis es von einer Partei (durch Erwirkung eines neuen Termins und Ladung des Gegners) wieder aufgenommen wird.

Auch die „Zustellung“ gerichtlicher Entscheidungen und Verfügungen, d. i. deren Mittheilung an den Gegner oder einen betheiligten Dritten, ist von derjenigen Partei zu bewirken, welche an dieser Zustellung und dem Eintritte der daran geknüpften Rechtsfolgen ein Interesse nimmt.[1]

Nur solche Entscheidungen, welche nicht auf Grund mündlicher Verhandlung ergangen und nicht verkündet sind, werden in der Regel von Amtswegen, auf Anordnung des Gerichts, beiden Parteien zugestellt.

3. Die Parteien sind im Laufe des Verfahrens mit ihren Anführungen an Präklusivfristen nicht gebunden; die Eventualmaxime hat keine Geltung. Es können, bis das Urtheil ergeht, neue Angriffs- und Vertheidigungs-, sowie neue Beweismittel vorgebracht werden. Indess ist eine Aenderung des Fundamentes der Klage nur in erster Instanz statthaft, und auch hier nur, wenn der Gegner keinen Widerspruch erhebt. Auch können auf den Antrag des Gegners Einreden zurückgewiesen werden, welche zum Zwecke der Verschleppung des Rechtsstreites oder aus grober Fahrlässigkeit verspätet vorgebracht sind. Dasselbe gilt mit gewisser Beschränkung von verspätet angetretenem Zeugen- und Urkundenbeweise (§§ 251 f. Civilprozess-Ordnung).

4. Es gilt der Grundsatz der freien Beweiswürdigung; das Gericht ist an Beweisregeln nur in wenigen (im Gesetze besonders hervorgehobenen) Fällen gebunden. Im Uebrigen hat das Gericht auf Grund des Gesammtergebnisses der Verhandlung nach freier Ueberzeugung zu entscheiden, ob eine Thatsache für bewiesen oder für nicht bewiesen anzunehmen sei.

5. Für das Verfahren vor den Landgerichten und den diesen übergeordneten Gerichten gilt Anwaltszwang, d. h. es muss jede Partei durch einen bei dem Prozessgerichte zugelassenen Rechtsanwalt vertreten sein (Anwalts-Prozess).

Soweit dagegen eine Vertretung durch Anwälte nicht geboten ist — also vor den Amtsgerichten und bei gewissen von dem Anwaltszwange ausgenommenen Prozesshandlungen vor den übergeordneten Gerichten — kann die Partei durch jede prozessfähige, d. i. vertragsfähige Person sich vertreten lassen.[2]

---

[1] Die Zustellungen erfolgen durch die „Gerichtsvollzieher“ (vgl. oben S. 5). Abgesehen vom Anwaltsprozesse kann sich die Partei für die Ertheilung des Auftrages an den Gerichtsvollzieher der Vermittelung des „Gerichtsschreibers“ bedienen.

[2] Der Vertreter weist sich durch eine schriftliche, auf Verlangen des Gegners in beglaubigter Form beizubringende Vollmacht aus, welche die Erklärung des Vollmachtgebers zu enthalten hat, dass derselbe den N.N. zu seiner Vertretung in dem nach Gegner, Streitgegenstand und Prozessgericht näher zu bezeichnenden Rechtsstreite ermächtige. Durch diese Vollmacht ist der Prozessvertreter nach gesetzlicher Vorschrift zur Vornahme aller den Rechtsstreit betreffenden Prozesshandlungen, auch zur Abschliessung eines Vergleiches über den Streitgegenstand, zur Verzichtleistung auf den-

II. *Gang des Verfahrens.* Der Prozess beginnt damit, dass der Kläger den Beklagten durch Zustellung der Klageschrift zur Verhandlung[1] des Rechtsstreites vor das Prozessgericht ladet, nachdem er zuvor bei dem letzteren die Bestimmung des Termins erwirkt hat.

Der Terminstag wird von dem Prozessgerichte derart bestimmt, dass zwischen demselben und dem Tage der Zustellung der Klageschrift die „Einlassungsfrist“ frei bleibt für die Vorbereitung der Vertheidigung des Beklagten. Diese Einlassungfrist beträgt bei landgerichtlichen Prozessen in der Regel einen Monat, bei amtsgerichtlichen drei Tage oder eine Woche, je nachdem die Zustellung der Klage im Bezirke des Prozessgerichts oder ausserhalb desselben zu erfolgen hat. Ist die Zustellung ausserhalb des Deutschen Reiches vorzunehmen, so wird die Einlassungsfrist bei der Festsetzung des Termins von dem Gerichte bezw. dem Vorsitzenden des Gerichts besonders bestimmt.

Ist die Einlassungsfrist zufolge verspäteter Zustellung der Klage oder in Folge eines Versehens bei der Terminsansetzung nicht gewahrt, so kann in dem Termine gegen den Beklagten *in contumaciam* nicht verfahren werden.[2]

In der Zeit zwischen der Zustellung der Klage und dem Termine zur mündlichen Verhandlung können von den Parteien „Schriftsätze“ zur Vorbereitung der mündlichen Verhandlung gewechselt werden. Im Anwaltsprozesse soll dies geschehen, jedoch sind sachliche Nachtheile dem Zuwiderhandelnden nicht angedroht.

Es braucht sonach der Beklagte, auch wenn er dem Klaganspruche widersprechen will, seine Gegenanführungen in keinem Falle schriftlich niederzulegen; indess geschieht dies regelmässig, selbst bei weniger verwickelten Rechtsstreitigkeiten. Den „vorbereitenden Schriftsatz“ stellt der Beklagte dem Kläger zu, dasselbe thut der Kläger mit einer etwa erforderlichen Replikschrift, und in gleicher Weise können noch Duplik, Quadruplik etc. von den Parteien gewechselt werden. Eine Abschrift jedes zugestellten Schriftsatzes, wie auch schon der Klageschrift, hat die zustellende Partei auf der „Gerichtsschreiberei“ des Prozessgerichts niederzulegen.[3]

In dem Termin zur mündlichen Verhandlung werden die Parteien[4] resp. deren Anwälte oder sonstige Vertreter von dem Gerichte mit ihren Anträgen, ihren thatsächlichen Anführungen und Rechtsausführungen gehört. Die Parteien haben ihren Vortrag — von den Anträgen abgesehen, die

---

selben und zur Anerkennung des vom Gegner geltend gemachten Anspruchs ermächtigt. Mit Wirkung dem Gegner gegenüber kann die Vollmacht nur hinsichtlich der letztgedachten Punkte eingeschränkt werden. Zur Empfangnahme der Streitsumme oder des sonstigen Streitgegenstandes ermächtigt die Prozessvollmacht an sich nicht.

[1] Diese Verhandlung ist der Regel nach eine öffentliche.

[2] Die Einlassungsfrist kann auf Antrag des Klägers bei Bestimmung des Termins abgekürzt werden.

[3] Aus diesen Schriftstücken (und den Terminsprotokollen) setzen sich die gerichtlichen Akten zusammen, mit Hülfe welcher das Gericht schon vor dem Verhandlungstermin über das Sachverhältniss und die Streitpunkte sich zu informiren vermag.

[4] Im Anwaltsprozesse ist der Partei auf ihren Antrag neben ihrem Anwalte das Wort zu ertheilen. Vgl. jedoch oben S. 5 unter „Gerichtssprache“.

verlesen werden können, im Anwaltsprozesse sogar verlesen werden **müssen** — in freier Rede zu halten und dürfen Schriftstücke nur verlesen, soweit es auf deren wörtlichen Inhalt ankommt. Dem Vorsitzenden des Gerichts, im amtsgerichtlichen Prozesse dem Amtsrichter, macht das Gesetz zur Pflicht, dahin zu wirken, dass die Sache erschöpfend verhandelt, insbesondere alle für die Feststellung des Sachverhältnisses erheblichen Erklärungen abgegeben werden. Der Amtsrichter soll überdies auf die Stellung sachdienlicher Anträge Seitens der Parteien hinwirken.

Den Vorträgen der Parteien folgt unmittelbar die Aufnahme des Beweises, wenn eine Beweiserhebung erforderlich ist und dieselbe — z. B. durch Vorlegung von Urkunden — sogleich bewirkt werden kann. Ist die Sache „spruchreif", so wird — entweder sogleich oder in einem zu diesem Zwecke anberaumten neuen Termine — das **Urtheil** verkündet. Erscheint eine Beweisaufnahme erforderlich, welche nicht sogleich erfolgen kann, so ergeht ein **Beweisbeschluss**.

Der **Beweisbeschluss** — die Anordnung des Gerichts, dass über gewisse streitige Thatsachen ein näher bestimmter Beweis erhoben werden soll — kann von den Parteien nicht angefochten werden, dagegen bindet derselbe das Gericht nicht. Erachtet dieses auf Grund der erneuten Verhandlung oder nach theilweiser Aufnahme des Beweises die streitigen Thatsachen für festgestellt oder hält es dieselben nicht mehr für wesentlich, so kann es von dem gefassten Beweisbeschlusse wieder abgehen.

Zugleich mit der Anordnung der Beweisaufnahme erfolgt in der Regel die Bestimmung des Termins zur Fortsetzung der Verhandlung und zur Erhebung des Beweises.

Soll (in den gesetzlich zugelassenen Fällen) der Beweis nicht von dem Prozessgerichte, sondern von einem andern („ersuchten") Richter oder von einem („beauftragten") Mitgliede des (kollegialen) Prozessgerichtes erhoben werden, — z. B. wenn der zu vernehmende Zeuge krankheitshalber vor dem Prozessgerichte nicht erscheinen kann, oder in zu grosser Entfernung von dem Sitze des letzteren sich aufhält, — so findet die erneute Verhandlung nach Aufnahme des Beweises durch den beauftragten oder ersuchten Richter statt.

Ueber das Ergebniss der Beweisaufnahme wird von den Parteien vor dem Prozessgerichte verhandelt. Soweit erforderlich, beschliesst dieses vor der Urtheilsfällung noch weitere Beweiserhebungen.

Ist nicht der ganze Rechtsstreit, wohl aber einer von mehreren in einer Klage geltend gemachten Ansprüchen oder ein Theil des Klageanspruchs oder die vom Beklagten erhobene Widerklage zur Endentscheidung reif, so kann das Gericht diese Entscheidung durch ein „**Theilurtheil**" erlassen. Dasselbe steht in seinen Wirkungen und seiner Anfechtbarkeit dem Endurtheile gleich. Der durch das Theilurtheil erledigte Anspruch scheidet aus dem Verfahren der Instanz aus, so dass die weitere Verhandlung in derselben Instanz und das Endurtheil es nur mit dem Reste des Prozessstoffes zu thun haben.

Beim Mangel der Voraussetzungen für den Erlass eines Theilurtheils kann das Gericht über ein einzelnes selbstständiges Angriffs- oder Vertheidigungsmittel durch „**Zwischenurtheil**" Entscheidung treffen, wenn es zur Vereinfachung des Verfahrens die weitere Verhandlung über dieses Angriffs- oder Vertheidigungsmittel ersparen will. Ein solches Zwischenurtheil kann nicht für sich allein, sondern erst mit dem Endurtheile angefochten werden; andererseits ist das Gericht bei Erlass des Endurtheils an die in dem Zwischenurtheile getroffene Entscheidung gebunden.

III. *Beweismittel.* Dem von der Civilprozess-Ordnung aufgestellten Grundsatze der freien Beweiswürdigung (s. oben S. 8) entspricht es, dass das Gesetz die Parteien hinsichtlich der Beweisführung nicht auf bestimmte Beweismittel beschränkt, vielmehr im gewöhnlichen Prozessverfahren — vgl. dagegen unten VI „Urkundenprozess" — ohne Rücksicht auf die Höhe des Streitgegenstandes alle Arten von Beweismitteln zulässt.

Als die regelmässigen Beweismittel unterliegen besonderen Vorschriften des Gesetzes: Zeugen, Sachverständige, Urkunden, Eid, Einnahme des richterlichen Augenscheins.

Die Zeugen (§§ 338 ff. Civilprozess-Ordnung) werden, sofern sie das 16. Lebensjahr vollendet haben, der Regel nach eidlich vernommen, und zwar findet die Beeidigung regelmässig vor der Vernehmung statt. Die Ablegung des Zeugnisses kann durch Geldstrafe und Haft erzwungen werden, doch gestattet das Gesetz für gewisse Fälle die Verweigerung des Zeugnisses; so bei naher Verwandtschaft oder Schwägerschaft mit einer der Parteien, ferner in Ansehung von Fragen, deren Beantwortung dem Zeugen oder einem seiner nahen Angehörigen zur Unehre gereichen oder einen unmittelbaren Vermögensnachtheil verursachen würde und dergl.

Die Sachverständigen (§§ 367 ff. Civilprozess-Ordnung) werden, wenn die Parteien sich nicht über bestimmte Personen einigen, durch das Prozessgericht ernannt. Den Parteien steht jedoch unter gewissen Voraussetzungen das Recht zu, den ernannten Sachverständigen abzulehnen, z. B. im Falle naher Verwandtschaft des Sachverständigen mit einer der Parteien oder bei unmittelbarem Interesse desselben am Ausgange des Rechtsstreits. Zwang zur Ablegung eines Gutachtens findet nur in beschränktem Maasse (§ 372 Civilprozess-Ordnung), z. B. gegen Personen, welche zur Erstattung von Gutachten der erforderten Art öffentlich bestellt sind, und nur durch Geldstrafe statt.

Der Sachverständige wird vor seiner Vernehmung auf treue und gewissenhafte Erstattung des Gutachtens beeidigt. Es kann die Beeidigung eines Sachverständigen für die Erstattung von Gutachten einer gewissen Art im Allgemeinen (ein für alle Male) erfolgen; alsdann genügt im einzelnen Falle die Berufung auf den geleisteten Eid.

Die Beeidigung der Zeugen und Sachverständigen unterbleibt, wenn beide Parteien darauf verzichten. Die Vernehmung erfolgt durch den Richter, bezw. den Vorsitzenden des Gerichts. Doch steht den Parteien das Recht zu, die Vorlegung geeigneter Fragen zu fordern, auch *kann* den Parteien und *muss* ihren Anwälten auf Verlangen gestattet werden, direkt Fragen zu stellen.

Auf dem Gebiete des Urkundenbeweises (§§. 380 ff. Civilprozess-Ordnung) ist der Grundsatz der freien Beweiswürdigung durch eine Reihe von gesetzlichen Beweisregeln durchbrochen.

Das Gesetz unterscheidet zwischen öffentlichen Urkunden, d. i. solchen, „welche von einer öffentlichen Behörde innerhalb der Grenzen ihrer Amtsbefugnisse oder von einer mit öffentlichem Glauben versehenen Person innerhalb des ihr zugewiesenen Geschäftskreises in der vorgeschriebenen Form aufgenommen sind,“ und Privaturkunden.

Oeffentliche Urkunden (auch solche, welche im Auslande von einer ausländischen Behörde oder Urkundsperson aufgenommen sind) begründen, wenn sie amtliche Anordnungen oder Entscheidungen der Behörde, welche sie ausgestellt hat, oder ein Zeugniss der Behörde oder Urkundsperson über vor ihr abgegebene Erklärungen Dritter enthalten, vollen Beweis ihres Inhalts und des beurkundeten Vorganges. Jedoch ist der Nachweis, dass der Vorgang unrichtig beurkundet worden, zulässig.

Hat die öffentliche Urkunde einen andern als den angegebenen Inhalt, so begründet dieselbe vollen Beweis der darin bezeugten Thatsache, sofern das Zeugniss auf eigener Wahrnehmung der Behörde oder Urkundsperson beruht. Ist dies nicht der Fall, so gilt die gleiche Beweisregel nur, wenn die Landesgesetze, d. i. die Gesetze des betreffenden deutschen Bundesstaates, sie aufstellen. Der Nachweis der Unrichtigkeit der bezeugten Thatsachen ist zulässig, soweit ihn nicht die Landesgesetze beschränken oder ausschliessen.

Urkunden, welche nach Form und Inhalt als im deutschen Reich von einer öffentlichen Behörde oder einer mit öffentlichem Glauben versehenen Person ausgestellt sich darstellen, haben die Vermuthung der Echtheit für sich. Bei im Auslande errichteten Urkunden entscheidet das Gericht nach freiem Ermessen, ob es die Urkunde ohne weiteren Nachweis als echt annehmen will. Zum Beweise der Echtheit genügt indess in jedem Falle die Legalisation durch einen Konsul oder Gesandten des Deutschen Reiches.[1]

Privaturkunden begründen, wenn sie von den Ausstellern unterschrieben oder mittels gerichtlich oder notariell beglaubigten Handzeichens unterzeichnet sind, vollen Beweis dafür, dass die in der Urkunde enthaltenen Erklärungen von dem Aussteller abgegeben sind.[2] Die Echtheit einer nicht anerkannten Privaturkunde muss von dem Beweisführer bewiesen werden. Derselbe kann diesen Beweis auf jede Art, auch durch Schriftvergleichung führen.

Steht die Echtheit der Unterschrift fest, oder ist das unter der Urkunde befindliche Handzeichen gerichtlich oder notariell beglaubigt, so wird die Echtheit der darüber stehenden Schrift vermuthet.

Leidet eine Urkunde an äusseren Mängeln (Durchstreichungen, Radirungen u. dgl.), so entscheidet das Gericht nach freiem Ermessen, ob und in wie weit die Beweiskraft für gemindert oder ob dieselbe für aufgehoben anzusehen ist.

---

[1] Nach dem Staatsvertrage vom 25, Februar 1880 bedürfen Urkunden, welche in Oesterreich-Ungarn von einem Civil- oder Militärgerichte ausgestellt oder beglaubigt und mit dem Amtssiegel versehen sind, ferner daselbst von gewissen staatlichen und kirchlichen höheren Verwaltungsbehörden ausgestellte oder beglaubigte Urkunden, endlich u. A. auch Wechselproteste der Notare keiner weiteren Beglaubigung.

[2] Wer sonach dem auf die Urkunde sich Berufenden entgegnet, dieselbe enthalte nur eine vorläufige Aufzeichnung, hat dies zu beweisen.

Die Partei, welche im Laufe des Rechtsstreites sich zur Beweisführung einer in den Händen des Gegners befindlichen Urkunde bedienen will, kann von dem Gegner die Vorlegung (Edition) der Urkunde fordern, wenn letztere ihrem Inhalte nach eine für die Parteien gemeinschaftliche (insbes. eine im beiderseitigen Interesse oder über gegenseitige Rechtsverhältnisse errichtete), oder der Beweisführer sonst nach den Vorschriften des bürgerlichen Rechts die Herausgabe oder Vorlegung der Urkunde von dem Gegner zu verlangen befugt ist. Leugnet der Gegner den Besitz der Urkunde, so muss er eidlich erhärten, dass er von dem Verbleibe derselben keine Kenntniss, sie auch nicht böswillig bei Seite gebracht hat. Wird dieser Eid nicht geleistet oder wird von dem Gegner des Beweisführers trotz der Anordnung des Gerichts die unstreitig in seinem Besitze befindliche Urkunde nicht vorgelegt, so gilt eine von dem Beweisführer beigebrachte Abschrift der Urkunde für richtig. Ist eine solche Abschrift nicht beigebracht, so entscheidet das Gericht nach freiem Ermessen, ob und in wie weit die Angaben des Beweisführers über die Beschaffenheit und den Inhalt der Urkunde als bewiesen anzunehmen sind.

Zur Herbeischaffung einer in den Händen eines Dritten befindlichen Urkunde — deren Herausgabe oder Vorlegung im Weigerungsfalle nur durch besondere Klage erzwungen werden kann — wird dem Beweisführer von dem Gerichte eine Frist bewilligt, wenn er bescheinigen kann, dass der Dritte die Urkunde besitzt und dass ihm gegen denselben ein Anspruch auf Herausgabe oder Vorlegung der Urkunde zusteht.

Der Eid (§§ 410 ff. Civilprozess-Ordnung) wird entweder von einer Partei der anderen „zugeschoben“ oder von dem Richter einer Partei „auferlegt“. In beiden Fällen muss der Eid sich auf bestimmte Thatsachen beziehen, die eidliche Befragung einer Partei, ihre Vernehmung in der Art eines Zeugenverhörs ist unzulässig.

Die Partei kann sich der Eideszuschiebung an den Gegner in der Regel nur zum Beweise solcher Thatsachen bedienen, welche in Handlungen des Gegners, seiner Rechtsvorgänger oder Vertreter bestehen oder Gegenstand der Wahrnehmung dieser Personen gewesen sind.[1]

Nimmt der Gegner den zugeschobenen Eid an, so hat er zu beschwören, dass die behauptete Thatsache nicht wahr ist. Indess ist unter gewissen Voraussetzungen, z. B. wenn die streitige Thatsache nicht Gegenstand der eigenen Wahrnehmung des Schwurpflichtigen gewesen ist, nur zu beeiden: dass der Schwurpflichtige „nach sorgfältiger Prüfung und Erkundigung“ die Ueberzeugung von der Unwahrheit der Thatsache erlangt, resp. die Ueberzeugung von der Wahrheit der Thatsache nicht erlangt habe. Der zugeschobene Eid kann dem Beweisführer auch „zurückgeschoben“ werden; alsdann hat dieser die Wahrheit der von ihm behaupteten Thatsache zu beschwören. Die Zurückschiebung des Eides ist jedoch nur unter denselben Voraussetzungen statthaft, durch welche die Zulässigkeit der Eideszuschie-

[1] Sind die Parteien in Betreff des zu leistenden Eides einig, so kann das Gericht Abweichungen von dieser Regel, sowie die Eideszuschiebung an einen Dritten (z. B. den Cedenten des Klägers) zulassen.

bung bedingt ist; überdies findet die Zurückschiebung des Eides nicht statt, wenn die Partei, welcher der Eid zugeschoben ist, nicht aber die Gegenpartei über ihre eigene Handlung oder Wahrnehmung zu schwören hätte.[1]

Durch die Leistung des Eides wird nach gesetzlicher Beweisregel für den anhängigen Prozess voller Beweis der beschworenen Thatsache begründet. Der Beweis des Gegentheils, d. i. der Nachweis, dass die beschworene Thatsache auf Unwahrheit beruht, ist (in demselben Prozessverfahren) in der Regel nur dann statthaft, wenn durch strafrichterliche Verurtheilung die begangene Verletzung der Eidespflicht festgestellt ist.[2]

Wird die Eidesleistung von dem Schwurpflichtigen verweigert, so gilt das Gegentheil der zu beschwörenden Thatsache für voll erwiesen.

Die Leistung des zugeschobenen oder zurückgeschobenen Eides kann unter den im Gesetze näher bestimmten Voraussetzungen durch Beweisbeschluss angeordnet werden, der Regel nach wird jedoch auf den Eid durch „bedingtes Endurtheil“ erkannt. Es wird durch Urtheil, welches durch dieselben Rechtsmittel wie ein anderes Endurtheil angefochten werden kann, die Eidesnorm und — so genau als nach Lage der Sache thunlich ist — die Folge sowohl der Leistung als der Nichtleistung des Eides festgestellt. Die Abnahme des Eides erfolgt erst nach Eintritt der Rechtskraft des Urtheils. Alsdann wird der Eintritt der Folge der Leistung oder Nichtleistung des Eides durch ein neues Endurteil ausgesprochen.

Der richterliche Eid wird von dem Prozessgerichte durch bedingtes Endurtheil auferlegt, wenn das Gericht die Wahrheit oder Unwahrheit einer streitigen Thatsache nach dem Ergebnisse der Verhandlungen zwar für wahrscheinlich gemacht, aber nicht für voll bewiesen erachtet. Das Gericht legt nach freiem Ermessen den Eid derjenigen Partei auf, aus deren eidlicher Versicherung es die volle Ueberzeugung von der Wahrheit oder Unwahrheit der streitigen Thatsache zu gewinnen vermag.

Die Eidesabnahme erfolgt durch den Richter bezw. den Vorsitzenden des Gerichts in öffentlicher Gerichtssitzung nach der von dem Gesetze vorgeschriebenen Schwurformel.[3]

IV. *Versäumnissverfahren* (§§ 295 ff. Civilprozess-Ordnung). Ein Versäumnissurtheil ergeht auf den Antrag der Gegenpartei, wenn in einem Termine zur mündlichen Verhandlung — sei es dem ersten oder einem späteren Termine — auf gehörig geschehene Ladung oder Verkündigung des Termins eine Partei ausbleibt oder wenn die Partei nicht gehörig, z. B. im Anwaltsprozesse nicht durch einen bei dem Prozessgerichte zugelassenen

---

[1] Auch diese Beschränkungen können im einzelnen Falle bei Uebereinstimmung der Parteien durch Anordnung des Gerichts in Wegfall kommen.

[2] Vgl. unten unter VI. Schwebt ein solches Strafverfahren, so kann die Entscheidung des Prozesses bis zur Beendigung desselben ausgesetzt werden.

[3] Ist der Aufenthaltsort des Schwurpflichtigen zu entlegen oder derselbe aus anderen Gründen am Erscheinen vor dem Prozessgerichte verhindert, so ersucht dieses das Gericht des Aufenthaltsortes des Schwurpflichtigen um Abnahme des Eides. Dem im Auslande sesshaften Schwurpflichtigen wird der Eid durch die zuständige ausländische Behörde bezw. den deutschen Konsul abgenommen.

Anwalt, vertreten ist. Dem Ausbleiben der Partei steht es gleich, wenn dieselbe im Termine zwar erscheint, aber nicht verhandelt.

Gegen den Beklagten wird (in erster Instanz) im Versäumniss-Verfahren, soweit nach dem für zugestanden geltenden Vorbringen des Klägers der Klageanspruch begründet erscheint, die Verurtheilung, gegen den Kläger wird die Abweisung der Klage ausgesprochen. Das Ergebniss einer etwa bereits stattgehabten Beweisaufnahme bleibt bei Erlass des Versäumnissurtheils ausser Betracht.

Durch rechtzeitig eingelegten Einspruch kann die Säumniss geheilt und das Versäumnissurtheil beseitigt werden.[1] Die Einspruchsschrift muss die Ladung des Gegners vor das Prozessgericht enthalten und jenem in der Regel binnen zwei Wochen nach erfolgter Zustellung des Urtheils zugestellt sein. Ist jedoch das Versäumnissurtheil im Auslande oder, weil der Aufenthalt des Gegners unbekannt ist, durch öffentliche Bekanntmachung zuzustellen, so wird die Frist zur Einlegung des Einspruchs von dem Gerichte besonders festgesetzt.

Erscheint in dem neuen Termin der Säumige abermals nicht, so kann gegen das nunmehr ergehende Versäumnissurtheil der Einspruch nicht eingelegt werden.[2]

Wegen des Versäumnissverfahrens in zweiter und dritter Instanz s. unten bei „Berufung" und „Revision".

V. *Rechtsmittel* (§§ 472 ff. Civilprozess-Ordnung). Die zur Anfechtung der Urtheile gegebenen „Rechtsmittel" sind: die Berufung — gegen von den Amtsgerichten oder den Landgerichten in erster Instanz erlassene Urtheile, und die Revision — gegen Urtheile der Oberlandesgerichte.

Die Frist zur Einlegung dieser Rechtsmittel beträgt einen Monat von der Zustellung des anzufechtenden Urtheils an gerechnet. Binnen dieser Frist muss die Berufungs- oder Revisionsschrift, welche die Ladung des Gegners vor das Berufungs- oder Revisionsgericht zu dem von diesem — auf Ansuchen des „Berufungs-" oder „Revisionsklägers" — anberaumten Termine zu enthalten hat, dem Gegner zugestellt sein. Dieser kann dem Rechtsmittel auch nach Ablauf der Frist sich anschliessen. Vor dem Verhandlungstermine können (und sollen) von den Parteien vorbereitende Schriftsätze gewechselt werden.

Auf die eingelegte Berufung wird der Rechtsstreit vor dem Berufungsgerichte[3] innerhalb der Grenzen der gestellten Anträge von Neuem verhandelt. Es können von den Parteien neue Thatsachen und Beweismittel

---

[1] So weit ungeachtet des Ausbleibens des Beklagten der Klageanspruch als gesetzlich nicht begründet abgewiesen ist, steht dem Kläger nicht der Einspruch, sondern das ordentliche Rechtsmittel der Berufung zu. Der säumige Theil kann dieses Rechtsmittel nicht an Stelle des Einspruchs wählen. Vgl. jedoch die folgende Anmerkung.

[2] Dagegen kann der Säumige hier mittels des Rechtsmittels der Berufung geltend machen, dass der Fall der Versäumung nicht vorgelegen habe, indem z. B. das Versäumnissurtheil vor der angesetzten Terminsstunde erlassen worden sei oder dgl.

[3] Die Berufung gegen Urtheile der Amtsgerichte geht an das übergeordnete Landgericht, gegen Urtheile der Landgerichte an das übergeordnete Oberlandesgericht (s. oben A. „Verfassung der Gerichte").

vorgebracht und in erster Instanz unterlassene Erklärungen (über thatsächliche Behauptungen, Urkunden, Eideszuschiebungen) nachgeholt werden. Das Vorbringen neuer Ansprüche ist nur beschränkt zulässig. Das Ergebniss der in erster Instanz etwa erfolgten Beweisaufnahme wird unter Kontrole des Vorsitzenden des Gerichts von den Parteien ihrem Vortrage vor dem Berufungsgericht eingefügt und unterliegt der selbstständigen Würdigung durch das Berufungsgericht. Eine neue Beweisaufnahme sowie die etwaige nochmalige Vernehmung in erster Instanz gehörter Zeugen oder Gutachter erfolgt nach denselben Regeln wie die Beweisaufnahme vor dem Gericht erster Instanz.

Eine Abänderung des Urtheils erster Instanz findet nur statt, so weit sie beantragt ist.

Die Vorschriften über das Versäumnissverfahren finden auch in der Berufungsinstanz in der Art Anwendung, dass bei dem Ausbleiben des Berufungsklägers die Berufung zurückgewiesen, beim Ausbleiben des Berufungsbeklagten aber das Vorbringen des Berufungsklägers so weit für zugestanden angenommen wird, als nicht die Feststellungen des Thatbestandes im ersten Urtheil entgegenstehen.

Die Zulässigkeit der Revision ist bei Streitigkeiten über vermögensrechtliche Ansprüche durch einen den Betrag von 1500 Mark übersteigenden Werth des Beschwerdegegenstandes bedingt. Jedoch ist in einigen Ausnahmefällen die Revision ohne Rücksicht auf das Vorhandensein dieser „Revisionssumme" statthaft (§ 509 Civilprozess-Ordnung), insbesondere wenn es sich um die Unzulässigkeit des Rechtsweges oder der Berufung oder um die Unzuständigkeit des Gerichts handelt.

Difformität der Urtheile der früheren Instanzen ist für die Zulässigkeit der Revision nicht erforderlich.

Das Revisionsgericht[1] hat seiner Entscheidung den vom Berufungsrichter festgestellten Thatbestand zu Grunde zu legen. Demgemäss ist in der Revisionsinstanz das Vorbringen neuer Thatsachen oder Beweismittel unstatthaft, die Revision kann vielmehr nur darauf gestützt werden, dass die angefochtene Entscheidung auf Gesetzesverletzung beruhe. Das verletzte Gesetz muss entweder ein deutsches Reichsgesetz sein oder eine Rechtsnorm des sogenannten gemeinen oder des französischen Rechts (so weit letzteres nicht lediglich in Elsass-Lothringen gilt) oder — mit gewissen Einschränkungen und Ausnahmen — ein über den Bezirk des Berufungsgerichts hinaus geltendes Gesetz.

Für den Erfolg des Rechtsmittels der Revision ist es gleichgültig, ob von dem Revisionskläger die verletzte Rechtsnorm richtig bezeichnet ist oder nicht. Andererseits wird die Revision zurückgewiesen, wenn nach den Entscheidungsgründen des angegriffenen Urtheils zwar eine (die Revision an sich begründende) Gesetzesverletzung vorliegt, die getroffene Entscheidung aber aus anderen Gründen gerechtfertigt ist.

Soweit die Revision als begründet erachtet wird, erfolgt die Aufhebung

---

[1] Dieses ist in der Regel das Reichsgericht. S. oben S. 4 „Reichsgericht".

des angefochtenen Urtheils und die Zurückverweisung der Sache an das Berufungsgericht. Für dieses ist bei der erneuten Verhandlung die von dem Revisionsgerichte der Aufhebung zu Grunde gelegte rechtliche Beurtheilung massgebend. Erfolgt die Aufhebung des angefochtenen Urtheils lediglich wegen materieller Gesetzesverletzung und ist nach dem von dem Berufungsgerichte festgestellten Sachverhältnisse die Sache spruchreif, so entscheidet das Revisionsgericht selbst endgültig. Das Gleiche geschieht, falls das Urtheil des Berufungsgerichts wegen Unzuständigkeit des Gerichts oder Unzulässigkeit des Rechtsweges aufgehoben wird.

Zu erwähnen ist endlich noch das Rechtsmittel der Beschwerde. Dieselbe ist gegen gewisse, im Gesetz besonders hervorgehobene richterliche Entscheidungen, welche keine Endurtheile sind — Kostenfestsetzungsbeschlüsse (vgl. weiter unten „Kosten“), Entscheidungen über die Rechtmässigkeit einer Zeugnissverweigerung und dgl. — gegeben, sowie gegen solche eine mündliche Verhandlung nicht erfordernde Entscheidungen, durch welche ein das Verfahren betreffendes Gesuch zurückgewiesen ist. Die Beschwerde ist theils an keine Frist, theils — als „sofortige Beschwerde“ — an eine Frist von zwei Wochen gebunden, welche regelmässig von der Zustellung der anzufechtenden Entscheidung an läuft. Die Einlegung der Beschwerde erfolgt durch Einreichung der Beschwerdeschrift bei dem Gericht. Mündliche Verhandlung findet nur auf besondere gerichtliche Anordnung statt. Die Beschwerdeschrift bedarf auch im Anwaltsprozess für gewisse Fälle, insbesondere wenn der Rechtsstreit in erster Instanz vor dem Amtsgericht anhängig war, der Unterschrift eines Rechtsanwalts nicht.

Ueber die Beschwerde entscheidet das im Instanzenzuge übergeordnete Gericht (vgl. den Abschnitt „Gerichtsverfassung“). Gegen die Entscheidung des Beschwerdegerichts findet eine weitere Beschwerde nur statt, so weit in jener Entscheidung ein neuer selbstständiger Beschwerdegrund enthalten ist.

VI. *Wiederaufnahme des Verfahrens* (§§ 541 ff. Civilprozess-Ordnung). Gegen rechtskräftige Urtheile, d. i. gegen solche, welche dem Einspruche und dem Rechtsmittel der Berufung oder Revision nicht mehr unterliegen, kann in bestimmten, vom Gesetze bezeichneten Fällen die Wiederaufnahme des Verfahrens erwirkt werden: theils mit der Nichtigkeitsklage — wegen gewisser Verstösse bei der Besetzung des Gerichts, sowie wenn die Partei in dem Rechtsstreite nicht gehörig vertreten war, theils mit der Restitutionsklage. Diese ist namentlich zugelassen, wenn dem Urtheile eine strafbare Handlung (insbesondere Eidesverletzung Seitens einer Partei oder eines Zeugen oder Sachverständigen oder eine gefälschte Urkunde) zu Grunde liegt, sowie wegen neuerdings von der Partei aufgefundener oder ihr benutzbar gewordener Urkunden.

Die strafbare Handlung, auf welche die Restitutionsklage gestützt werden soll, muss der Regel nach zuvor durch strafrichterliches Urtheil festgestellt sein.

Die Nichtigkeits- wie die Restitutionsklage sind — abgesehen von der Nichtigkeitsklage wegen mangelnder Vertretung — binnen Monatsfrist nach erhaltener Kenntniss von dem Anfechtungsgrunde und jedenfalls vor Ablauf von fünf Jahren seit dem Eintritt der Rechtskraft des Urtheils zu erheben.

VII. *Urkunden- und Wechselprozess* (§§ 555 ff. Civilprozess-Ordnung). Bei Ansprüchen auf Leistung einer bestimmten Geldsumme oder einer bestimmten Quantität anderer vertretbarer Sachen kann der Kläger, wenn er alle zur Begründung des Anspruchs erforderlichen Thatsachen durch Urkunden zu beweisen vermag, sich des Urkundenprozesses bedienen.

Die Klage muss die Erklärung enthalten, dass im Urkundenprozesse (oder im Wechselprozesse, vgl. weiter unten) geklagt werde. Die Urkunden müssen der Klage in Urschrift oder Abschrift beigefügt sein, sie müssen im Termine in Urschrift vorgelegt werden. Ein Editionsverfahren (vgl. oben S. 13) findet nicht statt.

Im Urkundenprozesse sind durch die besonderen Vorschriften, welche für die Beweisführung gelten, der Vertheidigung des Beklagten enge Schranken gezogen. Als Beweismittel sind nämlich hinsichtlich anderer als der zur Begründung der Klage erforderlichen Thatsachen (welche letzteren, wie bemerkt, nur durch Urkunden bewiesen werden können) ebenfalls nur Urkunden oder Eideszuschiebung zulässig.[1] Kann der Beklagte mit diesen Beweismitteln seine Einwendungen nicht darthun, so werden dieselben „als im Urkundenprozesse unstatthaft“ zurückgewiesen. Jedoch wird in dem verurtheilenden Erkenntnisse dem Beklagten die „Ausführung seiner Rechte“ vorbehalten. Dies geschieht übrigens auch, wenn Beklagter, ohne Einwendungen zu erheben, dem Klaganspruche widersprochen hat. Der Rechtsstreit bleibt dann, wiewohl das ergangene Urtheil in Ansehung der Rechtsmittel und der Zwangsvollstreckung als Endurtheil gilt, zur Erledigung der erhobenen (oder noch zu erhebenden) Einwendungen im ordentlichen Verfahren anhängig. Soweit in diesem Verfahren der Klaganspruch sich als unbegründet herausstellt, erfolgt die Aufhebung des früheren Urtheils und die Abweisung des Klägers unter Verurtheilung zur Erstattung des auf Grund jenes Urtheils etwa bereits Empfangenen.

Ein Versäumnissverfahren findet gegen den Beklagten im Urkundenprozesse nicht statt, vielmehr hat der Kläger den ihm obliegenden Beweis mit den zugelassenen Beweismitteln auch beim Ausbleiben des Beklagten zu erbringen.[2]

Gelingt dies dem Kläger nicht, so wird auch beim Ausbleiben des Beklagten, sowie wenn derselbe dem Klaganspruche rechtlich unbegründete oder im Urkundenprozesse unstatthafte Einwendungen entgegensetzt, die Klage als im Urkundenprozesse unstatthaft abgewiesen. Es kann jedoch der Kläger bis zum Schlusse der Verhandlung von dem Urkundenprozesse Abstand nehmen und den Rechtsstreit in das ordentliche Verfahren überleiten.

Der Wechselprozess ist eine Unterart des Urkundenprozesses; es finden auf ihn die Vorschriften über den letzteren Anwendung. Die Einlassungsfristen sind besonders kurz bemessen.

---

[1] Auch die Echtheit oder Unechtheit vorgelegter Urkunden kann nur mit diesen Beweismitteln dargethan werden.

[2] Das Ausbleiben des Beklagten hat sonach nur die Wirkung, dass die vom Kläger vorgelegten (Privat-) Urkunden als echt gelten.

VIII. *Mahnverfahren* (§§ 628 ff. Civilprozess-Ordnung). Wegen eines Anspruchs auf Zahlung einer bestimmten Geldsumme oder Leistung einer bestimmten Quantität anderer vertretbarer Sachen oder Werthpapiere kann der Gläubiger, sofern der Anspruch nicht von einer noch zu gewährenden Gegenleistung abhängig ist, den Erlass eines bedingten Zahlungsbefehls an den Schuldner beantragen.

Zuständig sind ohne Rücksicht auf die Höhe des Objekts die Amtsgerichte, und zwar im einzelnen Falle das Amtsgericht, bei welchem für die Klage der allgemeine persönliche oder der dingliche Gerichtsstand (s. S. 26 I, S. 28 II. 7) begründet sein würde.

Das Gesuch um Erlass des Zahlungsbefehls hat die bestimmte Angabe des Betrages oder Gegenstandes und des Grundes des Anspruches zu enthalten.

Das Gericht prüft, ob nach dem Inhalte des Gesuches der Anspruch sich als begründet darstellt.[1] Ist dies der Fall, so giebt das Gericht durch den Zahlungsbefehl dem Schuldner auf, binnen einer vom Tage der Zustellung des Befehls an laufenden Frist von zwei Wochen den Gläubiger wegen des Anspruchs und der Kosten zu befriedigen oder bei dem Gerichte Widerspruch zu erheben. Nach Ablauf von zwei Wochen seit der Zustellung[2] dieses Befehls an den Schuldner wird, falls Widerspruch nicht erhoben ist und nicht noch in der Zwischenzeit erhoben wird, der Zahlungsbefehl auf Antrag des Gläubigers für „vorläufig vollstreckbar“ erklärt. Dies geschieht durch einen auf den Zahlungsbefehl selbst gesetzten Vermerk, sog. „Vollstreckungsbefehl“. Der Antrag auf Ertheilung des Vollstreckungsbefehls muss binnen sechs Monaten nach Ablauf der zweiwöchigen Frist von Zustellung des Zahlungsbefehls gestellt sein; mit Ablauf dieser Zeit verliert sonst der Zahlungsbefehl seine Kraft.

Auf Grund des Vollstreckungsbefehls kann der Gläubiger gegen den Schuldner mit Zwangsvollstreckungsmaassregeln vorgehen (vgl. S. 20 unter 2). Jedoch steht dem Schuldner gegen den Vollstreckungsbefehl in gleicher Weise wie gegen ein Versäumnissurtheil der Einspruch zu. Durch rechtzeitige Einlegung desselben kann der Vollstreckungsbefehl beseitigt und die durch Nichterhebung des Widerspruchs begangene Säumniss geheilt werden.

Ist gegen den Zahlungsbefehl rechtzeitig Widerspruch erhoben — der Vertreter bedarf hierzu einer Vollmacht nicht[3] —, so gilt, wenn das Amtsgericht für den Anspruch sachlich zuständig ist, der Rechtsstreit als anhängig, jede Partei kann den Gegner zur Verhandlung laden. Liegt ein vor das Landgericht gehöriger Anspruch vor, so muss zur Fortführung des Verfahrens Klage bei dem Landgericht erhoben werden.

IX. *Zwangsvollstreckung.* A. Vollstreckbare Titel. Die „Schuldtitel“, aus welchen die Zwangsvollstreckung zulässig ist („vollstreckbare Schuldtitel“), sind:

[1] Der Beschluss des Gerichts, durch welchen der Antrag auf Erlass eines Zahlungsbefehls zurückgewiesen wird, ist nicht anfechtbar.

[2] Die Zustellung hat der Gläubiger selbst oder unter Vermittelung des Gerichtsschreibers zu bewirken (s. oben S. 8 Anm. 1).

[3] Eben so wenig braucht derjenige, welcher Namens eines Dritten einen Zahlungsbefehl nachsucht, eine Vollmacht beizubringen.

1. Urtheile. Die Vollstreckung eines Urtheils findet statt:

a) wenn dasselbe rechtskräftig, d. h. wenn dagegen innerhalb der gesetzlichen Frist ein Rechtsmittel (Berufung, Revision) oder der Einspruch nicht eingelegt ist,

b) wenn das Urtheil für vorläufig vollstreckbar (§§ 648 ff. Civilprozess-Ordnung) erklärt ist. In diesem Falle wird die Vornahme der Zwangsvollstreckung durch Einlegung des noch statthaften Rechtsmittels oder Einspruchs nicht gehemmt.

Die vorläufige Vollstreckbarkeit wird in einigen Fällen, z. B. wenn das Urtheil auf Grund eines Anerkenntnisses oder wenn es im Urkunden- oder Wechselprozesse ergeht, ohne Antrag von Amtswegen ausgesprochen. In anderen Fällen (wenn der Gegenstand der Verurtheilung den Betrag von 300 ℳ nicht übersteigt, sowie in der Mehrzahl der ohne Rücksicht auf den Werth des Streitgegenstandes den Amtsgerichten überwiesenen Rechtsstreitigkeiten) erfolgt die Vollstreckbarkeitserklärung auf den Antrag des Klägers.

Abgesehen von diesen Fällen erlangt der Kläger die Vollstreckbarkeitserklärung eines Urtheils, wenn er (vor Erlass desselben) sich erbietet, Sicherheit zu leisten, sowie wenn er glaubhaft macht, dass die Aussetzung der Vollstreckung ihm einen schwer zu ersetzenden oder schwer zu ermittelnden Nachtheil bringen werde.

Die Höhe des Betrages, mit welchem (durch Niederlegung von baarem Gelde oder Werthpapieren) Sicherheit zu leisten ist, wird in dem Urtheile nach freiem Ermessen des Gerichts bestimmt, gemeinhin auf dieselbe Summe, hinsichtlich deren die Vollstreckbarkeitserklärung erfolgt.

Der Schuldner kann die Vollstreckbarkeitserklärung abwenden, wenn er glaubhaft macht, dass durch die Vollstreckung des Urtheils ihm ein unersetzlicher Nachtheil erwachsen würde. Auch ohne solchen Nachweis wird dem Schuldner auf seinen Antrag gestattet, die Vollstreckung des Urtheils durch Sicherheitsleistung oder Niederlegung eines entsprechenden Betrages abzuwenden — sofern nicht der Gläubiger sich seinerseits zur Sicherheitsleistung erbietet.

Die vorläufige Vollstreckbarkeit eines Urtheils tritt ausser Kraft, sobald und soweit dasselbe durch ein anderes Urtheil in der Hauptsache oder hinsichtlich der Vollstreckbarkeitserklärung aufgehoben oder abgeändert wird. Erfolgt die Aufhebung oder Abänderung in der Hauptsache, so wird auf den Antrag des Beklagten der Kläger gleichzeitig zur Rückerstattung des auf Grund des Urtheils vom Gegner bereits Gezahlten oder Geleisteten verurtheilt. Die Kosten der auf Grund eines vorläufig vollstreckbaren Urtheils stattgehabten Zwangsvollstreckung hat im Falle der Aufhebung des Urtheils der Kläger zu tragen. Soweit diese Kosten vom Beklagten beigetrieben sind, müssen sie demselben erstattet werden.

2. Den für vorläufig vollstreckbar erklärten Urtheilen stehen hinsichtlich der Zwangsvollstreckung die Vollstreckungsbefehle (s. oben S. 19 unter VIII) gleich.

3. Die Zwangsvollstreckung findet auch aus Vergleichen statt, welche

zur Beilegung eines schwebenden Rechtsstreits seinem ganzen Umfange nach oder in Betreff eines Theiles des Streitgegenstandes vor einem deutschen Gerichte abgeschlossen sind, — ferner aus solchen richterlichen Entscheidungen, gegen welche das Rechtsmittel der „Beschwerde“ zugelassen ist (vgl. oben S. 17).

Die Zwangsvollstreckung ist ferner — wie hier noch bemerkt sein mag — insbesondere auch statthaft aus solchen von einem deutschen Gerichte oder Notare aufgenommenen Urkunden, in welchen der Schuldner die Zahlung einer bestimmten Geldsumme oder die Leistung einer bestimmten Quantität anderer vertretbarer Sachen oder Werthpapiere versprochen und sich ausdrücklich der sofortigen Zwangsvollstreckung unterworfen hat.

B. Verfahren. Das Gericht befasst sich nicht mit der Vollziehung des gesprochenen Urtheils; vielmehr ist es Sache des Gläubigers, der ein rechtskräftiges oder für vorläufig vollstreckbar erklärtes Urtheil (oder einen anderen vollstreckbaren Schuldtitel) erlangt hat, die Vollstreckung selbst zu betreiben.

Um Zwangsvollstreckungsmaassregeln erwirken zu können, bedarf der Gläubiger für seinen Schuldtitel in der Regel[1] zuvörderst der „Vollstreckungsklausel“, d. h. der auf die Urkunde zu setzenden Bescheinigung, dass dieselbe dem — näher benannten — Gläubiger zum Zwecke der Zwangsvollstreckung gegen den — näher bezeichneten — Schuldner ertheilt werde (§§ 662ff. Civilprozess-Ordnung).

Für die Ertheilung dieser Vollstreckungsklausel ist — abgesehen von vollstreckbaren Titeln aus notariellen Urkunden, für welche in der Regel der Notar die Vollstreckungsklausel ertheilt — das Gericht (in der Regel der Gerichtsschreiber) zuständig.

Ist an die Stelle des ursprünglichen Gläubigers (durch Cession, Erbgang oder dergl.) ein Anderer getreten, oder soll — in den vom Gesetze zugelassenen Fällen — die Zwangsvollstreckung gegen den oder die Rechtsnachfolger des Schuldners stattfinden, so muss behufs Erlangung der Vollstreckungsklausel die Rechtsnachfolge, wenn sie nicht bei dem Gerichte notorisch ist, durch öffentliche Urkunden nachgewiesen werden. Kann der Nachweis auf diese Art nicht geführt werden, so hat der Gläubiger bei dem Prozessgerichte erster Instanz gegen den Schuldner beziehungsweise die Rechtsnachfolger des Schuldners wegen Ertheilung der Vollstreckungsklausel Klage zu erheben.

Die Vollstreckungsklausel hat die Bedeutung, die Vollstreckbarkeit des Schuldtitels gemäss dem Inhalte der Vollstreckungsklausel festzustellen mit bindender Wirkung gegenüber den Vollziehungsbeamten (Gerichtsvollziehern) und den Gerichten, bei welchen Zwangsvollstreckungsmaassregeln demnächst nachgesucht werden. Eine weitere Prüfung der Vollstreckbarkeit des Schuldtitels findet alsdann durch diese Gerichte und die Vollziehungsbeamten nicht statt.[2]

---

[1] Vollstreckungsbefehle (s. oben unter VIII) bedürfen der Vollstreckungsklausel nur, wenn auf Seiten des Gläubigers oder Schuldners eine Rechtsnachfolge eingetreten ist.

[2] Einwendungen gegen die Zulässigkeit der Vollstreckungsklausel kann der Schuldner im Wege der Beschwerde, in gewissen Fällen auch im Wege der Klage geltend machen.

Unter Aushändigung des mit der Vollstreckungsklausel versehenen Schuldtitels ertheilt der Gläubiger, wenn er aus den beweglichen körperlichen Sachen des Schuldners seine Befriedigung suchen will, einem Gerichtsvollzieher den Beitreibungsauftrag.[1] Der Gerichtsvollzieher bewirkt, falls nicht gütlich Zahlung geleistet wird, die Pfändung (§§ 712 ff. Civilprozess-Ordnung), indem er die im Gewahrsam des Schuldners oder eines zur Herausgabe bereiten Dritten befindlichen beweglichen Vermögensstücke des Schuldners, soweit es zur Deckung der Forderung und der Beitreibungskosten erforderlich ist, in Besitz nimmt. Er bringt die Pfandstücke hiernächst (in der Regel erst nach Ablauf einer Woche) zum Verkauf, in der Regel zu öffentlicher Versteigerung.[2]

Durch die Vornahme der Pfändung, welche, falls die gepfändeten Sachen einstweilen, bis zum Verkaufe, in dem Gewahrsam des Schuldners belassen werden, durch Anlegung von Siegeln oder in anderer Weise äusserlich kenntlich gemacht werden muss, erlangt der Gläubiger ein Pfandrecht an den gepfändeten Gegenständen. Dieses Pfandrecht giebt dem Gläubiger anderen Gläubigern gegenüber die gleichen Rechte wie ein durch Vertrag erworbenes Faustpfandrecht, so dass, wenn die gepfändeten Sachen für einen anderen Gläubiger nochmals gepfändet werden, dieser aus den Pfandstücken erst an zweiter Stelle seine Deckung suchen kann — nach Befriedigung des ersten Gläubigers wegen seiner zur Zwangsvollstreckung stehenden Forderung.

Der Gerichtsvollzieher gilt durch den Besitz der vollstreckbaren Ausfertigung des Schuldtitels nach Bestimmung des Gesetzes als zur Empfangnahme der aus dem Schuldtitel zu leistenden Zahlungen ermächtigt. Er hat nach erfolgter Tilgung der Forderung die gedachte Urkunde dem Schuldner auszuliefern.

Will der Gläubiger aus Geldforderungen seines Schuldners an Dritte seine Befriedigung suchen (§§ 729 ff. Civilprozess-Ordnung), so hat er unter Ueberreichung der vollstreckbaren Ausfertigung des Schuldtitels sich an das Amtsgericht, bei welchem der Schuldner seinen allgemeinen persönlichen Gerichtsstand hat — vgl. unten S. 26 — zu wenden, mit dem Antrage, die näher zu bezeichnende Forderung des Schuldners für ihn zu pfänden. Das Gericht erlässt hierauf einen Befehl an den Schuldner und an den Schuldner des Schuldners (den „Drittschuldner"), wodurch Jenem die Verfügung über die zu pfändende Forderung und diesem die Zahlung an den Schuldner untersagt wird. Mit der Zustellung dieses Befehls an den Drittschuldner — welche der Gläubiger selbst zu veranlassen hat (vergl. oben S. 7 unter I. 2) — gilt die Forderung als für den Gläubiger gepfändet. Diese Pfändung hat im Verhältniss des Gläubigers zu anderen Gläubigern des Schuldners dieselben Wirkungen, welche das Gesetz der Pfändung körperlicher Sachen beilegt.

---

[1] Der Gläubiger kann sich hierbei der Vermittelung des Gerichtsschreibers bedienen.

[2] Stehen einem Dritten an den gepfändeten Sachen Rechte zu, welche die Veräusserung zu hindern geeignet sind, so muss der Dritte gegen den die Zwangsvollstreckung betreibenden Gläubiger auf Freigabe der Sachen klagbar werden. Das Gericht kann die Aussetzung des Verkaufs bis zur Entscheidung über diese Klage anordnen.

Die gepfändete Forderung wird dem Gläubiger nach seiner Wahl zur Einziehung oder an Zahlungsstatt überwiesen. Durch die Ueberweisung an Zahlungsstatt geht die überwiesene Forderung auf den Gläubiger gleichwie durch Cession und mit der Wirkung über, dass der Gläubiger, soweit die Forderung besteht, wegen seines Anspruchs an den Schuldner als befriedigt gilt, mag auch die überwiesene Forderung demnächst — z. B. wegen Armuth des Drittschuldners — nicht beizutreiben sein. Die Ueberweisung zur Einziehung ermächtigt den Gläubiger, die Forderung gegen den die Zahlung weigernden Drittschuldner einzuklagen, als befriedigt gilt er nur, soweit die Beitreibung der Forderung gelungen ist. Die durch Ueberweisung zur Einziehung erworbenen Rechte kann der Gläubiger wieder aufgeben und seine Befriedigung aus anderen Vermögensstücken des Schuldners suchen.

Für die Pfändung und Ueberweisung von Ansprüchen, welche nicht auf Leistung baaren Geldes gehen, sind ähnliche Vorschriften maassgebend.

Hat die Zwangsvollstreckung in die beweglichen körperlichen Sachen des Schuldners zur vollständigen Befriedigung des Gläubigers nicht geführt, oder macht derselbe glaubhaft, dass er durch Vornahme der Pfändung vollständige Befriedigung nicht erlangen werde, so kann der Gläubiger fordern, dass der Schuldner — der zu diesem Zwecke vor das Amtsgericht seines Wohnortes zu laden ist — ein Verzeichniss seines Vermögens vorlege und die Richtigkeit desselben eidlich erhärte. Zur Ableistung dieses Offenbarungseides (§§ 780 ff. Civilprozess-Ordnung) kann der Schuldner durch Haft (bis zur Dauer von sechs Monaten) angehalten werden. Die Verpflegungskosten hat der Gläubiger vorzuschiessen.

Für die Zwangsvollstreckung in Grundstücke und anderes unbewegliche Vermögen fehlt es an einheitlichen Vorschriften, das Verfahren ist für jeden einzelnen deutschen Bundesstaat durch die Landesgesetze geregelt.

Zugelassen sind:

1. die zwangsweise Eintragung der Forderung des Gläubigers auf den Grundstücken des Schuldners (Judikats-Hypothek).

2. die Zwangsverwaltung (Sequestration) der Grundstücke des Schuldners. Dem Schuldner wird durch das Gericht die Verwaltung seines Grundstücks entzogen und dieselbe einem Sequester übertragen. Aus den Erträgnissen des Grundstücks werden zunächst die Realgläubiger wegen ihrer Ansprüche auf laufende Leistungen (Zinsen u. dergl.) befriedigt, der Ueberschuss wird zur Tilgung der Forderung des betreibenden Gläubigers verwendet.

Häufig bildet die Zwangsverwaltung, sofern sie die Entwerthung des Grundstücks (durch Veräusserung oder Wegschaffung des Inventars u. dergl.) zu verhindern geeignet ist, die Einleitung zu:

3. der Zwangsversteigerung, d. i. dem meistbietenden Verkaufe des Grundstücks durch das Gericht auf den Antrag des Gläubigers.

X. *Zwangsvollstreckung aus Urtheilen ausländischer Gerichte* (§§ 660 ff. Civilprozess-Ordnung). Erste Voraussetzung ist, dass die Gegenseitigkeit verbürgt, d. h. dass in dem fremden Staate (nach Staatsverträgen, Gesetz oder Praxis) aus den Urtheilen deutscher Gerichte die Zwangsvollstreckung zugelassen ist. Ist dies der Fall, so findet aus den Urtheilen des ausländischen Gerichts im Deutschen Reiche die Zwangsvollstreckung in Gemässheit der folgenden Bestimmungen statt:

Es muss im Wege der Klage bei einem deutschen Gerichte die Feststellung der Zulässigkeit der Zwangsvollstreckung aus dem ausländischen Urtheile herbeigeführt, der Erlass eines „Vollstreckungs-Urtheils" erwirkt werden. Zuständig für den Erlass des Vollstreckungsurtheils ist:

a) wenn der Schuldner zur Zeit der Erhebung der Klage einen Wohnsitz im Deutschen Reiche hat, das Gericht dieses Wohnsitzes. Ob das Amtsgericht oder Landgericht, bestimmt sich nach der Beschaffenheit des Streitgegenstandes.

Hat der Schuldner zur Zeit der Erhebung der Klage einen festen Wohnsitz überhaupt nicht (auch nicht im Auslande), so kann die Klage bei dem Gericht des Aufenthaltsortes des Schuldners im Deutschen Reiche erhoben werden. Ist der Aufenthalt des (domicillosen) Schuldners unbekannt, hatte derselbe aber seinen letzten Wohnsitz im Deutschen Reiche, so ist das Gericht dieses letzten Wohnsitzes zuständig.

b) Fehlt es an einem Gerichtsstande in Gemässheit der zu a gedachten Vorschriften — was insbesondere dann der Fall ist, wenn der Schuldner seinen Wohnsitz im Auslande hat —, so kann die Klage auf Erlass des Vollstreckungsurtheils bei demjenigen deutschen Gerichte erhoben werden, in dessen Bezirke sich Vermögen des Schuldners oder der in Anspruch genommene Gegenstand befindet. Bei Forderungen gilt als der Ort, wo das Vermögen sich befindet, der Wohnsitz des Drittschuldners; falls für die Forderung eine Sache zur Sicherheit haftet, auch der Ort, wo diese Sache sich befindet.

Das Prozessverfahren auf die Klage wegen Erlassung des Vollstreckungsurtheils regelt sich nach den gewöhnlichen Vorschriften. Die Prüfung des deutschen Gerichts erstreckt sich nicht auf die Frage der Gesetzmässigkeit der bei dem ausländischen Gerichte ergangenen Entscheidung, vielmehr — ausser auf die Frage, ob die Gegenseitigkeit verbürgt ist — nur auf folgende Punkte:

1. ob das Urtheil des ausländischen Gerichts nach dem für dieses Gericht geltenden Normen die Rechtskraft erreicht hat — vorläufige Vollstreckbarkeit genügt nicht;

2. ob durch die Vollstreckung des Urtheils eine Handlung erzwungen werden würde, welche nach dem Rechte des deutschen Gerichts nicht erzwungen werden darf;

3. ob nach dem Rechte des deutschen Gerichts das ausländische Gericht für die ergangene Entscheidung zuständig war.

Soweit hierbei im Auslande geltende Rechtsnormen in Frage kommen, hat der Kläger dem Gerichte die erforderlichen Nachweise beizubringen, falls die ausländischen Rechtsnormen dem Gerichte unbekannt sind und dieses nicht von Amtswegen die nöthigen Erkenntnissmittel sich beschaffen will.

Ergiebt bei der Prüfung der im Vorstehenden gedachten Punkte sich kein Anstand, so erfolgt der Erlass des Vollstreckungsurtheils. Eine Ausnahme findet jedoch statt, wenn der von dem ausländischen Gerichte verurtheilte Schuldner ein Deutscher ist und auf den Prozess vor dem ausländischen Gerichte sich nicht eingelassen hatte. In diesem Falle wird das Vollstreckungsurtheil nicht erlassen; es sei denn, dass die Ladung oder Verfügung, welche den Prozess (vor dem ausländischen Gerichte) einleitete, entweder im Deutschen Reiche durch Vermittelung Deutscher Behörden zugestellt worden war oder in dem Staate des (ausländischen) Prozessgerichts an den Schuldner in Person.

Ist das Vollstreckungsurtheil erlassen, so findet aus demselben die Zwangsvollstreckung nach den für die Vollstreckung von Urtheilen sonst geltenden Regeln statt.

XI. *Arrest und einstweilige Verfügungen* (§§ 796 ff. Civilprozess-Ordnung). Der Arrest soll dazu dienen, einen Gläubiger wegen vermögensrechtlicher Ansprüche, für welche er noch keinen vollstreckbaren Schuldtitel hat, durch antecipirte Vollstreckungsmassregeln gegen die Gefahr zu sichern, dass die künftige Zwangsvollstreckung vereitelt oder wesentlich erschwert werde. Diese Gefahr wird insbesondere als bestehend angenommen, wenn der Schuldner das Deutsche Reich verlassen will oder wenn derselbe sein Vermögen verschleudert oder bei Seite zu bringen sucht.

Der Gläubiger, welcher die Anordnung des Arrestes nachsucht, hat seinen Anspruch sowie die Gefährdung der Befriedigung dem Gerichte glaubhaft zu machen, z. B. durch Ueberreichung von Schuldurkunden, von Auszügen aus Handlungsbüchern, durch Beibringung eidesstattlicher Versicherungen dritter Personen oder auch durch Berufung auf Zeugen, welche indess dem Gerichte alsbald gestellt werden müssen. Auch kann der Gläubiger zur eidlichen Bestärkung seiner Angaben zugelassen werden; dagegen ist die Eideszuschiebung an den Arrestbeklagten unstatthaft. Ist der Anspruch oder die Gefahr nicht glaubhaft gemacht, so kann das Gericht dennoch den Arrest bewilligen unter Anordnung einer (in der Regel in baarem Gelde zu leistenden) Sicherheit für die dem Schuldner aus der Vollziehung des Arrestes erwachsenden Nachtheile.

Zuständig für die Anordnung des Arrestes ist das Gericht der Hauptsache, und zwar, wenn diese in der Berufungsinstanz schwebt, das Berufungsgericht, sonst das Gericht erster Instanz; daneben auch das Amtsgericht, in dessen Bezirk der mit Arrest zu belegende Gegenstand sich befindet. Das Arrestgesuch kann ohne Rücksicht auf die Höhe des Gegenstandes von der Partei selbst, ohne dass sie der Mitwirkung eines Rechtsanwaltes bedarf, schriftlich angebracht, auch zu Protokoll des Gerichtsschreibers erklärt werden. Die Entscheidung erfolgt entweder durch Endurtheil, nach vorgängiger mündlicher Verhandlung, oder — in der Regel — ohne mündliche Verhandlung durch Beschluss. Das Endurtheil unterliegt den gegen Urtheile gegebenen Rechtsmitteln. Gegen den einen Arrest anordnenden Beschluss kann „Widerspruch“ erhoben werden. Die widersprechende Partei hat den Gegner zur mündlichen Verhandlung zu laden, alsdann wird durch Endurtheil über die Rechtmässigkeit des Arrestes entschieden.

Auf Grund des den Arrest anordnenden Beschlusses oder Endurtheils wird die Pfändung in das bewegliche Vermögen des Schuldners vollstreckt, nach denselben Regeln und mit denselben Rechtswirkungen, wie sonst bei der Zwangsvollstreckung. Gepfändetes Geld wird hinterlegt. Gepfändete Sachen, welche leicht verderblich oder schwer aufzubewahren sind, können auf Anordnung des Gerichts versteigert werden; der Erlös wird hinterlegt. Ueberdies werden nach näherer Vorschrift der einzelnen Landesgesetze aus Arrestbefehlen auch Vormerkungen zu Gunsten des Gläubigers in den Hypotheken-(Grund-)Büchern auf den Grundstücken des Schuldners eingetragen.

Bei Anordnung des Arrestes setzt das Gericht eine Geldsumme fest, durch deren Hinterlegung der Schuldner die Aufhebung des Arrestes erwirken kann.

Ein Arrest gegen die Person des Schuldners (durch Inhaftnahme, Bewachung in der Wohnung und dergl.) ist statthaft, wenn kein anderes Mittel sich bietet, die gefährdete Zwangvollstreckung in das Vermögen des Schuldners zu sichern, derselbe z. B. im Begriffe steht, mit seinem flüssig gemachten und versteckt gehaltenen Vermögen in das Ausland zu gehen.

Die Vorschriften, welche das Arrestverfahren regeln, gelten im Wesentlichen auch für das Verfahren betreffend den Erlass einstweiliger Verfügungen, d. h. gerichtlicher Anordnungen, durch welche — vermittels eines Veräusserungs- oder Verpfändungsverbotes, Einleitung einer Sequestration und dergl. — verhütet werden soll, dass der Anspruch des Gläubigers auf einen bestimmten Gegenstand durch eine Veränderung des bestehenden Zustandes, z. B. durch Veräusserung oder Belastung des Gegenstandes, gefährdet werde. Im Wege der einstweiligen Verfügung erfolgt auch die Regelung eines einstweiligen Zustandes in Bezug auf ein streitiges Rechtsverhältniss, sofern dies zur Abwendung drohender Gewalt oder aus anderen Gründen erforderlich ist, z. B. die einstweilige Regelung streitiger Besitzverhältnisse.

Anhang.

A. *Oertliche Zuständigkeit der Gerichte („Gerichtsstände“).*

Ueber die Abgrenzung der Competenz unter den verschiedenen Gerichtsbehörden (Amts-, Landgerichten etc.) — sogenannte „sachliche Zuständigkeit“ der Gerichte — ist in dem Abschnitte „Gerichtsverfassung“ gehandelt. Welches specielle (Amts- oder Land-)Gericht im einzelnen Falle zuständig ist — sogenannte „örtliche Zuständigkeit“ —, bestimmt sich nach den Vorschriften über den Gerichtstand (§§ 12ff. Civilprozess-Ordnung).

I. Allgemeiner Gerichtsstand.

Ihren allgemeinen Gerichtsstand hat eine Person bei dem Gerichte ihres Wohnsitzes: dieses Gericht ist für alle Klagen gegen die betreffende Person zuständig, mit alleiniger Ausnahme derjenigen Klagen, für welche vom Gesetze ein besonderer Gerichtsstand als „ausschliesslicher“ vorgeschrieben ist.[1]

[1] Die Mitglieder der bei dem deutschen Reiche beglaubigten Missionen, sowie deren Familienglieder, Geschäfts- und Dienstpersonal unterliegen, sofern sie nicht Deutsche sind, der deutschen Gerichtsbarkeit nicht. Dasselbe gilt für die bei einem Bundesstaat beglaubigten Missionen hinsichtlich der Gerichtsbarkeit dieses Bundesstaats.

Deutsche, welche an ihrem Wohnort (im In- oder Auslande) das Recht der Exterritorialität geniessen, sowie alle im Auslande angestellten Beamten des Reichs oder eines Bundesstaats — mit Ausnahme jedoch der Wahlkonsuln — haben ihren allgemeinen Gerichtsstand bei dem Gericht ihres letzten Wohnsitzes in dem Heimathsstaate, in Ermangelung eines solchen bei dem Gerichte der Hauptstadt des Heimathsstaates.

Eine Person, welche einen Wohnsitz überhaupt nicht hat (auch nicht im Auslande), hat ihren allgemeinen Gerichtsstand bei dem Gericht ihres Aufenthaltsortes im Deutschen Reich. Ist der Aufenthaltsort einer solchen Person unbekannt, so hat dieselbe, sofern sie zuletzt im Deutschen Reiche wohnte, ihren allgemeinen Gerichtsstand bei dem Gericht dieses letzten Wohnsitzes.

II. Besondere Gerichtsstände.

1. Wegen vermögensrechtlicher Ansprüche können Personen, welche im Deutschen Reiche keinen Wohnsitz haben, bei demjenigen Gericht verklagt werden, in dessen Bezirke sich Vermögen derselben oder der mit der Klage in Anspruch genommene Gegenstand befindet.

2. Wegen vermögensrechtlicher Ansprüche können bei dem Gericht ihres Aufenthaltsortes Personen verklagt werden, welche an einem Orte unter Verhältnissen, die auf ein längeres Verbleiben hinweisen, sich aufhalten, z. B. als Gewerbegehülfen, Studirende u. dgl.

3. Für Klagen, welche auf den Geschäftsbetrieb einer gewerblichen Niederlassung, von der aus unmittelbar Geschäfte geschlossen werden, Bezug haben, ist das Gericht des Ortes zuständig, wo die Niederlassung sich befindet.

Entsprechendes gilt für Klagen, welche auf die Bewirthschaftung eines Gutes Bezug haben.

4. Für Klagen aus unerlaubten Handlungen ist das Gericht zuständig, in dessen Bezirke die unerlaubte Handlung begangen ist.

5. Klagen auf Feststellung des Bestehens oder Nichtbestehens eines Vertrages, auf Erfüllung oder Aufhebung eines solchen, sowie auf Entschädigung wegen Nichterfüllung oder nicht gehöriger Erfüllung können bei dem Gerichte des Ortes erhoben werden, wo die streitige Verpflichtung zu erfüllen ist.[1]

Für Klagen aus Handelsgeschäften, welche auf Messen abgeschlossen sind, ist das Gericht des Messortes zuständig, wenn die Klage am Orte oder im Bezirke dieses Gerichts dem Beklagten oder einem zur Prozessführung ermächtigten Vertreter desselben zugestellt wird.

6. Vor dem Gerichte, bei welchem der Erblasser zur Zeit seines Todes seinen allgemeinen Gerichtsstand hatte, können Klagen, welche Erbrechte,

---

Dem ausschliesslichen dinglichen Gerichtsstande (s. unten S. 18 unter II. 7) sind jedoch auch diese Eximirten unterworfen.

[1] Wechselklagen können bei dem Gericht des Zahlungsortes angestellt werden. Mehrere Wechselverpflichtete können gemeinschaftlich sowohl bei diesem Gerichte als bei demjenigen verklagt werden, bei welchem einer der Beklagten seinen allgemeinen Gerichtsstand hat.

Ansprüche aus Verfügungen auf den Todesfall oder die Theilung der Erbschaft betreffen, erhoben werden. Für Klagen der Nachlassgläubiger aus Ansprüchen an den Erblasser oder die Erben als solche ist jenes Gericht dann zuständig, wenn sich der Nachlass wenigstens noch theilweise im Bezirke des Gerichts befindet oder wenn derselbe beim Vorhandensein mehrerer Erben noch ungetheilt ist.

7. Dingliche Klagen wegen unbeweglicher Sachen müssen bei dem Gerichte des Ortes, wo die Sache belegen ist, angestellt werden. Dieser Gerichtsstand ist ein ausschliesslicher. In dem dinglichen Gerichtsstande können auch gewisse persönliche Klagen, welche auf das Grundstück Bezug haben, erhoben werden.

8. Bei dem Gericht der Klage kann eine Widerklage erhoben werden, wenn der Gegenanspruch mit der Klageforderung oder den vorgebrachten Vertheidigungsmitteln in Zusammenhang steht und für denselben nicht ein ausschliesslicher Gerichtsstand begründet ist.

Sofern ein besonderer Gerichtsstand vom Gesetze nicht ausdrücklich als „ausschliesslicher“ bezeichnet ist,[1] kann der Kläger zwischen dem allgemeinen und dem besonderen Gerichtsstande wählen. Ebenso steht dem Kläger die Wahl frei, wenn eine Person ein doppeltes Domicil und somit mehrere allgemeine Gerichtsstände hat.

Für die Frage nach dem Vorhandensein der die Zuständigkeit des Gerichts begründenden Umstände ist der Zeitpunkt der Zustellung der Klageschrift entscheidend.

Einem an sich (sachlich oder örtlich oder in beiden Beziehungen) unzuständigen Gerichte erster Instanz können die Parteien durch ausdrückliche oder stillschweigende Vereinbarung die Zuständigkeit verleihen, jedoch nur für Klagen wegen vermögensrechtlicher Ansprüche und nur dann, wenn für die Klage nicht ein ausschliesslicher Gerichtsstand begründet ist. Die Vereinbarung muss sich auf die Streitigkeiten aus einem bestimmten Rechtsverhältnisse beziehen, sonst ist sie wirkungslos. Stillschweigende Vereinbarung ist nach gesetzlicher Vorschrift insbesondere dann anzunehmen, wenn der Beklagte vor dem unzuständigen Gericht, ohne die Unzuständigkeit zu rügen, zur Hauptsache mündlich verhandelt.

B. *Kosten des Rechtsstreits.* 1. Allgemeines. Das Endurtheil trifft auch darüber Entscheidung, wer die Kosten des Rechtsstreits zu tragen hat.[2]

Grundsätzlich fallen die Kosten der unterliegenden Partei zur Last. Hat indessen der Beklagte durch sein Verhalten zur Erhebung der Klage keine Veranlassung gegeben und erkennt derselbe den Klaganspruch sofort an, so muss der Kläger die Kosten tragen. Siegt zum Theil der Kläger, zum Theil der Beklagte ob, so wird regelmässig jeder Partei eine entsprechende Quote der Kosten auferlegt.

---

[1] Besondere ausschliessliche Gerichtsstände sind, ausser den zu 7 gedachten, noch für verschiedene andere Klagen angeordnet, z. B. §§ 667. 690 Civilprozess-Ordnung.

[2] Die Entscheidung über den Kostenpunkt kann für sich allein, ohne dass zugleich ein Rechtsmittel gegen die Entscheidung in der Hauptsache eingelegt wird, nicht angefochten werden.

Die zur Kostentragung verurtheilte Partei hat die dem Gegner erwachsenen Kosten zu erstatten, soweit dieselben „zur zweckentsprechenden Rechtsverfolgung oder Rechtsvertheidigung nothwendig waren“. Zu erstatten sind regelmässig insbesondere die Gebühren und Auslagen des Anwalts der gegnerischen Partei.

Ueber die Höhe der an das Gericht zu zahlenden oder dem Gegner zu erstattenden Kosten besagt das Urtheil nichts. Nach Erlass desselben werden gemäss der darin getroffenen Bestimmung die gerichtlichen Kosten, soweit sie nicht durch gezahlte Vorschüsse gedeckt sind, eingefordert, es erfolgt ferner auf Antrag des obsiegenden Theils die Festsetzung der diesem zu erstattenden (sog. aussergerichtlichen) Kosten. Dieser Antrag kann jedoch nur auf ein vollstreckbares Urtheil (aber auch auf einen vollstreckbaren Vergleich, s. oben IX S. 20) gegründet werden. Die Entscheidung über den Antrag, die „Kostenfestsetzung“, steht, auch wenn es sich um die Erstattung von in zweiter oder dritter Instanz erwachsenen Kosten handelt, dem Prozessgericht erster Instanz zu. Dem Gesuche sind eine Berechnung der erwachsenen Kosten, nebst einer für den Gegner bestimmten Abschrift, sowie die zur Rechtfertigung der einzelnen Ansätze dienenden Beläge, Quittungen, Postscheine, Handakten des Rechtsanwalts etc. beizufügen. Der „Kostenfestsetzungsbeschluss“ — aus welchem die Zwangsvollstreckung stattfindet — kann mit der sofortigen Beschwerde angefochten werden.[1]

Gleich bei Beginn des Verfahrens wird in jeder Instanz von dem Antragsteller (Kläger, Widerkläger, Berufungskläger etc.) ein Gerichtskostenvorschuss, und zwar in Höhe der vollen Gebühr der betreffenden Werthstufe und Instanz (s. unten S. 31, 32) erfordert und nöthigenfalls, in gleicher Weise wie sonst die Gerichtskosten, zwangsweise beigetrieben. Ausserdem ist bei jedem Antrage auf Vornahme einer Handlung, mit welcher baare Auslagen verknüpft sind, eine zur Deckung derselben ausreichende Summe vorzuschiessen.

Ausländer haben, sofern sie als Kläger auftreten, das Dreifache des sonst in Ansatz kommenden Vorschusses zu entrichten.[2] Solange dieselben den Vorschuss nicht gezahlt haben, wird eine gerichtliche Handlung nicht vorgenommen, es sei denn, dass die Verzögerung dem Ausländer einen unersetzlichen Nachtheil bringen würde.

---

[1] Des Festsetzungsbeschlusses bedarf es selbstverständlich nicht, wenn die unterlegene Partei dem obsiegenden Theile seine Kosten auf private Aufforderung hin erstattet. Dem Antrage auf Festsetzung braucht eine solche Aufforderung nicht voranzugehen.

[2] Von dem Ausländer sind sonach (s. S. 31) als Vorschuss in erster Instanz zu zahlen: bei einem Objekt bis zu ℳ 20 einschliesslich ℳ 3,

bei einem Objekte von ℳ	100	ℳ 13,80
„ „ „ „ „	300	„ 33
„ „ „ „ „	500	„ 60
„ „ „ „ „	1000	„ 96
„ „ „ „ „	3000	„ 168
„ „ „ „ „	5000	„ 204
„ „ „ „ „	10000	„ 270

und demnächst für je ℳ 2000 weitere ℳ 30.

Der klagende Ausländer hat überdies dem Beklagten wegen der Kosten, welche dieser voraussichtlich aufzuwenden haben wird, Sicherheit zu leisten durch Niederlegung einer vom Gericht zu bestimmenden Summe in baarem Gelde oder in Werthpapieren. Wird binnen der vom Gericht bestimmten Frist die Sicherheit nicht geleistet, so wird auf Antrag des Beklagten die Klage für zurückgenommen erklärt, oder wenn über ein Rechtsmittel des Klägers zu verhandeln ist, dasselbe verworfen.

Von der Verpflichtung zur Zahlung des erhöhten Gerichtskostenvorschusses und zur Sicherstellung der Kosten des Gegners ist der Ausländer jedoch befreit:

a) wenn nach den Gesetzen des Staates, welchem der Kläger angehört, ein Deutscher in gleichem Falle zu einer besonderen Vorauszahlung oder Sicherstellung der Gerichtskosten bezw. zur Leistung einer Sicherheit für die Kosten des Beklagten nicht verpflichtet ist;

b) im Urkunden- und Wechselprozesse;

c) bei Widerklagen;

d) bei Klagen, welche in Folge einer öffentlichen Aufforderung angestellt werden;

e) bei Klagen aus Ansprüchen, welche in das Grund- oder Hypothekenbuch einer deutschen Behörde eingetragen sind.

Gänzlich befreit ist von Zahlung des Gerichtskostenvorschusses sowie — als Ausländer — zugleich von der Sicherstellung der Kosten des Gegners, wer das Armenrecht bewilligt erhalten hat. Die Ertheilung desselben ist für jede Instanz besonders bei dem Prozessgericht der betreffenden Instanz nachzusuchen. Der Antragsteller hat durch ein obrigkeitliches Zeugniss sein Unvermögen zur Bestreitung der Prozesskosten nachzuweisen und das Streitverhältniss unter Angabe der Beweismittel darzulegen. Die Bewilligung des Armenrechts erfolgt nur, wenn die beabsichtigte Rechtsverfolgung oder Rechtsvertheidigung nicht muthwillig oder aussichtslos erscheint, für die höhere Instanz erfolgt sie jedoch stets, sofern die „arme“ Partei in der vorhergehenden Instanz obgesiegt hat.

Durch die Bewilligung des Armenrechts erlangt die Partei, ausser den oben genannten Vortheilen, für den Fall ihres Unterliegens in dem Prozesse einstweilige Befreiung von der Berichtigung aller gerichtlichen Gebühren und Auslagen (dagegen nicht Befreiung von der Erstattung der gegnerischen Kosten), sie erlangt ferner das Recht, dass ihr ein Gerichtsvollzieher und, wenigstens im Anwaltsprozesse,[1] ein Rechtsanwalt beigeordnet werde. Diese müssen für die Partei einstweilen unentgeltlich thätig sein, können jedoch von dem in die Prozesskosten verurtheilten Gegner ihre Gebühren und Auslagen beitreiben. Sobald die „arme“ Partei in bessere Vermögenslage kommt, hat sie Gebühren und Kosten nachzuzahlen.

Ausländer haben auf das Armenrecht nur Anspruch, sofern die Gegenseitigkeit verbürgt ist, d. i. sofern in dem Staate, welchem der Antrag-

[1] Für den amtsgerichtlichen Prozess ist es dem Ermessen des Gerichts anheimgegeben, ob der Partei, welcher das Armenrecht bewilligt ist, ein Rechtsanwalt beizuordnen ist.

steller angehört, nach Gesetz, Staatsvertrag oder feststehendem Gebrauch Deutsche zum Armenrechte zugelassen werden. Gegenwärtig ist durch Gesetz oder Staatsvertrag die Gegenseitigkeit verbürgt für Oesterreich, Italien, Frankreich, Belgien und Luxemburg.

2. Die Gerichtskosten.[1]

Das Gesetz stellt eine Skala der nach dem grösseren oder geringeren Werthe des Streitgegenstandes sich abstufenden Gebühren auf. Für den einzelnen gebührenpflichtigen Akt wird — nach näherer Vorschrift des Gesetzes — theils die volle Gebühr (Normalgebühr) der betreffenden Werthstufe, theils eine Quote derselben erhoben.

Die volle Gebühr wird erhoben:

a) für die kontradiktorische mündliche Verhandlung, d. h. für eine Verhandlung, in welcher beide Parteien vertreten sind und widersprechende Anträge stellen („Verhandlungsgebühr");

b) für die Anordnung einer Beweisaufnahme („Beweisgebühr"). Es kommen jedoch nur fünf Zehntheile der Beweisgebühr in Ansatz, wenn die angeordnete Beweisaufnahme nicht stattgefunden hat;

c) für eine andere Entscheidung, insbesondere die Erlassung eines Urtheils („Entscheidungsgebühr"). Für eine Entscheidung, welche auf Grund eines Anerkenntnisses oder Verzichtes ergeht, kommen nur drei Zehntheile der Entscheidungsgebühr in Ansatz.

Für Akte, welche nur einen Theil des Streitgegenstandes betreffen, wird die Gebühr nur nach dem Werthe dieses Theiles berechnet. Es kommt ferner jede der im Vorstehenden bezeichneten Gebühren in derselben Instanz nur einmal zum Ansatz, so dass z. B. die Verhandlungsgebühr nur einmal liquidirt wird, mag auch (in derselben Instanz) die Sache wiederholt verhandelt worden sein, und die Entscheidungsgebühr nur einmal in Ansatz kommt, mag auch das Gericht zunächst ein Zwischenurtheil und alsdann das Endurtheil erlassen haben.[2]

In einer Reihe von im Gesetze besonders hervorgehobenen Fällen wird für die oben gedachten Akte nur ein bestimmter Bruchtheil der Normalgebühr berechnet. Im Urkunden- und Wechselprozesse kommen sechs Zehntheile in Ansatz.

Nur ein Bruchtheil der Gebühr wird ferner für gewisse, im Gesetze näher bezeichnete Entscheidungen einschliesslich des denselben vorangegangenen Verfahrens erhoben.

Eine Reihe von Entscheidungen erfolgt gebührenfrei.

Die volle Gebühr beträgt — wenn von verschiedenen kleineren Zwischenstufen abgesehen wird — bei einem Streitgegenstande im Werthe von 20 ℳ 1 ℳ, von 100 ℳ 4 ℳ 60 ₰, von 300 ℳ 11 ℳ, von 500 ℳ 20 ℳ,

[1] Gerichtskostengesetz vom 18. Juni 1878 und Reichsgesetz vom 29. Juni 1881.

[2] Ist jedoch durch das Verschulden einer Partei die Vertagung der Verhandlung oder in Folge verspäteten Vorbringens einer Partei eine neue, die Erledigung des Rechtsstreits verzögernde Beweisanordnung nöthig geworden, so kann das Gericht die Erhebung einer besondern Gebühr für die weitere Verhandlung oder die nochmalige Beweisanordnung beschliessen.

von 1000 ℳ 32 ℳ, von 3000 ℳ 56 ℳ, von 5000 ℳ 68 ℳ, von 10 000 ℳ 90 ℳ.

Von 10 000 ℳ an steigen die ferneren Werthsklassen um je 2000 ℳ und die Gebühren um je 10 ℳ.

Bei nicht vermögensrechtlichen Ansprüchen, z. B. in Ehesachen, wird der Werth des Streitgegenstandes der Regel nach zu 2000 ℳ, ausnahmsweise höher oder niedriger angenommen.

In der Berufungsinstanz erhöhen sich die Gebührensätze um ein Viertel, in der Revisionsinstanz um die Hälfte.

Ausser den Gebühren werden von dem Gerichte als Auslagen in Ansatz gebracht: Schreibgebühren, Porto- und Insertionskosten, ferner die Beträge, welche an Zeugen oder Sachverständige (nach Maassgabe der Gebührenordnung vom 30. Juni 1878) als Schadloshaltung für Zeitversäumniss, für Reise- uud Zehrungsaufwand oder als Vergütung für erstattete Gutachten gezahlt sind, u. a. m.

3. Die Anwaltsgebühren.

Die Gebührenordnung für Rechtsanwälte vom 7. Juli 1879[1] stellt in derselben Weise wie das Gerichtskostengesetz eine Gebührenskala nach bestimmt abgegrenzten Werthstufen auf und bewilligt dem Rechtsanwalt für seine Dienstleistungen theils die volle Gebühr der Werthstufe theils einen Bruchtheil derselben.

Der mit der Vertretung einer Partei im Prozesse beauftragte (zum „Prozessbevollmächtigten" bestellte) Anwalt hat die volle Gebühr zu beanspruchen:

a) Für den „Geschäftsbetrieb einschliesslich der Information" („Prozessgebühr"). Diese Gebühr umfasst die Thätigkeit des Anwalts ausserhalb der mündlichen Verhandlung, die Anfertigung der Klage, sowie anderer Schriftsätze, den Verkehr mit der Partei etc.

Die Gebühr ist für den Anwalt, welchem ein Auftrag zur Anstellung der Klage ertheilt ist, mit der Einreichung derselben erwirkt. Erledigt sich der Auftrag vor der Einreichung, so kommt die Prozessgebühr nur zur Hälfte in Ansatz.

b) Für die kontradiktorische mündliche Verhandlung („Verhandlungsgebühr").

Für eine nicht kontradiktorische Verhandlung, z. B. die Vertretung im Versäumnissverfahren, ist nur die halbe Verhandlungsgebühr zu berechnen.

c) Für die Mitwirkung bei einem zur Beilegung des Rechtsstreits (vor Gericht oder aussergerichtlich) geschlossenen Vergleiche („Vergleichsgebühr").

Die Hälfte der vollen Gebühr steht dem Rechtsanwalt zu für die Vertretung in einem Termine zur Leistung eines durch Urtheil auferlegten Eides, sowie für die Vertretung in einem Beweisaufnahmeverfahren, wenn die Beweisaufnahme nicht blos in der Vorlegung von in den Händen des

[1] Dieselbe regelt u. A. auch die Gebühren der Rechtsanwälte für ihre Thätigkeit im Konkursverfahren. In Sachen der nicht streitigen Gerichtsbarkeit kommen die Vorschriften der einzelnen Landesgesetze zur Anwendung, soweit letztere nicht die deutsche Gebührenordnung für anwendbar erklärt haben.

Beweisführers oder des Gegners befindlichen Urkunden besteht („Beweisgebühr“).

Bezieht sich die zu vergütende Thätigkeit des Anwalts nur auf einen Theil des Streitgegenstandes, so wird die Gebühr nur nach dem Werthe dieses Theiles berechnet. Es kann ferner jeder der erwähnten Gebührensätze in jeder Instanz nur einmal liquidirt werden. Jedoch erhöht die Verhandlungsgebühr sich für den Fall, dass nach erfolgter Beweisaufnahme eine weitere Verhandlung stattfindet, um fünf Zehntheile, und wenn die weitere Verhandlung nicht kontradiktorisch ist, um die Hälfte dieses Betrages.[1]

Im Uebrigen sind die vorgedachten Gebühren Bauschgebühren, sie stellen die Vergütung für die gesammte Thätigkeit des Anwalts im Prozesse dar, soweit das Gesetz nicht ausdrücklich für einzelne Akte die Berechnung einer besonderen Gebühr gestattet. Eine solche besondere Gebühr erhält der Anwalt z. B. (in Höhe von je drei Zehntheilen der vollen Gebühr) für seine Thätigkeit im Kostenfestsetzungs-[2] und im Zwangsvollstreckungsverfahren.

In einer Reihe von im Gesetz näher bezeichneten Fällen — meist solche, für welche auch die Gerichtskosten ermässigt sind — kommen theils alle vorgenannten Gebühren, theils einzelne derselben nur zu einem Bruchtheile in Ansatz.

Im Urkunden- und Wechselprozess ermässigen sich wie die Gerichtskosten so auch die Anwaltsgebühren auf $^6/_{10}$ der sonstigen Sätze.

Der nicht zum Prozessbevollmächtigten bestellte Anwalt erhält für einzelne Akte nach näherer Vorschrift des Gesetzes Vergütung. Für einen ertheilten Rath kann derselbe drei Zehntheile der Normalgebühr liquidiren.

Die volle Gebühr beträgt beispielsweise:

bei einem Objekt im Werthe bis zu	20 ℳ	einschliesslich	=	2 ℳ
” ” ” ” ” von	100 ”		=	4 ”
” ” ” ” ” ”	300 ”		=	10 ”
” ” ” ” ” ”	500 ”		=	19 ”
” ” ” ” ” ”	1000 ”		=	28 ”
” ” ” ” ” ”	3000 ”		=	44 ”
” ” ” ” ” ”	5000 ”		=	52 ”
” ” ” ” ” ”	10000 ”		=	64 ”

Bei höheren Objekten steigt die Gebühr in der Weise, dass für je 2000 ℳ die Gebühren sich erhöhen: bis zu 50000 ℳ einschliesslich um je 4 ℳ, von da bis zu 100000 um je 3 ℳ, darüber hinaus um je 2 ℳ.

Ausser den Gebühren liquidirt auch der Anwalt Auslagen, insbesondere Schreibgebühren, Porto- und Zustellungskosten.

[1] Der Anwalt erhält beispielsweise: wenn im ersten Termin der Klaganspruch anerkannt wird, das $1^1/_2$fache der vollen Gebühr, nämlich die Prozessgebühr und die halbe Verhandlungsgebühr. Wird dem Klagantrage widersprochen, hinsichtlich des ganzen Streitgegenstandes Beweis erhoben und darauf nochmals kontradiktorisch verhandelt, so erhält der Anwalt das dreifache der vollen Gebühr, nämlich die Prozessgebühr, die erhöhte Verhandlungsgebühr und die Beweisgebühr.

[2] Bemessen nach dem Betrag der Kosten.

Durch Vereinbarung zwischen dem Rechtsanwalt und seinem Auftraggeber kann der Betrag der dem Rechtsanwalt für seine Thätigkeit zu zahlenden Vergütung abweichend von den Vorschriften des Gesetzes festgesetzt werden. Den Auftraggeber bindet indess eine solche Abmachung nur, wenn er sich schriftlich verpflichtet hat. Aber auch in diesem Falle kann derselbe, sofern ein übermässig hoher Betrag ausbedungen ist, im Wege des Prozesses die Herabsetzung fordern.

Der Rechtsanwalt ist befugt, von seinem Auftraggeber einen Vorschuss in Höhe der muthmaasslich erwachsenden Gebühren und Auslagen zu erfordern. Fällig sind die Gebühren regelmässig bei Beendigung der Instanz oder Erledigung des Auftrages. Der Rechtsanwalt hat bei Einforderung derselben seinem Auftraggeber eine von ihm unterschriebene Berechnung der Gebühren mitzutheilen unter Angabe des Werthes des Streitgegenstandes und Bezeichnung der angewendeten gesetzlichen Bestimmungen.

4. Die Kosten eines im ordentlichen Verfahren durchgeführten Rechtsstreits würden für die unterliegende Partei — vorausgesetzt, dass in erster Instanz hinsichtlich des ganzen Streitgegenstandes durch Vernehmung weniger, in der Nähe wohnhafter Zeugen Beweis erhoben ist — sich etwa wie folgt stellen:

a. Gerichtskosten:

	bei einem Objecte von 1000 ℳ	bei einem Objecte von 10 000 ℳ
Verhandlungsgebühr . .	32,00 ℳ	90,00 ℳ
Beweisgebühr . . .	32,00 „	90,00 „
Entscheidungsgebühr	32,00 „	90,00 „
Entschädigungen an Zeugen, Schreibgebühr . ., Portoauslagen . . . . } rund .	12,00 „	12,00 „
im Ganzen . .	108,00 ℳ	282,00 ℳ

b. Gebühren jedes der beiden Anwälte:

	bei einem Objecte von 1000 ℳ	bei einem Objecte von 10 000 ℳ
Prozessgebühr	28,00 ℳ	64,00 ℳ
Erhöhte Verhandlungsgebühr .	42,00 „	96,00 „
Beweisgebühr	14,00 „	32,00 „
Auslagen für Schreibgebühr . ., Zustellungsgebühr und Porto etc. } rund	8,50 „	8,50 „
im Ganzen . .	92,50 ℳ	200,50 ℳ

Der unterliegende Theil hätte also an Gerichtskosten und Anwaltsgebühren für die erste Instanz bei einem Objekte von 1000 ℳ im Ganzen 293 ℳ, bei einem Objekte von 10 000 ℳ im Ganzen 683 ℳ zu zahlen.

Nur um ein Geringes niedriger würden, auch wenn von dem Berufungsgericht eine neue Beweisaufnahme nicht angeordnet war, sich die Kosten der zweiten und (hinsichtlich des Objekts von 10 000 ℳ) der dritten Instanz stellen, da in der zweiten Instanz die Gerichtsgebühren und in der dritten sowohl die Gerichts- als die Anwaltsgebühren höher sind.

D. Konkurs.

Die Reichs-Konkursordnung vom 10. Februar 1877 hat für das ganze Deutsche Reich das Konkursverfahren, sowie im Wesentlichen auch das materielle Konkursrecht einheitlich geregelt.

Die Reichs-Konkursordnung kennt einen besonderen kaufmännischen Konkurs nicht, unterwirft vielmehr den Konkurs über das Vermögen eines Kaufmanns und eines Nichtkaufmanns denselben Regeln.

Zuständig für das Konkursverfahren ist das Amtsgericht des Wohnsitzes des Schuldners.

Auf den Antrag des Gemeinschuldners oder eines Gläubigers (niemals von Amtswegen) beschliesst das Gericht die Eröffnung des Verfahrens, wenn der Gemeinschuldner zahlungsunfähig, d. h. ausser Stande ist, seine fälligen Geldschulden zu bezahlen.

Ueberschuldung, Vermögensunzulänglichkeit, ist als Voraussetzung der Eröffnung des Konkurses in der Regel[1] weder erforderlich, noch auch für sich allein — wenn nicht zugleich Zahlungseinstellung vorliegt — ausreichend.

Der Gläubiger, welcher die Eröffnung des Konkurses beantragt, hat seine Forderung und die Zahlungsunfähigkeit des Schuldners glaubhaft zu machen. Das Gericht kann die Eröffnung des Verfahrens ablehnen, wenn keine ausreichende Masse vorhanden ist.

Die Konkursmasse umfasst das gesammte, zur Zeit der Eröffnung des Verfahrens dem Gemeinschuldner gehörige Vermögen, soweit dasselbe der Zwangsvollstreckung unterliegt. Zweck und Aufgabe des Konkursverfahrens ist es, aus dieser Masse die persönlichen Gläubiger des Gemeinschuldners wegen ihrer zur Zeit der Eröffnung des Verfahrens begründeten Vermögensansprüche — auch der bedingten und betagten — gemeinschaftlich zu befriedigen. Ausländische Gläubiger stehen den inländischen gleich, soweit nicht etwa Seitens des Reichskanzlers auf Grund der ihm vom Gesetz ertheilten generellen Ermächtigung die Anwendung eines Vergeltungsrechtes gegen die Angehörigen eines ausländischen Staates oder deren Rechtsnachfolger angeordnet ist. Bisher ist eine solche Anordnung nicht getroffen worden.

Reicht die Konkursmasse zur vollen Befriedigung aller Konkursgläubiger nicht hin, so erfolgt deren Befriedigung antheilsweise zu dem gleichen Prozentsatze. Fünf Klassen von Gläubigern (Konkursordnung § 54) bezw. Forderungen geniessen ein Vorzugsrecht und erhalten vor den übrigen Gläubigern — in der (gesetzlich bestimmten) Reihenfolge der fünf Klassen — ihre Befriedigung. Es gehören hierher: Lohnforderungen von Dienstboten und anderen Angestellten des Gemeinschuldners, gewisse Abgabenforderungen der Reichs-, Staats- und anderer öffentlicher Kassen, ähnliche Forderungen der Kirchen, Schulen und anderer öffentlicher Verbände, gewisse Forderungen der Aerzte und Apotheker sowie Ansprüche der Kinder und Pflegebefohlenen des Gemeinschuldners wegen ihres der Verwaltung desselben gesetzlich unter-

[1] Ueber das Vermögen einer Aktiengesellschaft und über einen Nachlass wird auch im Falle der Ueberschuldung der Konkurs eröffnet.

worfenen Vermögens. Die Forderungen der Ehefrau des Gemeinschuldners geniessen ein Vorzugsrecht nicht, doch sind hinsichtlich solcher Forderungen der Ehefrauen, welche zur Zeit des Inkrafttretens der Reichs-Konkursordnung (am 1. Oktober 1879) bereits entstanden waren, die durch die Landesgesetze gewährten Pfand- oder Vorzugsrechte mit gewissen Einschränkungen aufrecht erhalten.

Der Konkursgläubiger kann mit seiner Kapitalsforderung etwaige Vertragsstrafen sowie die vor der Eröffnung des Verfahrens erwachsenen Kosten und aufgelaufenen Zinsen zum Ansatze bringen. Dagegen finden nach der Eröffnung des Verfahrens aufgelaufene Zinsen und Kosten,[1] sowie Forderungen aus Schenkungen des Gemeinschuldners im Konkurse keine Berücksichtigung.

Wie weit Gegenstände als dem Gemeinschuldner nicht gehörig auf Grund eines dinglichen oder persönlichen Rechts aus der Konkursmasse, nöthigenfalls im Wege der Klage gegen den Verwalter, herausverlangt werden können, bestimmt sich nach den Vorschriften des bürgerlichen Rechts. Auf singulärer Vorschrift der Konkursordnung beruht das Recht des Verkäufers und des Einkaufskommissionärs Waaren, welche von dem Gemeinschuldner noch nicht vollständig bezahlt sind, zurückzufordern, sofern dieselben von einem anderen Orte an den Gemeinschuldner abgeschickt und nicht schon vor Eröffnung des Verfahrens am Orte der Ablieferung dem Gemeinschuldner oder einem Bevollmächtigten des Letzteren ausgefolgt sind. Dieses Recht kann jedoch nicht ausgeübt werden, wenn der Konkursverwalter den Preis für die Waaren zu entrichten bereit ist. Sind Gegenstände (auch Forderungen), deren Aussonderung aus der Masse hätte gefordert werden können, von dem Gemeinschuldner oder nach Eröffnung des Verfahrens von dem Verwalter veräussert worden, so kann, nach einer anderen singulären Vorschrift der Konkursordnung, der Absonderungsberechtigte die Gegenleistuug, soweit dieselbe erst nach Eröffnung des Verfahrens in die Masse gekommen ist, herausfordern, auch Abtretung des Rechts auf die noch ausstehende Gegenleistung verlangen.

Das Recht, vorzugsweise abgesonderte Befriedigung aus einzelnen zur Konkursmasse gehörigen Gegenständen zu suchen, gewährt die Konkursordnung hinsichtlich unbeweglicher Sachen insoweit, als an diesen Sachen nach den Vorschriften des bürgerlichen Rechts (also der einzelnen Landesgesetze) ein (vertragsmässiges oder gesetzliches) dingliches oder sonstiges Recht auf vorzugsweise Befriedigung begründet ist. Es gehören hierher ins-

[1] Es können insbesondere die Gebühren und Auslagen des Rechtsanwaltes, welcher den Gläubiger im Konkursverfahren vertritt, nicht geltend gemacht werden. Die Gebühr für die Vertretung eines Gläubigers im Konkursverfahren beträgt sechs Zehntheile der vollen Gebühr (siehe S. 33), nach dem Nennwerthe der Forderung des Gläubigers berechnet. Ueberdies hat der Anwalt für seine Thätigkeit in dem Verfahren betreffend die Prüfung der Forderungen, sowie im Zwangsvergleichs- und im Vertheilungsverfahren noch je eine volle Gebühr zu beanspruchen, welche jedoch nach dem zur Hebung kommenden Betrage der Forderung des Gläubigers berechnet wird. Für die blosse Anmeldung einer Forderung zum Konkurse erhält der Rechtsanwalt zwei Zehntheile der vollen Gebühr, nach dem Nennwerthe der Forderung berechnet.

besondere die Pfandrechte der Hypotheken- und Grundschuldgläubiger. An beweglichen körperlichen Sachen und an Forderungen besteht ein Absonderungsrecht, sofern der Gläubiger daran ein, gewissen reichsgesetzlichen Normen entsprechendes Konventionalpfandrecht erworben hat. Es sind ferner einer Reihe von Gläubigern, denen nach bürgerlichem Recht ein gesetzliches Retentions- oder Pfandrecht gewährt ist, Absonderungsrechte eingeräumt, insbesondere allen denjenigen, welche nach Vorschriften des Handelsgesetzbuches ein Pfand- oder Zurückbehaltungsrecht geltend machen können, sowie denjenigen, welche durch Pfändung im Wege der Zwangsvollstreckung ein Pfandrecht erlangt haben (§ 41 Konkursordnung).

Der Absonderungsberechtigte kann aus dem Gegenstande, welcher seinem Absonderungsrechte unterliegt, wegen der mit diesem Rechte ausgestatteten Forderung vorzugsweise Befriedigung beanspruchen, derart, dass erst der Ueberschuss des Erlöses aus diesem Gegenstande zur Konkursmasse fliesst. Jedoch muss der Absonderungsberechtigte von den in seinem Besitze befindlichen, zur Konkursmasse gehörigen Gegenständen binnen einer Frist, welche bei Eröffnung des Verfahrens von dem Gerichte festgesetzt wird, Anzeige machen unter Angabe der Forderung, wegen deren er abgesonderte Befriedigung verlangt. Der Absonderungsberechtigte haftet für den aus der Unterlassung oder Verzögerung dieser Anzeige erwachsenden Schaden. Derselbe hat dem Konkursverwalter die Sachen auf Verlangen vorzuzeigen und die Abschätzung zu gestatten. Er muss ferner gestatten, dass bewegliche Gegenstände von dem Verwalter nach den Vorschriften, welche für die Veräusserung im Zwangsvollstreckungsverfahren gelten, verwerthet werden — es sei denn, dass auf Grund von Bestimmungen des bürgerlichen Rechts der Absonderungsberechtigte befugt ist, sich aus dem Gegenstande ohne gerichtliches Verfahren selbst zu befriedigen. In diesem Falle kann derselbe die Verwerthung selbst bewirken, er geht jedoch dieses Rechts verlustig, wenn binnen einer auf Antrag des Verwalters von dem Gericht festgesetzten Frist die Verwerthung nicht geschehen ist.

Im Uebrigen braucht der absonderungsberechtigte Gläubiger seine Forderung nicht zur Konkursmasse anzumelden, er kann — mit den aus dem Vorstehenden sich ergebenden Einschränkungen — im Laufe des Verfahrens aus dem seinem Absonderungsrechte unterliegenden Gegenstande seine Befriedigung suchen, wie wenn ein Konkursverfahren nicht eröffnet wäre. Es steht dem Absonderungsberechtigten jedoch frei, wegen seiner persönlichen Forderung an den Gemeinschuldner verhältnissmässige Befriedigung aus der Konkursmasse zu verlangen in Höhe des Betrages, zu welchem er auf abgesonderte Befriedigung verzichtet oder mit welchem er bei der letzteren ausgefallen ist.

Hat der Gemeinschuldner vor Eröffnung des Verfahrens eine Erbschaft erworben, so können die Nachlassgläubiger und Vermächtnissnehmer nach Maassgabe der einzelnen Landesgesetze ein Absonderungsrecht hinsichtlich der bei Eröffnung des Verfahrens noch vorhandenen Nachlassgegenstände geltend machen.[1]

[1] Vgl. wegen des preussischen Rechts S. 44 Anm. 2, wegen des gemeinen und sächsischen Rechts S. 47 bezw. 48.

Mit der Eröffnung des Konkursverfahrens verliert der Gemeinschuldner die Befugniss, sein zur Konkursmasse gehöriges Vermögen zu verwalten und über dasselbe zu verfügen. Alle ferneren Rechtshandlungen des Gemeinschuldners sind den Konkursgläubigern gegenüber nichtig; alle Leistungen an ihn bewirken der Konkursmasse gegenüber Befreiung nur insoweit als die Leistung in die Masse gekommen ist. Auch können nach der Eröffnung des Verfahrens an Gegenständen der Konkursmasse Pfand- bezw. Zurückbehaltungs- oder Vorzugsrechte mit verbindlicher Kraft gegen die Konkursgläubiger nicht erworben werden.

Zu Gunsten der Konkursmasse besteht ein weitgehendes Anfechtungsrecht gegenüber den nach der Zahlungseinstellung oder nach dem Antrag auf Konkurseröffnung sowie, unter besonderen Voraussetzungen, auch gegenüber den schon früher von dem Gemeinschuldner vorgenommenen Rechtsgeschäften.[1]

Anfechtbar sind: 1. alle nach der Zahlungseinstellung oder nach dem Antrage auf Konkurseröffnung von dem Gemeinschuldner vorgenommenen Rechtsgeschäfte, durch deren Eingehung die Konkursgläubiger benachtheiligt werden, insofern der andere Theil zur Zeit des Abschlusses des Geschäftes von der Zahlungseinstellung oder dem Antrage auf Konkurseröffnung Kenntniss hatte.

Unter dieser Voraussetzung ist auch jede von dem Gemeinschuldner einem Gläubiger gewährte Befriedigung oder Sicherung anfechtbar.

Handelt es sich um eine Befriedigung oder Sicherung, welche der Gläubiger nicht oder nicht in dieser Art oder nicht zu dieser Zeit zu beanspruchen hatte, so ist das Geschäft schon anfechtbar, wenn der Gläubiger nicht den Beweis führt, dass ihm weder die Zahlungseinstellung und der Eröffnungsantrag noch auch eine Absicht des Gemeinschuldners, ihn vor den übrigen Gläubigern zu begünstigen, bekannt war. Zugleich ist für den in Rede stehenden Fall das Anfechtungsrecht ausgedehnt auf alle innerhalb der letzten 10 Tage vor der Zahlungseinstellung oder Konkurseröffnung vom Gemeinschuldner vorgenommenen Rechtsgeschäfte in der Weise, dass der andere Kontrahent sich gegen die Anfechtung nur durch den Beweis schützen kann, dass ihm eine Absicht des Gemeinschuldners, ihn vor den übrigen Gläubigern zu begünstigen, nicht bekannt war.

2. Unentgeltliche Verfügungen des Gemeinschuldners (mit Ausnahme der gebräuchlichen Gelegenheitsgeschenke), sofern dieselben innerhalb des letzten Jahres vor der Konkurseröffnung vorgenommen worden sind.

Für unentgeltliche Verfügungen zu Gunsten des Ehegatten ist der entscheidende Zeitraum auf 2 Jahre ausgedehnt. Einer unentgeltlichen Verfügung zu Gunsten der Ehefrau steht gleich die Sicherstellung oder Zurückgewähr des Heirathsguts oder des gesetzlich in die Verwaltung des Gemeinschuldners gekommenen Vermögens der Ehefrau, insofern der Ehemann nicht

[1] §§ 22—34 Konkursordnung. Im Anschluss an diese Bestimmungen der Konkursordnung ist durch ein besonderes Reichsgesetz vom 21. Juli 1879 die Anfechtung von Rechtshandlungen eines Schuldners ausserhalb des Konkursverfahrens geregelt worden.

zur Sicherstellung oder Zurückgewähr durch das Gesetz oder durch einen schon in früherer Zeit geschlossenen Vertrag verpflichtet war.

3. Rechtshandlungen welche der Gemeinschuldner in der Absicht, die Gläubiger zu benachtheiligen, vorgenommen hat, insofern dem anderen Theil diese Absicht bekannt war.

Bei Verträgen, welche der Gemeinschuldner innerhalb des letzten Jahres vor der Konkurseröffnung mit seinem Ehegatten, mit seinen oder seines Ehegatten Verwandten in auf- und absteigender Linie, mit seinen oder seines Ehegatten voll- und halbbürtigen Geschwistern oder mit dem Ehegatten einer dieser Personen abgeschlossen hat, genügt zur Anfechtung der Nachweis, dass die Konkursgläubiger durch den Abschluss des Vertrages benachtheiligt werden, und der andere Kontrahent kann sich gegen die Anfechtung nur schützen durch den Nachweis entweder, dass der Gemeinschuldner ohne eine fraudulöse Absicht gehandelt hat oder dass ihm selbst wenigstens eine solche Absicht des Gemeinschuldners nicht bekannt war.

Für alle im Vorstehenden gedachten Beweise gilt der allgemeine Grundsatz der freien Beweiswürdigung (vergl. oben I. 4 S. 8).

Für die Anfechtung von Wechselzahlungen bestehen besondere einschränkende Bestimmungen.

Im Uebrigen steht hinsichtlich jedes von dem Gemeinschuldner geschlossenen zweiseitigen Vertrages, der zur Zeit der Konkurseröffnung weder von dem Gemeinschuldner noch von dem anderen Theil bereits vollständig erfüllt ist, dem Konkursverwalter die Wahl zu, ob er den Vertrag erfüllen und demgemäss Erfüllung auch von dem anderen Theile verlangen oder ob er den Vertrag unerfüllt lassen will. Wählt der Verwalter das Letztere, so kann der andere Theil nur seinen Entschädigungsanspruch als Konkursgläubiger zur Masse anmelden. Besondere Vorschriften gelten bei den sog. Fixgeschäften, d. i. solchen Geschäften, bei welchen die Lieferung der Waare genau zu einer festbestimmten Zeit oder binnen einer festbestimmten Frist bedungen ist.

Anlangend nun den Gang des Verfahrens, so ernennt das Gericht bei Eröffnung des Verfahrens den Konkursverwalter[1] und bestellt, wenn dies nach der Lage des Falles, z. B. wegen bedeutenden Umfanges der Masse, erforderlich scheint, zur Controle und Unterstützung desselben aus der Zahl der Konkursgläubiger einen „Gläubigerausschuss“. Diese Anordnungen haben nur provisorischen Charakter; die endgültige Beschlussfassung erfolgt in einem bei Eröffnung des Verfahrens anzuberaumenden Termine durch die Gläubigerversammlung.

Der Konkursverwalter nimmt alsbald die gesammte Konkursmasse in Besitz; er hat dieselbe bis zur Beendigung des Verfahrens zu verwalten und die Verwerthung der Masse sowie die Einziehung der ausstehenden Forderungen zu bewirken. Dem Verwalter liegt ferner ob, die zur Konkursmasse angemeldeten Forderungen, Vorzugsrechte, Eigenthumsansprüche u. dergl. zu prüfen und anzuerkennen oder zu bestreiten, er hat die der

---

[1] Regelmässig werden Kaufleute ernannt, hin und wieder auch Rechtsanwälte.

Masse etwa zustehenden Anfechtungsrechte geltend zu machen. Der Verwalter vertritt die Masse nach aussen, auch vor Gericht und allen anderen Behörden gegenüber; diese Vertretungsbefugniss ist nach aussen hin eine uneingeschränkte.

Im Uebrigen unterliegt der Verwalter, sofern ein Gläubigerausschuss bestellt ist, der Controle desselben. Er hat für eine Reihe von wichtigeren Akten (z. B. den freihändigen Verkauf von zur Masse gehörigen Grundstücken) die Genehmigung des Ausschusses einzuholen. Ist ein solcher nicht bestellt, so bedarf es für einzelne dieser Akte der Zustimmung der Gläubigerversammlung (Konkursordnung §§ 121—123). Der Verwalter ist überdies der Aufsicht des Konkursgerichts unterworfen; jedoch hat Letzteres nur die Gesetzmässigkeit der Verwaltung, nicht die Zweckmässigkeit der Handlungen des Verwalters zu überwachen.

Bei Eröffnung des Verfahrens bestimmt das Gericht die Frist, bis zu welcher die Konkursforderungen anzumelden sind, und den Termin für die Prüfung und Erörterung der angemeldeten Forderungen. Beides wird öffentlich bekannt gemacht. Die Anmeldungen sind bei dem Gerichte schriftlich oder zu Protokoll anzubringen, dieselben müssen den Grund und den Betrag des Anspruchs bezeichnen; Urkunden, welche über den Anspruch lauten, sind in Urschrift oder in Abschrift beizufügen. Die angemeldeten Forderungen werden in eine bei dem Gerichte geführte Tabelle eingetragen. An der Hand dieser Tabelle erfolgt im Prüfungstermine (Konkursordnung §§ 129 ff.) die Erörterung der einzelnen Forderungen.[1] Soweit weder von dem Konkursverwalter noch von einem Gläubiger gegen eine angemeldete Forderung Widerspruch erhoben wird, gilt dieselbe als festgestellt. Die Feststellung wird von dem Richter in der Tabelle vermerkt; diese Eintragung wirkt allen Konkursgläubigern gegenüber wie ein rechtskräftiges Urtheil. Soweit andererseits eine angemeldete Forderung ihrem Betrage oder dem beanspruchten Vorrechte nach von dem Verwalter oder einem Konkursgläubiger bestritten wird, muss der Streit im Prozesswege zum Austrage gebracht werden. Zu dem Ende hat der liquidirende Gläubiger gegen den oder die Bestreitenden auf Feststellung seiner Forderung oder des beanspruchten Vorrechts Klage zu erheben. Liegt jedoch für die streitige Forderung ein mit Vollstreckungsklausel versehener Schuldtitel, ein Endurtheil oder ein Vollstreckungsbefehl vor, so kehren die Parteirollen sich um, alsdann hat der Bestreitende durch Erhebung der Klage den Widerspruch zu verfolgen. In beiden Fällen ist das ergehende Urtheil gegenüber allen Konkursgläubigern wirksam.

Der Gläubiger, welcher seine Forderung nicht rechtzeitig anmeldet, hat die Kosten des besonderen Prüfungstermins zu tragen.

Nach Abhaltung des allgemeinen Prüfungstermins sollen, so oft hin-

[1] Die Prüfung einer angemeldeten Forderung ist nicht davon abhängig, dass der Gläubiger in dem Termine vertreten ist. Da andererseits auch die Anmeldung der Forderung durch den Gläubiger selbst (ohne Mitwirkung eines Rechtsanwalts) erfolgen kann, so werden in vielen Fällen die Kosten der Theilnahme am Konkursverfahren sich auf die geringfügigen Portoauslagen reduciren lassen.

reichende baare Masse vorhanden ist, Abschlagsvertheilungen (Konkursordnung §§ 137ff.) an die Konkursgläubiger stattfinden. Der Verwalter hat — im Einverständnisse mit dem etwa bestellten Gläubigerausschusse — diese Vertheilungen auf Grund eines nach der Tabelle aufzustellenden Verzeichnisses der Forderungen vorzunehmen, nach vorgängiger öffentlicher Bekanntmachung und nach Auslegung des Verzeichnisses auf der Gerichtsschreiberei. Ueber etwaige Einwendungen gegen das Verzeichniss entscheidet das Gericht. Sobald die ganze Masse verwerthet ist, erfolgt die Schlussvertheilung.[1] Die Vornahme derselben bedarf der Genehmigung des Gerichts, welches in einem Termine die Konkursgläubiger über die vom Verwalter zu legende Schlussrechnung und das der Vertheilung zum Grunde zu legende Schlussverzeichniss hört. Nach Abhaltung dieses Schlusstermins erfolgt die Aufhebung des Konkursverfahrens. Es können hiernächst die Konkursgläubiger, soweit sie in dem Verfahren Befriedigung nicht erhalten haben, ihre Restforderungen gegen den Schuldner wiederum geltend machen. Und zwar gilt hinsichtlich solcher Forderungen, welche festgestellt und im Prüfungstermine von dem Gemeinschuldner nicht ausdrücklich bestritten worden sind, die Eintragung in der Tabelle als vollstreckbarer Schuldtitel, aus welchem gegen den Schuldner, ohne weiteres Prozessverfahren, die Zwangsvollstreckung stattfindet (vgl. oben S. 19 unter IX „Zwangsvollstreckung").

Statt durch Vertheilung der Masse kann das Konkursverfahren seine Beendigung auch finden durch Abschluss eines Zwangsvergleichs (Accordes, Konkursordnung §§ 160ff.). Der Gemeinschuldner kann einen solchen Vergleich in Vorschlag bringen, sobald der allgemeine Prüfungstermin abgehalten und solange die Schlussvertheilung noch nicht genehmigt ist.

Der Zwangsvergleich erstreckt sich nur auf die nicht bevorrechtigten Konkursgläubiger.[2] Dieselben werden von dem Gerichte zu dem Vergleichstermine besonders geladen. Der Vergleich gilt als angenommen, wenn die Mehrzahl der im Termine erschienenen Gläubiger demselben zustimmt und die Gesammtsumme der Forderungen dieser Gläubiger wenigstens drei Viertheile der Gesammtsumme aller zum Stimmen berechtigenden Forderungen beträgt.[3]

Der angenommene Zwangsvergleich bedarf der Bestätigung durch das Konkursgericht.

Das Gericht kann auf den Antrag eines betheiligten Gläubigers die Bestätigung versagen, wenn der Vergleich auf unlautere Weise (z. B. durch heimliche Begünstigung einzelner Gläubiger) zu Stande gekommen ist, oder wenn derselbe dem gemeinsamen Interesse der nicht bevorrechtigten Konkurs-

[1] Häufig — wenn die Konkursmasse gering ist oder schnell zur Versilberung gelangt — wird von der Vornahme von Abschlagsvertheilungen abgesehen.

[2] Die Forderungen der bevorrechtigten Gläubiger werden, soweit sie festgestellt sind, nach Abschluss des Vergleichs von dem Verwalter aus der Masse berichtigt. Soweit sie glaubhaft gemacht sind, werden sie hinterlegt.

[3] Der Abschluss des Zwangsvergleichs erfolgt regelmässig in der Art, dass den Gläubigern die Bezahlung eines Theiles ihrer Forderungen binnen einer bestimmten Frist von dem Gemeinschuldner versprochen und Seitens Dritter hierfür Bürgschaft geleistet wird, während die Gläubiger auf den Rest ihrer Forderungen verzichten.

gläubiger widerspricht. Gegen die Entscheidung des Konkursgerichts findet Beschwerde statt.

Der rechtskräftig bestätigte Zwangsvergleich wirkt auch gegen diejenigen nicht bevorrechtigten Konkursgläubiger, welche gegen den Vergleich gestimmt oder an dem Konkursverfahren nicht Theil genommen haben. Dagegen werden die Rechte der Gläubiger gegen Mitschuldner oder Bürgen des Gemeinschuldners nicht berührt.

In gleicher Weiser wie sonst nach Aufhebung des Konkursverfahrens aus der Eintragung in die Tabelle (s. oben S. 40) und unter denselben Voraussetzungen findet aus dem rechtskräftig bestätigten Zwangsvergleiche die Zwangsvollstreckung statt, und zwar sowohl gegen den Schuldner selbst als auch gegen diejenigen, welche in dem Vergleiche für die Erfüllung des letzteren vorbehaltlose Verpflichtungen übernommen haben.

E. Nachlasswesen.

I. Erbrecht der Verwandten und des Ehegatten. Erwerb der Erbschaft. Nachlassschulden.

Im Eingange ist auf die grosse Zersplitterung hingewiesen, welche in Deutschland namentlich auf dem Gebiete des Erbrechts und des ehelichen Güterrechts herrscht. In dem engen Rahmen dieser Skizze kann auf die zahlreichen statutarischen und provinzialrechtlichen Verschiedenheiten nicht eingegangen werden, vielmehr können nur die grossen, für weitere Gebiete geltenden Rechtssysteme Berücksichtigung finden.

Als solche Rechtssysteme kommen in Betracht:

1. Das preussische Landrecht, das Ausgangs des achtzehnten Jahrhunderts verfasste bürgerliche Gesetzbuch für das Königreich Preussen. Das Geltungsgebiet desselben umfasst gegenwärtig die östlichen Provinzen des preussischen Staates: Ost- und Westpreussen, Pommern (mit Ausnahme einiger Bezirke, in denen gemeines Recht gilt), Brandenburg, Posen, Schlesien und Sachsen, ferner die Provinz Westfalen sowie vereinzelte kleinere Bezirke, darunter einige zum Königreich Bayern gehörige Landstriche.

Das preussische Landrecht regelt die Verwandtenerbfolge durch Aufstellung von fünf Klassen der gesetzlichen Erben, welche in der nachstehenden Reihenfolge einander ausschliessen:

Erste Klasse: Die Descendenten des Erblassers ohne Unterschied der Gradesnähe. Entferntere Abkömmlinge theilen nach Stämmen.

Zweite Klesse: Vater und Mutter des Erblassers.

Dritte Klasse: Die vollbürtigen Geschwister des Erblassers und deren Abkömmlinge, ohne Rücksicht auf die Gradesnähe. Die Theilung geschieht, wenn Abkömmlinge von Geschwistern miterben, nach Stämmen.

Vierte Klasse: Die entfernteren Ascendenten des Erblassers (ausser den Eltern) nach der Gradesnähe, und die halbbürtigen Geschwister sowie deren Abkömmlinge. Ascendenten und Halbgeschwister erhalten je die Hälfte des Nachlasses; unter einander theilen sie nach Köpfen, die Halbgeschwister jedoch nach Stämmen, wenn Abkömmlinge von Halbgeschwistern miterben.

Fünfte Klasse: Die übrigen Seitenverwandten nach der Nähe des Grades ohne Unterschied der vollbürtigen und halbbürtigen Verwandtschaft.

Uneheliche Kinder beerben ihre Mutter gleich den ehelichen Kindern. Von dem Nachlasse ihres Vaters erhalten uneheliche Kinder ein Sechstheil, wenn eheliche Abkömmlinge nicht konkurriren und der Erblasser entweder die Vaterschaft in einer öffentlichen Urkunde anerkannt hat oder durch ein bei seinen Lebzeiten ergangenes Urtheil für den Vater erklärt worden ist. Mehrere uneheliche Kinder desselben Vaters theilen sich in das Sechstheil nach Köpfen.

Mehrere uneheliche Kinder derselben Mutter erben untereinander, wie Halbgeschwister. Gegenüber ehelich geborenen Halbgeschwistern und gegenüber väterlichen und mütterlichen Ascendenten und Seitenverwandten haben uneheliche Kinder kein Erbrecht.

Von den vorgenannten gesetzlichen Erben sind pflichttheilsberechtigt: die Descendenten und die Ascendenten, letztere auf Höhe der Hälfte ihrer gesetzlichen Erbportion, die Descendenten bei einem oder zwei Kindern bezw. Erbstämmen auf Höhe eines Drittels, bei drei oder vier Kindern auf Höhe der Hälfte, bei mehr als vier Kindern auf Höhe von zwei Dritteln der gesetzlichen Erbtheile. Der Pflichttheilsberechtigte hat keinen Anspruch darauf, im Testamente des Erblassers als Erbe eingesetzt zu werden; es genügt, dass er den Pflichttheil unbelastet durch Vermächtniss oder durch Zuwendungen, welche ihm von dem Erblasser bei Lebzeiten in Anrechnung auf sein Erbe gemacht worden sind, erhalten hat. Soweit dies nicht der Fall ist, kann der Pflichttheilsberechtigte Ergänzung seines Pflichttheiles fordern; gänzliche Uebergehung hat jedoch in gewissen Fällen die Eröffnung der Intestaterbfolge für den Pflichttheilsberechtigten zur Folge.

Aus bestimmten im Gesetze angegebenen Gründen kann der Erblasser dem Pflichttheilsberechtigten den Pflichttheil im Wege testamentarischer Verfügung schmälern oder ganz entziehen.

Das preussische Landrecht trennt nicht Anfall und Erwerb der Erbschaft. Der Erbe erwirbt die Erbschaft — und das Eigenthum an den Nachlasssachen — von Rechtswegen mit dem Tode des Erblassers, ohne dass es einer Antrittserklärung oder Besitzergreifung bedarf. Demgemäss gehen auch, wenn der Erbe nach dem Tode des Erblassers verstirbt, die Rechte desselben an dem Nachlasse in allen Fällen auf seine eigenen Erben über. Binnen sechs Wochen nach erhaltener Kenntniss von dem Anfalle der Erbschaft kann der Erbe durch mündliche oder schriftliche Erklärung vor dem Nachlassgericht, d. i. dem Amtsgericht des letzten Wohnsitzes des Erblassers, der Erbschaft entsagen. Während der genannten Frist (Ueberlegungsfrist), welche auf drei Monate sich verlängert, falls der Aufenthaltsort des Erben über zehn Meilen von dem letzten Wohnorte des Erblassers entfernt ist, können Nachlassgläubiger und Legatare den Erben nicht in Anspruch nehmen. Hat der Berufene nicht rechtzeitig entsagt, so gilt er den Nachlassgläubigern und Legataren gegenüber als Erbe. Er haftet jedoch nur auf Höhe des Nachlasses, sofern er rechtzeitig, d. i. — der Regel nach — binnen sechs Monaten nach dem Ablaufe der Ueberlegungsfrist bei dem

Nachlassgericht ein Inventar des Nachlasses eingereicht oder die gerichtliche Aufnahme eines solchen beantragt hat.[1]

Der Erbe, welcher dies versäumt hat, haftet für die Schulden des Nachlasses auch mit seinem eigenen Vermögen.[2] Sind mehrere Erben vorhanden, so können dieselben, solange der Nachlass ungetheilt ist, von Nachlassgläubigern nur gemeinschaftlich belangt werden, sie können andererseits auch Nachlassforderungen nur gemeinschaftlich einziehen.

Das Erbrecht der Ehegatten gestaltet sich im Gebiete des preussischen Landrechts verschieden je nach dem Güterrecht, unter welchem die Eheleute gelebt haben. Die provinziellen Verschiedenheiten sind hier sehr gross. In den Provinzen Sachsen und Schlesien sowie im ganzen übrigen Geltungsgebiete des Landrechts hinsichtlich derjenigen Ehen, für welche die Gütergemeinschaft vertragsmässig oder statutarisch ausgeschlossen ist, gilt das System der landrechtlichen Gütertrennung (Illaten-System): das Vermögen der Frau unterliegt, soweit es nicht durch besonderen Vertrag zu „vorbehaltenem Vermögen“ erklärt worden ist, während der Dauer der Ehe dem Niessbrauche und einem mit weitgreifenden Befugnissen ausgestatteten Verwaltungsrechte des Mannes. Jedoch verbleibt der Frau das Eigenthum an ihren Vermögensstücken, diese können sonach von den Gläubigern des Mannes nicht in Anspruch genommen werden.

Wird die Ehe durch den Tod gelöst, so erhält der überlebende Ehegatte sein eigenes Vermögen und von dem Nachlasse des verstorbenen neben einem bis drei Kindern ein Viertel, neben vier und mehr Kindern einen Kopftheil, neben Erben der zweiten, dritten und vierten Klasse ein Drittel, neben entfernteren Seitenverwandten die Hälfte des Nachlasses. Sind nur Seitenverwandte über den sechsten Grad hinaus vorhanden, so erhält der überlebende Ehegatte den ganzen Nachlass.

Der Erbtheil des Ehegatten ist Pflichttheil in Höhe der Hälfte der gesetzlichen Erbquote. Die Schmälerung oder Entziehung dieses Pflichttheils durch testamentarische Verfügung ist nur statthaft, wenn Umstände vorliegen, welche den Erblasser berechtigt hätten, auf Scheidung der Ehe und Schuldigerklärung des überlebenden Theiles zu klagen.

In den Provinzen Posen, Westpreussen und Westphalen, ferner in Ostpreussen, hier jedoch nur für Ehen nicht adeliger Personen, sowie in vielen Bezirken der Provinz Pommern gilt die (landrechtliche, hier und da die provinzialrechtliche) allgemeine Gütergemeinschaft: das Vermögen beider Eheleute bildet eine gemeinsame Masse, welche dem weitgreifende Befugnisse einschliessenden Verwaltungsrechte des Mannes sowie den Angriffen der Gläubiger desselben unterliegt. Der überlebende Ehegatte nimmt die

[1] Ist der unter der Rechtswohlthat des Inventars eingetretene Nachlass überschuldet, so können die Nachlassgläubiger oder der Erbe selbst Konkurs über den Nachlass eröffnen lassen. Die Gläubiger des Erben nehmen an diesem Konkurse nicht Theil.

[2] Fällt der Erbe in Konkurs, so kann abgesonderte Befriedigung aus den noch vorhandenen Nachlassstücken von denjenigen Nachlassgläubigern und Legataren verlangt werden, welche ihre Befriedigung vor Ablauf eines Jahres nach dem Tode des Erblassers gerichtlich gefordert und das Verfahren bis zur Konkurseröffnung fortgesetzt haben.

Hälfte des Gesammtvermögens als den ihm gehörigen Antheil heraus, an der anderen Hälfte, welche als Nachlass des verstorbenen Ehegatten gilt, hat der überlebende neben Descendenten ein Erbrecht nur, wenn ein Descendent wegen seines Erbtheils bereits abgefunden ist, der überlebende Ehegatte tritt dann an die Stelle des abgefundenen Descendenten. Neben Ascendenten und Seitenverwandten erbt der überlebende Ehegatte nach denselben Grundsätzen wie bei der Gütertrennung; doch behält er überdies auf Lebenszeit den Niessbrauch an dem diesen Verwandten zufallenden Theile der Nachlassmasse.

In dem grössten Theile der Mark Brandenburg gilt provinzialrechtlich nicht die Intestaterbfolge des Landrechts, sondern mit geringen Abweichungen die des gemeinen Rechts (s. unten 3). Als eheliches Güterrecht gilt das System der Gütertrennung. Beim Tode eines Ehegatten hat der Ueberlebende die Wahl, ob er sein Vermögen einwerfen und die Hälfte des Gesammtvermögens als unverkürzbaren Pflichttheil in Anspruch nehmen oder der Erbschaft entsagen und sein Vermögen aussondern will.

2. Hinsichtlich des französischen Rechts (Code Napoléon), welches, nur in einzelnen Bestimmungen modificirt, in Elsass-Lothringen, im grössten Theile der preussischen Rheinprovinz, ferner in der bayerischen Pfalz, in Rheinhessen, in dem zu Oldenburg gehörigen Fürstenthum Birkenfeld, sowie endlich — in einer von dem französischen Original wenig abweichenden deutschen Bearbeitung — im Grossherzogthum Baden Geltung hat, wird auf den Artikel „Frankreich“ verwiesen.

3. In den übrigen deutschen Gebieten, mit Ausnahme des Königreichs Sachsen, gilt das sogen. gemeine Recht, d. h. das römische (Justinianische) Recht in derjenigen Gestalt, welche es seit seiner (gewohnheitsrechtlichen) Aufnahme in Deutschland unter der Einwirkung deutschrechtlicher Grundsätze und in der Entwickelung durch die Wissenschaft und die Rechtsprechung gewonnen hat. Gerade auf dem Gebiete des Erbrechts und des ehelichen Güterrechts gelten jedoch zahlreiche statutarische und provinzialrechtliche Besonderheiten.

Das gemeine Recht beruft die Verwandten des Erblassers in vier, in der nachstehenden Reihenfolge einander ausschliessenden Klassen zur gesetzlichen Erbfolge:

Erste Klasse: Die Descendenten des Erblassers ohne Unterschied des Grades. Entferntere Descendenten theilen nach Stämmen.

Zweite Klasse: Die Ascendenten des Erblassers, die vollbürtigen Geschwister desselben und die Kinder (ersten Grades) der letzteren. Der dem Grade nach nähere Ascendent schliesst den entfernteren aus. Erben nur Ascendenten gleichen Grades von väterlicher und mütterlicher Seite miteinander, so fällt die Erbschaft zur einen Hälfte an die väterliche, zur anderen Hälfte an die mütterliche Linie. Erben die Ascendenten zusammen mit Geschwistern, so wird nach Köpfen getheilt, Kinder verstorbener Geschwister erhalten zusammen den Antheil der letzteren. Erben nur Geschwisterkinder, so erfolgt die Theilung unter ihnen nach Köpfen, nicht nach Stämmen.

Dritte Klasse: Die halbbürtigen Geschwister des Erblassers und deren Kinder (ersten Grades).

Vierte Klasse: Die entfernteren Seitenverwandten nach der Nähe des Grades, ohne Unterschied, ob die Verwandtschaft vollbürtig oder halbbürtig ist.

Uneheliche Kinder beerben ihre Mutter und die Verwandten der Mutter gleich ehelichen Kindern. In vielen gemeinrechtlichen Gebieten ist auch ein Erbrecht der unehelichen Kinder gegenüber ihrem Vater anerkannt für den Fall, dass nicht eheliche Kinder als Erben konkurriren, und zwar auf Höhe eines Sechstheils des Nachlasses.

Pflichttheilsberechtigt sind Descendenten und Ascendenten, ferner die Geschwister des Erblassers für den Fall, dass derselbe eine unwürdige Person zum Erben eingesetzt hat. Der Pflichttheil beträgt bei vier oder weniger gesetzlichen Erben (oder Erbstämmen) ein Drittel, bei fünf und mehr Erben (oder Erbstämmen) die Hälfte der gesetzlichen Erbportion. Enterbung ist aus gesetzlich bestimmten Gründen zulässig. Im Uebrigen haben Descendenten und Ascendenten Anspruch darauf, im Testamente des Erblassers als Erben eingesetzt zu werden; es genügt nicht, dass der Pflichttheil ihnen durch Vermächtniss zugewendet wird.

Das gemeine Recht macht den Erwerb der Erbschaft von dem Willen des (gesetzlich oder testamentarisch) Berufenen abhängig, es verlangt einen ausdrücklichen oder stillschweigend durch konkludente Handlungen erklärten Erbschaftsantritt. Eine gesetzliche Frist hierfür besteht nicht. Jedoch wird auf Antrag von Erbschaftsgläubigern oder Vermächtnissnehmern oder anderen Erbanwärtern dem Berufenen von dem Gerichte eine Frist zur Erklärung gesetzt. Erfolgt bis zum Ablaufe dieser Frist, welche der Regel nach neun Monate nicht übersteigt, keine Erklärung, so gilt der Berufene für antretend oder ausschlagend, je nachdem Gläubiger bezw. Vermächtnissnehmer oder andere Erbanwärter die Antragsteller sind.

Eine Ausnahme von der gedachten Regel gilt jedoch für diejenigen zur Erbschaft Berufenen, welche beim Tode des Erblassers in dessen väterlicher Gewalt sich befanden oder (als Nachgeborene) in die Gewalt des Erblassers gekommen wären, wenn derselbe ihre Geburt erlebt hätte. Diese Personen erwerben die Erbschaft von Rechtswegen mit dem Anfalle. Jedoch können dieselben als Erben nicht in Anspruch genommen werden, solange sie sich jeder Einmischung in die Erbschaft enthalten; sie können sich in dieser Weise der Erbschaft entschlagen. Hinsichtlich der solchen Erben auf Antrag von Gläubigern oder anderen Erbberechtigten zu setzenden Frist gilt das oben Gesagte in analoger Anwendung.

Stirbt der Berufene, ehe er die Erbschaft erworben hat, so überträgt er seine Rechte in der Regel nicht auf seine eigenen Erben. Jedoch ist diese Regel durch eine Reihe wichtiger Ausnahmen — die sogen. Transmissionen des römischen Rechts — durchbrochen.

Der Erbe haftet für die Nachlassschulden mit seinem eigenen Vermögen; er kann aber diese Haftung auf die Höhe des Werthes des Nachlasses beschränken durch rechtzeitige und formgerechte Errichtung eines Nachlassverzeichnisses. Ueber Form und Frist dieser Aufzeichnung des Nachlasses gelten in den verschiedenen gemeinrechtlichen Gebieten abweichende Grundsätze.

Gläubiger der Erbschaft und Vermächtnissnehmer können bis zum Ablaufe von fünf Jahren nach dem Erbschaftsantritt die Scheidung des Nachlasses von dem eigenen Vermögen der Erben verlangen und aus dem Nachlasse vor anderen Gläubigern des Erben ihre Befriedigung suchen. Dieselben begeben sich dadurch aber des Rechts, das eigene Vermögen des Erben (der ein Inventar nicht errichtet hat) in Anspruch zu nehmen. Sind mehrere Personen Erben geworden, so gelten die Nachlassforderungen und Nachlassschulden, auch ohne dass eine Auseinandersetzung stattfand, als unter den Erben nach Verhältniss ihrer Erbtheile getheilt.

Anlangend das Erbrecht des Ehegatten im Gebiete des gemeinen Rechts, so sind die Justinianischen Vorschriften, wonach der überlebende Ehegatte nur Erbe wird, wenn der Verstorbene keine Blutsverwandten hinterlässt, neben Verwandten aber nur die vermögenslose Wittwe einen Teil des Nachlasses erhält (ein Viertel, neben mehr als drei Kindern einen Kopftheil), an den meisten Orten ersetzt durch deutschrechtliche statutarische und provinzialrechtliche Normen. Diese gewähren im engen Anschlusse an das für das betreffende Gebiet geltende eheliche Güterrecht dem überlebenden Ehegatten bei Weitem grössere Rechte. Bei der ausserordentlichen Mannigfaltigkeit der hier geltenden Rechtssätze ist ein näheres Eingehen auf dieselben unthunlich.

4. Das im Königreiche Sachsen seit dem Jahre 1865 in Geltung befindliche sächsische bürgerliche Gesetzbuch stellt folgende vier Klassen der gesetzlichen Erben auf.

Erste Klasse: Die Abkömmlinge des Erblassers.

Zweite Klasse: Die Eltern und Voreltern des Erblassers. Der dem Grade nach Nähere schliesst den Entfernteren aus. Gehören die Voreltern verschiedenen Seiten an, so fällt die eine Hälfte des Nachlasses an die väterliche, die andere an die mütterliche Seite.

Dritte Klasse: Die Geschwister des Erblassers und deren Abkömmlinge. Die Theilung erfolgt nach Stämmen, auch wenn nur Abkömmlinge von Geschwistern an der Erbschaft Theil nehmen.

Vierte Klasse: Die übrigen Seitenverwandten. Demjenigen gebührt der Vorzug, der einen näheren gemeinschaftlichen Stammvater oder eine nähere gemeinschaftliche Stammmutter mit dem Erblasser hat, als die übrigen. Der dem Grade nach Nähere schliesst den Entfernteren aus.

Treffen in der dritten oder vierten Klasse vollbürtige oder halbbürtige Verwandte zusammen, so wird jeder vollbürtige für zwei gerechnet und erhält einen doppelten Erbtheil.

Uneheliche Kinder beerben nur die Mutter und Verwandte mütterlicher Seite.

Ein Pflichttheil gebührt den Abkömmlingen sowie den Eltern und Voreltern. Der Pflichttheil beträgt ein Drittel der gesetzlichen Erbportion, nur bei Abkömmlingen die Hälfte, wenn fünf oder mehr Erben oder Erbstämme konkurriren. Der Ehegatte erhält neben Abkömmlingen (in der Regel) ein

Viertel, neben Verwandten der zweiten und dritten Klasse die Hälfte des Nachlasses, Verwandte der vierten Klasse schliesst er ganz aus. Der Pflichttheil des Ehegatten beträgt, wenn nur Verwandte der vierten Klasse vorhanden sind, die Hälfte der gesetzlichen Erbportion, bei Konkurrenz von Verwandten der zweiten und dritten Klasse zwei Drittel des gesetzlichen Erbtheils. Die neben Abkömmlingen dem Ehegatten zufallende Erbportion ist in voller Höhe Pflichttheil.

Die Erbschaft wird durch Antretung erworben, welche ausdrücklich oder stillschweigend, durch konkludente Handlungen erklärt wird. Auf Antrag von Gläubigern, Legataren oder Erbschaftsanwärtern wird dem zögernden Erben von dem Gericht eine Frist zur Erklärung über den Antritt gesetzt. Lässt der Erbe die Frist verstreichen, ohne den Erbschaftsantritt zu erklären, so geht er der Erbschaft verlustig.

Für die Schulden des Nachlasses haftet der Erbe nur, soweit die Erbschaft reicht. Hat derselbe binnen Jahresfrist seit seiner Kenntniss von dem Erbschaftsantritte ein Nachlassverzeichniss von dem Gericht oder einem Notar aufnehmen lassen oder dem Gericht ein Privatverzeichniss überreicht, so kann er, wenn nicht die Unzulänglichkeit des Nachlasses ersichtlich ist, den letztern veräussern und die bekannten Gläubiger ohne Rücksicht auf sonst etwa bestehende Vorzugsrechte befriedigen.

Sind mehrere Erben vorhanden, so gelten die Nachlassforderungen und Schulden von selbst als nach Verhältniss der Erbtheile getheilt.

Den Erbschaftsgläubigern steht das Absonderungsrecht hinsichtlich des Nachlasses zu.

II. Sicherstellung des Nachlasses. Erbeslegitimation. Erbtheilung.

Aus den vielfach von einander abweichenden Vorschriften der in den verschiedenen Gebieten geltenden Rechte sei Folgendes hervorgehoben:

Ueberall sorgt die Behörde (die Orts-, bezw. Nachlass- oder Vormundschaftsbehörde) von Amtswegen für die Sicherstellung des Nachlasses, wenn die Erben unbekannt oder abwesend sind, unter gewissen Voraussetzungen auch, wenn Minderjährige an der Erbschaft Theil nehmen. In einzelnen Gebieten findet die Sicherstellung des Nachlasses in weiterem Umfange statt.

Sind die Erben unbekannt, so wird dem Nachlasse ein Curator (Pfleger) bestellt, welcher die Nachlassmasse unter Aufsicht der Behörde zu verwalten und die Ermittelung der Erben zu betreiben hat. Wer sich als Erbe meldet, hat sein Erbrecht nachzuweisen. Der testamentarische Erbe weist sich aus durch Vorlegung des Testaments in urkundlicher Form. Es gilt hier der Satz *locus regit actum*, darnach ist für das im Auslande errichtete Testament die Beobachtung der im Auslande vorgeschriebenen Form ausreichend. Gesetzliche Erben haben ihre Verwandtschaft mit dem Erblasser durch Vorlegung von Beweisurkunden (Tauf- und Trauscheinen, Auszügen aus Geburts- und Heirathsregistern), nöthigenfalls durch Zeugen darzuthun. Partikularrechtlich (z. B. in Preussen) haben dieselben überdies an Eidesstatt zu versichern, dass ihnen nähere oder andere gleich nahe Erben des

Erblassers nicht bekannt sind und dass sie auch von dem Vorhandensein einer letztwilligen Verfügung des Erblassers keine Kenntniss haben.

Meldet sich kein Erbe oder kann der sich Meldende sein Erbrecht nicht nachweisen, so erfolgt ein Aufgebotsverfahren. Werden bis zum Ablaufe der Ausschlussfrist Erbansprüche nicht erhoben oder können die erhobenen Ansprüche nicht genügend begründet werden, so fällt die Nachlassmasse an den Fiskus. Von diesem kann sie jedoch innerhalb der Verjährungsfrist der sich legitimirende Erbe wieder herausfordern.

Zur Legitimation des Erben nach aussen, insbesondere bei den mit der Führung der Grund-(Hypotheken-)Bücher betrauten Behörden wird in einzelnen Ländern (z. B. in Preussen) dem gesetzlichen Erben auf seinen Antrag von der Nachlassbehörde (in Preussen von dem Amtsgericht des letzten Wohnortes des Erblassers) eine Erbbescheinigung (Erbeslegitimationsattest) ertheilt.

Der Antragsteller hat seine Verwandtschaft mit dem Erblasser nachzuweisen und überdies darzuthun, dass ihm besser Berechtigte nicht vorgehen. Zu diesem Zwecke ist in Preussen vor dem Gericht oder Notar eine eidesstattliche Versicherung des oben gedachten Inhalts abzugeben. Bei mehreren Erben kann das Gericht mit der Abgabe der eidesstattlichen Versicherung Seitens eines Theiles derselben sich begnügen. Das Gericht kann andererseits vor Ertheilung der Erbbescheinigung einen öffentlichen Aufruf der Erben erlassen.

Die Erbbescheinigung hat nicht die Bedeutung einer endgültigen, der Rechtskraft fähigen Entscheidung über die Erbberechtigung, vielmehr bleibt, wenn die Bescheinigung zu Unrecht erlangt ist, dem wahren Erben die Geltendmachung seiner Rechte unbenommen. Jedoch setzt die Erbbescheinigung den bezw. die darin als Erben Benannten in die Lage, alle Rechte des Erben auszuüben, sie giebt insbesondere die Befugniss, Umschreibungen in öffentlichen Büchern (z. B. Grundbüchern) zu erwirken. Rechtsgeschäfte, welche dritte Personen in gutem Glauben mit dem Bescheinigungserben abgeschlossen haben, insbesondere Zahlungen, die von Nachlassschuldnern an denselben in gutem Glauben geleistet sind, können von dem wahren Erben nicht angefochten werden. Nur unentgeltliche Zuwendungen muss auch der gutgläubige Dritte herausgeben, soweit noch etwas davon vorhanden oder er durch die Zuwendung noch bereichert ist.

Sind in einer letztwilligen Verfügung die Erben oder sonstigen Berechtigten nicht deutlich bezeichnet, z. B., ohne nähere Bezeichnung, die Kinder einer bestimmten Person als Erben eingesetzt, so kann die Ausstellung einer die letztwillige Verfügung ergänzenden Bescheinigung beantragt werden. Das hinsichtlich der Erbbescheinigung gesagte findet entsprechende Anwendung.

Die Erbtheilung kann, wenn die Erben einig sind, von denselben privatim vorgenommen werden, nur für den Fall, dass Minderjährige an der Erbschaft Theil nehmen, ist die Genehmigung der Vormundschaftsbehörde, in einigen Staaten, z. B. in Sachsen, überdies gerichtliche Nachlasstheilung erforderlich.

Die Gerichte (das Amtsgericht des letzten Wohnortes des Erblassers) sind zwar in den meisten deutschen Staaten, nicht aber in allen, die zur Vornahme der Nachlasstheilungen zuständigen Behörden. In Württemberg liegen die Nachlassregulirungen den Gemeinderäthen, in Baden, in Elsass-Lothringen, der Rheinprovinz und der bayerischen Pfalz in der Hauptsache den Notaren[1] ob.

Die Mitwirkung des Gerichts bei der Nachlasstheilung geschieht, wenn die Erben einig sind, im Wege der sogenannten freiwilligen Gerichtsbarkeit: vor dem Richter, welcher die Verhandlungen leitet, werden nach Feststellung der Erbrechte und Erbantheile sowie der Nachlassmasse die Vereinbarungen über die Theilung getroffen und beurkundet.

Sind die Erben uneinig, so erfolgt im Gebiete des gemeinen und des sächsischen Rechts auf erhobene Erbtheilungsklage die Theilung des Nachlasses durch das Prozessgericht, indem dasselbe im Wege Urtheils, unter Entscheidung der zwischen den Erben bestehenden Streitpunkte, einem Jeden seinen Antheil zuweist.

Ein eigenthümlich gemischtes Verfahren besteht im Gebiete des preussischen Landrechts. Jeder Erbe kann bei dem Amtsgerichte des letzten Wohnsitzes des Erblassers den Antrag auf gerichtliche Theilung des Nachlasses stellen. Der Antragsteller hat den Tod des Erblassers nachzuweisen sowie sein eigenes Erbrecht darzuthun durch Beibringung des Testaments, oder, bei gesetzlicher Erbfolge, solcher Urkunden, aus welchen die Verwandtschaft des Antragstellers mit dem Erblasser erhellt. Wird ein Nachlass-Inventar nicht von dem Antragsteller selbst eingereicht und ist ein solches auch nicht (auf gestellten Antrag) gerichtlich aufgenommen, so giebt das Nachlassgericht zuvörderst dem (nach Angabe des Antragstellers) im Besitze des Nachlasses befindlichen Miterben die Einreichung eines Inventars auf. So fern diese Aufforderung fruchtlos bleibt, hat der Antragsteller im Prozesswege die Aufstellung des Inventars zu erzwingen. Nach Eingang des Inventars werden die Erben von dem Gericht zu einem Termine geladen, in welchem nach Feststellung der einzelnen Erbrechte und -Antheile über die Nachlassmasse und die Theilung derselben verhandelt wird. Der Erbe, welcher den Nachlass in Besitz genommen hat, muss auf Verlangen eines Miterben die Vollständigkeit und Richtigkeit des von ihm aufgestellten Inventars eidlich erhärten. Einigen die Betheiligten sich in Güte, so entwirft das Gericht gemäss den über die Art der Theilung getroffenen Abmachungen den Theilungsplan (Erbrecess), welcher von den Erben hiernächst vollzogen wird. Erhebt sich Streit (z. B. über die Höhe der von den einzelnen Erben einzuwerfenden Beträge), so verweist der Nachlassrichter die Streitenden auf den Weg der Klage. Nach rechtskräftiger Entscheidung der Streitpunkte durch das Prozessgericht wird das Theilungsverfahren fortgesetzt.

---

[1] Vgl. hinsichtlich der Gebiete, in denen französisches Recht gilt, den Artikel „Frankreich“.

Anhang.

Erbschaftssteuer. In fast allen deutschen Staaten wird von dem Erwerbe in Folge Ablebens eines Inländers eine Abgabe, die Erbschaftssteuer, erhoben, gleichviel, ob der Erwerb einem Inländer oder einem Ausländer zukommt.

1. In Preussen[1] unterliegen der Besteuerung die einem Preussen oder Nichtpreussen von einem Inländer anfallenden Erbschaften, Vermächtnisse und Schenkungen von Todeswegen, ferner Lehns- und Fideikommissanfälle, sowie die durch den Todesfall erwachsenden Hebungen aus Familienstiftungen.

Die Steuer wird nicht entrichtet von ausserhalb Preussens belegenen Grundstücken und immobiliaren Gerechtigkeiten. Bewegliches im Auslande befindliches Vermögen unterliegt der Steuer, soweit dasselbe im Auslande gar nicht oder in geringerem Maasse zur Besteuerung herangezogen wird. Der Anfall inländischer Grundstücke und immobiliarer Gerechtigkeiten wird auch dann besteuert, wenn der Erblasser Nichtpreusse war und wenn derselbe seinen Wohnsitz ausserhalb Preussens hatte. Dagegen bleibt das im Inlande befindliche bewegliche Vermögen eines nichtpreussischen Erblassers von der Besteuerung frei, wenn in dem Staate, wohin dasselbe gelangen soll, in Ansehung des beweglichen Nachlasses preussischer Staatsangehöriger derselbe Grundsatz gilt.

Berechnet wird die Steuer von dem Betrage, um welchen der Steuerpflichtige in Folge des Erwerbes reicher wird. Maassgebend ist der gemeine Werth der steuerpflichtigen Masse zur Zeit des Anfalls, die auf dem Erwerbe ruhenden Lasten kommen in Abrechnung. Renten und andere fortlaufende Bezüge werden nach näherer Vorschrift des Gesetzes kapitalisirt.

Die Steuer hat derjenige zu entrichten, an welchen ein steuerpflichtiger Anfall gelangt. Jedoch sind die Erben in Höhe des Betrages, der jedem aus der Erbschaft zugekommen ist, für die Steuer von allen Anfällen aus dem Nachlasse solidarisch haftbar.

Jeder, dem ein zu versteuernder Anfall zukommt, ist bei Strafe verpflichtet, denselben binnen drei Monaten nach erlangter Kenntniss bei der Steuerbehörde schriftlich anzumelden. Binnen zwei Monaten nach dem Ablauf dieser Anmeldefrist ist hinsichtlich aller steuerpflichtigen Anfälle von dem Testamentsvollstrecker oder Nachlassverwalter bezw. von dem Erben der Steuerbehörde ein Verzeichniss der zu versteuernden Masse einzureichen, unter genauer Angabe der Thatsachen, welche für die Festsetzung der Steuer von Bedeutung sind (d. i. der Verwandtschaft des Erwerbers mit dem Erblasser etc.). Die gleiche Verpflichtung liegt jedem Vermächtnissnehmer in Ansehung des ihm zukommenden Anfalles ob, doch muss an den Vermächtnissnehmer eine besondere Aufforderung seitens der Steuerbehörde ergehen.

[1] Gesetz vom 30. Mai 1873, in Geltung für das gesammte preussische Staatsgebiet mit Ausnahme der Hohenzollerschen Lande.

Die Richtigkeit seiner Angaben hat der Steuerpflichtige auf Verlangen der Steuerbehörde eidesstattlich zu versichern.

Für Personen, welche sich ausserhalb Europa's aufhalten, betragen die angegebenen Fristen je sechs Monate.

Steuerfrei sind insbesondere:

Anfälle unter 150 Mark, Anfälle an Ascendenten, an Descendenten (auch uneheliche, so fern es sich um einen Erwerb aus dem Nachlasse der Mutter oder mütterlicher Ascendenten handelt), sowie Anfälle an den Ehegatten des Erblassers, ferner — bis zu dem Betrage von 900 Mark — Zuwendungen an Personen, welche als Bedienstete des Erblassers zu dessen häuslicher Gemeinschaft gehörten.

Im Uebrigen geht die Steuer von einem bis zu acht Prozent:

Ein Prozent wird entrichtet von gewissen Zuwendungen an Personen, welche im Hausstande des Erblassers Dienste leisteten, zwei Prozent insbesondere von den Anfällen an Adoptivkinder, an voll- und halbbürtige Geschwister oder an die Nachkommen solcher Personen. Vier Prozent werden erhoben von dem Erwerbe anderer Verwandten bis zum sechsten Grade einschliesslich, von dem Anfalle an Stiefkinder und deren Descendenten, sowie an Stiefeltern, von dem Anfalle an Schwiegerkinder und Schwiegereltern, an uneheliche, durch den Erzeuger anerkannte Kinder, sowie endlich von Zuwendungen, welche zu gemeinnützigen Zwecken bestimmt sind.

In allen übrigen Fällen beträgt die Steuer acht Prozent des Anfalles.

2. Die in den übrigen deutschen Bundesstaaten geltenden Bestimmungen über die Erbschaftssteuer stimmen im Wesentlichen mit den Bestimmungen des preussischen Gesetzes überein. Abweichende Anordnungen sind insbesondere hinsichtlich der Steuerbefreiungen und über die Höhe des zu entrichtenden Prozentsatzes getroffen.

In Bayern[1] sind von der Erbschaftssteuer befreit: Anfälle, deren Werth 50 Mark nicht übersteigt, sowie Anfälle an Descendenten und den Ehegatten des Erblassers, Anfälle an die Eltern des Erblassers bis zum Betrage von 1000 Mark und auf Höhe von 20 Prozent des Mehrbetrages, ferner, bis zum Betrage von 600 Mark, Zuwendungen an Personen, welche als Dienstboten dem Hausstande des Erblassers angehört haben. Voll- und halbbürtige Geschwister und deren Abkömmlinge, Stiefeltern, Stiefverwandte in absteigender Linie und Schwiegerkinder haben 4 Prozent des Erwerbes zu entrichten, denselben Prozentsatz zahlen Eltern von vier Fünfteln ihres den Betrag von 1000 Mark übersteigenden Erwerbes.

Im Uebrigen beträgt für Seitenverwandte dritten und vierten Grades und für Ascendenten die Steuer sechs Prozent, für alle anderen Erwerber acht Prozent.

Im Königreich Sachsen[2] sind von der Erbschaftssteuer insbesondere befreit: Anfälle unter 150 Mark, Zuwendungen an Bedienstete aus dem Hausstande des Erblassers bis zum Betrage von 1000 Mark, ferner Anfälle an den Ehegatten, an pflichttheilsberechtigte Verwandte des Erblassers, an

[1] Gesetz vom 18. August 1879.
[2] Gesetz vom 13. November 1876.

voll- und halbbürtige Geschwister desselben und deren Abkömmlinge ersten Grades. Im Uebrigen haben Verwandte bis zum vierten Grade einschliesslich, Stiefeltern und Stiefkinder und deren Abkömmlinge, Schwiegereltern und Schwiegerkinder drei Prozent, sonstige Empfänger fünf Prozent zu zahlen.

In Württemberg[1] sind insbesondere befreit: Anfälle an Ehegatten, eheliche oder legitimirte Descendenten, an uneheliche Kinder bezüglich des Nachlasses ihrer Mutter und mütterlicher Ascendenten, sowie — bis zum Betrage von 1000 Mark — Zuwendungen an Dienstboten und andere Personen aus dem Hausstande des Erblassers, endlich Anfälle an beweglichem Vermögen, wenn der Werth des gesammten Anfalls den Betrag von 100 Mark nicht übersteigt.

Im Uebrigen wird die Erbschaftssteuer je nach dem Grade der Verwandtschaft des Erwerbers zum Erblasser in fünf verschiedenen Sätzen erhoben. Der niedrigste Satz kommt bei Eltern und voll- und halbbürtigen Geschwistern des Erblassers zur Hebung, das Einundeinhalbfache desselben insbesondere bei Grosseltern und entfernteren Voreltern, ferner bei Adoptivkindern und deren Abkömmlingen, bei Schwiegerkindern, sowie bei Neffen und Nichten. Das Doppelte des Minimalsatzes haben Stief-, Adoptiv- und Schwiegereltern, ferner Oheime, Tanten, Grossneffen und Grossnichten zu zahlen, andere Verwandte des vierten Grades zahlen das Dreifache, sonstige Empfänger das Vierfache.

Der niedrigste Satz der Erbschaftssteuer darf zwei Prozent des Werthes des Anfalles nicht übersteigen, derselbe wird im Uebrigen für jede Etatsperiode durch das Finanzgesetz bestimmt.[2]

Auch in Baden werden die Sätze der Erbschaftssteuer periodisch für bestimmte Zeit im Etat festgesetzt. Seit dem Jahre 1880 werden bis zum 1. April 1886 folgende Sätze erhoben:

1. $1^2/_3$ % für Erbschaften unter Ehegatten,
2. $3^1/_3$ % für Anfälle an Geschwister und deren Abkömmlinge, und
3. 10 % für alle sonstigen von der Steuer nicht befreiten Anfälle.

Im Fürstenthum Waldeck wird eine Erbschaftssteuer nicht erhoben.

Auf die in den übrigen kleinen deutschen Bundesstaaten geltenden Bestimmungen kann hier nicht näher eingegangen werden.

F. Konsulargerichtsbarkeit.[3]

Die Konsulate des Deutschen Reichs üben die Gerichtsbarkeit über die in ihren Bezirken wohnenden oder sich aufhaltenden Angehörigen und Schutzgenossen des Reiches in denjenigen Ländern aus, in welchen die Ausübung durch Herkommen oder Staatsvertrag gestattet ist.

Diese Länder sind gegenwärtig: China, Japan, Siam, Persien, die Samoa-Inseln, Rumänien, Serbien und die Türkei. In Aegypten und in

---

[1] Gesetz vom 24. März 1881 und Gesetz vom 3. April 1885.

[2] Für die Finanzperiode vom 1. April 1885 bis zum 31. März 1887 ist der Minimalsatz auf 2 % festgesetzt (Art. 4 Ziff. 13 Finanzges. vom 31. Mai 1885).

[3] Vgl. Reichsgesetz über die Konsulargerichtsbarkeit vom 10. Juli 1879.

Bulgarien besteht die deutsche Konsulargerichtsbarkeit nur in sehr beschränktem Umfange.

Die Konsulargerichtsbarkeit wird theils durch den Konsul, theils durch das Konsulargericht ausgeübt. Letzteres besteht aus dem Konsul und zwei (in gewissen Fällen vier) beeidigten Beisitzern mit unbeschränktem Stimmrecht, welche vom Konsul aus den achtbaren Gerichtseingesessenen, in Ermangelung solcher aus anderen achtbaren Bewohnern des Bezirks auf die Dauer je eines Jahres gewählt werden.

Der Konsul[1] tritt im Allgemeinen an die Stelle des inländischen Amtsrichters, während das Konsulargericht (in bürgerlichen Rechtsstreitigkeiten) die Kompetenz des Landgerichts in erster Instanz hat. Für bürgerliche Rechtsstreitigkeiten, welche innerhalb des Reichsgebietes den Amtsgerichten überwiesen sind, sowie für das Konkursverfahren ist sonach der Konsul zuständig. Dagegen entscheidet in bürgerlichen Rechtsstreitigkeiten, welche im Inlande vor das Landgericht gehören würden, das Konsulargericht. Die Beisitzer nehmen jedoch nur an der mündlichen Verhandlung und an solchen Entscheidungen Theil, welche im Laufe oder auf Grund einer mündlichen Verhandlung ergehen. Ist in einem einzelnen Falle die Zuziehung der Beisitzer nicht ausführbar, so tritt der Konsul an die Stelle des Konsulargerichts.

Für das Verfahren vor dem Konsul und dem Konsulargericht ist in Konkurssachen die Reichs-Konkursordnung, in bürgerlichen Rechtsstreitigkeiten die Civilprozessordnung maassgebend. Und zwar gelten in bürgerlichen Rechtsstreitigkeiten auch für das Verfahren vor dem Konsulargerichte die für den amtsgerichtlichen Prozess gegebenen besonderen Vorschriften (§§ 456 ff. Civilprozess-Ordnung). Demgemäss findet auch vor dem Konsulargericht kein Anwaltszwang statt. Jedoch hat der Konsul geeignete Personen — die indess weder juristische Vorbildung noch die deutsche Reichsangehörigkeit zu besitzen brauchen — auf ihren Antrag zur Ausübung der Rechtsanwaltschaft (widerruflich) zuzulassen.[2]

Gegen die Entscheidungen des Konsuls in bürgerlichen Rechtsstreitigkeiten findet, so fern der Werth des Streitgegenstandes 300 Mark nicht übersteigt, ein Rechtsmittel nicht statt. Im Uebrigen sind in bürgerlichen Rechtsstreitigkeiten und in Konkurssachen gegen Entscheidungen der Konsuln und der Konsulargerichte die Rechtsmittel der Berufung und der Beschwerde nach den Vorschriften der Civilprozess-Ordnung und der Konkurs-Ordnung zulässig. Ueber beide Rechtsmtttel entscheidet das Reichsgericht zu Leipzig. Die Entscheidung desselben ist endgültig. Die Einlegung der Berufung erfolgt durch Einreichung der Berufungsschrift bei dem Konsul. Die Berufungsschrift bedarf der Unterzeichnung durch einen Rechtsanwalt nicht.

---

[1] Derselbe bedarf zur Ausübung der Gerichtsbarkeit der Ermächtigung des Reichskanzlers. Dieser kann neben dem Konsul oder an Stelle desselben einen andern Beamten mit der Ausübung der richterlichen Funktionen beauftragen.

[2] Ebenso werden vom Konsul Personen zur Wahrnehmung der Verrichtungen der Gerichtsvollzieher ernannt. Das Verzeichniss dieser Personen sowie der zur Ausübung der Rechtsanwaltschaft zugelassenen ist vom Konsul bekannt zu machen.

Der Konsul stellt der Gegenpartei eine Abschrift der Berufungsschrift zu und übersendet demnächst die Akten dem Reichsgerichte, welches den Verhandlungstermin bestimmt und die Parteien ladet.

In den Konsulargerichtsbezirken gelten die Gesetze des Reiches und in Ermangelung solcher die Vorschriften des preussischen Allgemeinen Landrechts und der dasselbe ergänzenden und abändernden preussischen Gesetze. In Handelssachen kommt jedoch in erster Linie das im Konsulargerichtsbezirke geltende Handelsgewohnheitsrecht zur Anwendung.[1]

In den Ländern, wo die deutsche Konsulargerichtsbarkeit besteht, erstreckt die Zuständigkeit des Konsuls sich auch auf diejenigen nicht zur streitigen Gerichtsbarkeit gehörenden Angelegenheiten, welche in den landrechtlichen Provinzen Preussens den Amts- oder Landgerichten überwiesen sind, also auf die Leitung der Vormundschaften, die Regulirung von Verlassenschaften, die Aufnahme von Testamenten, die Beurkundung von Rechtsgeschäften unter Lebenden u. dgl. m. Das Verfahren in diesen Angelegenheiten bestimmt sich nach den in den landrechtlichen Gebieten Preussens geltenden Vorschriften, soweit dieselben nicht Einrichtungen und Verhältnisse voraussetzen, welche in den Konsulargerichtsbezirken fehlen. Zur Entscheidung über die zugelassenen Rechtsmittel ist das Reichsgericht zuständig.

In denjenigen Ländern, in welchen die deutsche Konsulargerichtsbarkeit nicht zugelassen ist, sind die Reichskonsuln doch befugt, Urkunden, die in ihren Bezirken ausgestellt oder beglaubigt sind, zu legalisiren, bei Rechtsgeschäften, welche Reichsangehörige unter sich oder mit Fremden abschliessen, als Notare (Urkundspersonen) zu fungiren, sowie die zur Sicherstellung und Erhaltung des Nachlasses eines Reichsangehörigen erforderlichen Maassregeln zu treffen. Die Konsuln haben diese Befugnisse auszuüben „innerhalb der durch die Gesetze und Gewohnheiten ihres Amtsbezirkes gebotenen Schranken“, — so fern nicht durch besondere Staatsverträge nähere Bestimmungen getroffen sind. Solche „Konsularverträge“ sind mit einer grossen Zahl von Staaten abgeschlossen.

Ueber die bei den Konsulaten zu erhebenden Gebühren und Kosten enthalten das Reichsgesetz vom 1. Juli 1872 und der demselben beigefügte Tarif eingehende Vorschriften. In bürgerlichen Rechtsstreitigkeiten und Konkurssachen finden jetzt das Gerichtskostengesetz vom 18. Juni 1878 und die hierzu erlassene Novelle (vgl. oben den Anhang „Kosten“ zu dem Abschnitte „Civilprozess-Verfahren“) und die verschiedenen Gebührenordnungen (für Gerichtsvollzieher, für Zeugen und Sachverständige und für Rechtsanwälte) Anwendung. Jedoch entscheidet hinsichtlich der Gebühren der Rechtsanwälte in erster Linie der Ortsgebrauch. In den zur streitigen Gerichtsbarkeit nicht gehörenden Sachen sind hinsichtlich der Kosten und Gebühren, so weit reichsgesetzliche Vorschriften fehlen, die in den landrechtlichen Provinzen Preussens geltenden Bestimmungen maassgebend.

[1] Neue Gesetze treten, so fern nicht reichsgesetzlich ein anderer Zeitpunkt bestimmt wird, in den Konsulargerichtsbezirken vier Monate nach dem Tage in Kraft, an welchem das betreffende Stück des Reichsgesetzblattes oder der preussischen Gesetzsammlung in Berlin ausgegeben worden.

Die überseeischen deutschen Schutzgebiete.

Die Rechtspflege in den überseeischen deutschen Schutzgebieten ist durch das Reichsgesetz vom 17. April 1886 geregelt.

Diese Schutzgebiete sind:

1. Das Schutzgebiet in Südwestafrika (Angra Pequena). Die staatlichen Hoheitsrechte werden hier von einem Kaiserlichen Kommissär ausgeübt.

2. Die Schutzgebiete von Togo und von Kamarun am Golf von Guinea. Die staatlichen Hoheitsrechte werden im Namen des deutschen Kaisers durch einen Kaiserlichen Gouverneur ausgeübt.

3. Das Schutzgebiet der „Deutsch-ostafrikanischen Gesellschaft“ und das Gebiet von Witu in Ostafrika. Die Ausübung der Staatshoheitsrechte ist der deutsch-ostafrikanischen Gesellschaft durch den Kaiserlichen Schutzbrief vom 27. Februar 1885 in den von ihr erworbenen Gebieten übertragen worden.

4. Das Schutzgebiet der Neu-Guinea-Kompagnie: Kaiser-Wilhelms-Land und Bismarck-Archipel. Durch Kaiserlichen Schutzbrief vom 17. Mai 1885 ist die Ausübung der Staatshoheitsrechte, mit Ausnahme der Rechtspflege, der Neu-Guinea-Kompagnie übertragen.

In allen diesen Schutzgebieten finden die Vorschriften des Gesetzes über die Konsulargerichtsbarkeit Anwendung, nur tritt an die Stelle des Konsuls der vom Reichskanzler zur Ausübung der Gerichtsbarkeit ermächtigte Beamte. In Ansehung einzelner Punkte ist abweichende Regelung durch Kaiserliche Verordnung vorbehalten. Eine solche Verordnung ist am 5. Juni 1886 für das Schutzgebiet der Neu-Guinea-Kompagnie ergangen, welche wohl als Muster der für die übrigen Schutzgebiete noch zu erlassenden Verordnungen gelten darf. Dieselbe trifft im Wesentlichen folgende besondere Vorschriften:

Der Gerichtsbarkeit der Gerichtsbehörden des Schutzgebietes sind alle Personen, welche in dem Schutzgebiete wohnen oder sich aufhalten oder hinsichtlich deren sonst ein Gerichtsstand innerhalb des Schutzgebietes begründet ist, unterworfen. Wie weit auch die Eingeborenen dieser Gerichtsbarkeit unterliegen, ist besonderer Verordnung vorbehalten. Als Berufungs- und Beschwerdegericht in bürgerlichen Rechtsstreitigkeiten, in Konkurssachen und in den zur streitigen Gerichtsbarkeit nicht gehörenden Angelegenheiten ist für Neu-Guinea das Konsulargericht in Apia (Samoa-Inseln) bestimmt. Eine Vertretung durch Anwälte ist in dem Verfahren vor diesem Gericht nicht geboten.

In bürgerlichen Rechtsstreitigkeiten sind auch solche Beschlüsse, welche auf Grund mündlicher Verhandlung erlassen sind, der Regel nach von Amts wegen zuzustellen.

Hinsichtlich der Bewirkung der Zustellungen im Schutzgebiete hat der zur Ausübung der Gerichtsbarkeit ermächtigte Beamte besondere Anordnung zu treffen.

Die Partei, welche ausserhalb des Schutzgebietes wohnt und nicht einen daselbst wohnhaften Prozessbevollmächtigten bestellt hat, muss auf Anordnung des Gerichts eine im Schutzgebiete wohnhafte Person zur Empfangnahme der für sie bestimmten Schriftstücke ermächtigen, widrigenfalls die Zustellungen nur durch Anheftung an die Gerichtstafel bewirkt werden.

Die Zwangsvollstreckung erfolgt im Schutzgebiet durch den mit der Ausübung der Gerichtsbarkeit betrauten Beamten, welcher mit der Ausführung andere Personen beauftragen kann. Soweit die Vollstreckung eines von dem Gericht des Schutzgebietes erlassenen Urtheils in Frage steht, bedarf es der Beibringung einer vollstreckbaren Ausfertigung des Urtheils in der Regel nicht.

Hinsichtlich der Kosten und Gebühren in dem Verfahren vor den Gerichtsbehörden des Schutzgebietes wird durch Verordnung des Reichskanzlers Bestimmung getroffen werden.

Der für das Schutzgebiet der Neu-Guinea-Kompagnie mit der Ausübung der Gerichtsbarkeit ermächtigte Beamte hat in Finschhafen seinen Sitz.

Zweiter Abschnitt.

Oesterreichisch-Ungarische Monarchie

einschliesslich Bosnien und Herzegowina.

I. Oesterreichisches Staatsgebiet.

Von

Dr. Dominik Markiewicz,

Landesadvokat in Krakau.

Die gegenwärtige Einrichtung der Civilgerichte erster und zweiter Instanz beruht auf dem Gesetze vom 19. Januar 1853, die des obersten Gerichtshofes auf dem Gesetze vom 7. August 1850. Der Prozess hingegen ist in Böhmen, Mähren, Schlesien, Nieder- und Oberösterreich, Steiermark, Kärnthen, Krain, Görz, Gradiska und Triest durch die „Allgemeine Gerichtsordnung“ aus dem Jahre 1781, in Galizien, der Bukowina, in Salzburg, Tirol, Vorarlberg, Istrien und Dalmatien durch die „Westgalizische Gerichtsordnung“ aus dem Jahre 1796 und in beiden Gebieten durch eine kaum übersehbare Menge von Novellen aus allen Zeitabschnitten bestimmt. Die Westgalizische Gerichtsordnung ist im Wesentlichen eine neue Bearbeitung der Allgemeinen Gerichtsordnung und des bis zum Jahre 1796 aufgesammelten Novellenmaterials. Die in den letzten Jahrzehnten wiederholt unternommenen Anläufe, die Civilprozessgesetzgebung mit den Bedürfnissen der Neuzeit in Einklang zu bringen, blieben erfolglos. Auch gegenwärtig liegt dem Reichsrathe ein an das deutsche Gesetz sich anlehnender Entwurf einer Civilprozessordnung vor.

A. Gerichtsverfassung.

1. Gerichtsbehörden.

Es bestehen drei Instanzen. Die Gerichte erster Instanz sind: Die **Bezirksgerichte** und die Gerichtshöfe, welche die Bezeichnung **Kreisgerichte** und in den Landeshauptstädten die Bezeichnung **Landesgerichte** führen. In Wien und Prag bestehen besondere Handelsgerichte, und in Triest ein besonderes Handels- und Seegericht. In Städten grösseren Umfangs, in denen Gerichtshöfe ihren Sitz haben, fungiren ausser diesen **städtisch delegirte Bezirksgerichte.**[1]

Die Bezirksgerichte, deren Bezirk durchschnittlich einen Flächeninhalt von fünf Quadratmeilen umfasst, sowie die städtisch delegirten Bezirksgerichte fungiren als Einzelgerichte.

Eine Mehrzahl von Bezirksgerichtssprengeln bildet den Bezirk eines Kreis- oder Landesgerichtes.

Die Kreis- und Landesgerichte sind Kollegialgerichte und bestehen aus einem Kreis- bezw. Landesgerichtspräsidenten und einer dem Bedarfe entsprechenden Anzahl von „Landesgerichtsräthen“ und unteren richterlichen sowie Bureau-Beamten. Die Beschlussfassung geschieht in Kollegien — „Senaten“ — von drei Richtern; es wird jedoch zur Entscheidung in Handelssachen noch ein Beisitzer aus dem Handelsstande und zur Entscheidung in Bergsachen noch ein bergbaukundiger Beisitzer zugezogen. Einige wichtigere Rechtssachen werden in Senaten von fünf Richtern oder von zehn Richtern oder auch in voller Rathsversammlung entschieden.

Oberlandesgerichte bestehen in Wien (für Ober- und Niederösterreich und Salzburg), in Prag (für Böhmen), in Brünn (für Mähren und Schlesien), in Lemberg (für Ostgalizien und Bukowina), in Krakau (für Westgalizien), in Graz (für Steiermark, Kärnthen und Krain), in Triest (für Görz und Gradiska, Istrien und Triest), in Innsbruck (für Tirol und Vorarlberg) und in Zara (für Dalmatien).

In dritter und letzter Instanz entscheidet der **oberste Gerichts- und Kassationshof** in Wien.

2. Zuständigkeit der Gerichte.

Den Bezirksgerichten steht die gesammte Gerichtsbarkeit erster Instanz zu, ausgenommen in Sachen, welche den Gerichtshöfen vorbehalten sind. Den Gerichtshöfen sind zugewiesen: Ehestreitigkeiten; Klagen gegen den Fiskus, gegen Gemeinden, Kirchen, Pfründen, Stiftungen und öffentliche Anstalten; Klagen gegen Besitzer landtäflicher Güter (Grossgrundbesitzer), sowie Ver-

[1] In grösseren Städten bestehen mehrere städtisch delegirte Bezirksgerichte, so in Wien zehn: für die innere Stadt, für die Leopoldstadt, für die Landstrasse, für die Wieden, für Margarethen, für Mariahilf, für den Neubau, für die Josefstadt, für den Alsergrund und für Favoriten. In Prag zwei: 1) für dieAltstadt, Josefstadt, Neustadt und Wyschehrad, 2) für die Kleinseite und den Hradschin. Die städtisch delegirten Bezirksgerichte kleinerer Städte fungiren zugleich als ordentliche Bezirksgerichte für die nächste Umgebung der Stadt. Sonst aber bestehen am Sitze der Gerichtshöfe selbstständige Bezirksgerichte für die Umgebung der Städte.

lassenschaften, Vormundschaften und Kuratelen nach bezw. über Besitzer solcher Güter; die Realgerichtsbarkeit betreffs landtäflicher Besitzungen; die Wechsel-, Handels- und Konkursgerichtsbarkeit, sowie endlich die Berggerichtsbarkeit.[1]

Ausserdem üben die Gerichtshöfe erster Instanz in den Umkreisen ihrer Standorte die gesammte Gerichtsbarkeit aus, mit Ausnahme der den städtisch delegirten Bezirksgerichten zugewiesenen Rechtssachen. Zu letzteren gehören: Prozesse über Geldsummen bis 500 Gulden ö. W., Bestand-, Besitzstörungs- und Streitigkeiten aus Dienstverhältnissen, dann Verlassenschaften, Vormundschaften und Kuratelen nach bezw. über Personen, welche nicht Besitzer unbeweglicher Güter sind.

In örtlicher Beziehung gilt als zuständig in der Regel das Gericht des Wohnortes des Beklagten (forum domicilii). Es greift jedoch der Gerichtsstand des Vertrages (forum contractus) Platz, wenn der Ort, wo eine Verbindlichkeit erfüllt werden soll, in einem (mündlichen oder schriftlichen) Vertrage ausdrücklich bestimmt worden ist.[2] Der gesetzliche Erfüllungsort reicht daher zur Begründung dieses Gerichtsstandes nicht aus. Es steht den Parteien auch frei, sich einem anderen als dem zuständigen Gerichte durch ausdrückliches Uebereinkommen zu unterwerfen (forum prorogatum). Die Unterwerfung geschieht stillschweigend, wenn der vor einem unzuständigen Gerichte Beklagte es unterlässt, gegen die Zuständigkeit des Gerichtes in der durch die Prozessordnung bestimmten Frist Einwendung zu erheben.

3. Anwaltschaft.

Die Advokatur ist frei und von den Gerichten unabhängig. Zur Ausübung der Advokatur bedarf es keiner Ernennung, sondern lediglich des Nachweises der Erfüllung der gesetzlichen Erfordernisse (Doctorsgrad, siebenjährige Gerichts- und Advokaturpraxis, Advokatenprüfung). Das Parteienvertretungsrecht eines Advokaten erstreckt sich auf alle Gerichte und Behörden im ganzen Reiche und auf alle öffentlichen und Privatangelegenheiten.

Die innerhalb gewisser Sprengel[3] ansässigen Advokaten bilden die Advokatenkammer.

Am Sitze jeder Advokatenkammer ist ein eigener Disciplinarrath durch Wahl der Mitglieder bestellt. Der Disciplinarbehandlung durch denselben unterliegt jeder Advokat, der die Pflichten seines Berufes verletzt oder durch sein Benehmen die Ehre oder das Ansehen des Standes beeinträchtigt.

Ueber die Berufungen gegen die Erkenntnisse des Disciplinarrathes ent-

[1] Die Amtsgebiete der Berggerichte sind derart organisirt, dass unter mehreren Gerichtshöfen erster Instanz einer als Berggericht für das Gebiet aller anderen zuständig erklärt worden ist.

[2] In Handelssachen wird nach feststehender Rechtssprechung der Gerichtsstand des Vertrages begründet durch Annahme der Waare mit der Factura, in welcher ein bestimmter Zahlungsort ausgedrückt ist.

[3] Gewöhnlich eines Oberlandesgerichtssprengels.

scheidet der oberste Gerichtshof in Wien. Dem durch ein Disciplinarvergehen in seinen Rechten Verletzten[1] steht das Rechtsmittel der Beschwerde nur gegen den Beschluss zu, dass kein Grund zur Disciplinarbehandlung des Beschuldigten vorhanden sei. Die Beschwerde ist binnen acht Tagen bei dem Disciplinarrathe anzubringen.

4. Notariat.

Die Notare werden vom Staate bestellt, damit sie über Rechtserklärungen und Rechtsgeschäfte sowie über rechtsbegründende Thatsachen öffentliche Urkunden aufnehmen. Die Amtswirksamkeit des Notars erstreckt sich auf den Sprengel des Gerichtshofes erster Instanz, für welchen er ernannt wird.[2] Die Notare eines oder mehrerer Gerichtshofsprengel bilden Notarenkollegien oder Notariatskammern. Letzteren steht in erster Linie die Beaufsichtigung der Notare in ihrem Wirken und Verhalten zu; in höherer Instanz steht sie den Präsidenten der Gerichtshöfe erster und zweiter Instanz zu. Die oberste Aufsicht führt der Justizminister.

5. Gerichtssprache.

Alle landesüblichen (im Lande beim Gerichte üblichen) Sprachen sind als Gerichtssprachen gleichberechtigt. Behufs Behebung von Zweifeln wurden durch Regierungsverordnungen als Gerichtssprachen anerkannt: in Böhmen und Mähren die deutsche und böhmische, in Ostgalizien die deutsche, polnische und ruthenische, in Westgalizien die deutsche und polnische, in Schlesien die deutsche, böhmische und polnische, in den gemischten Territorien von Krain, Kärnthen und Steiermark die deutsche und slovenische, endlich in Dalmatien und in den Küstenländern die kroatisch-serbische und italienische Sprache.

Fast durchgängig gilt der Grundsatz, dass da, wo mehrere Gerichtssprachen Geltung haben, gerichtliche Verfügungen und Ausfertigungen in der Sprache zu geschehen haben, in welcher die Eingabe abgefasst war oder das protokollarische Anbringen aufgenommen wurde.

B. Gerichtsverfahren.

I. *Schriftliches Verfahren.* Den Grundtypus des österreichischen Prozesses bildet das schriftliche Verfahren. Dasselbe gilt als Regel für das Verfahren vor den Gerichtshöfen (Landes-, Kreis- und Handelsgerichten) in allen Streitsachen, welche nicht nach besonderen Verfahrensarten (s. unten) verhandelt werden. In diesem Prozesse sind die gemeinrechtlichen Grundsätze der Schriftlichkeit (im Gegensatz zur Mündlichkeit, Unmittelbarkeit und Oeffentlichkeit), sowie der Verhandlungsmaxime (im Gegensatz zur Officialmaxime) streng durchgeführt.

Die Klage ist schriftlich, in doppelter, bei mehreren Beklagten in dreifacher u. s. w. Ausfertigung einzubringen. Dieselbe wird dem Beklagten mit

[1] Also regelmässig der Partei.

[2] Gewöhnlich fungiren bei jedem Bezirksgerichte ein, bei den Gerichtshöfen zwei oder mehrere Notare.

der Auflage zugestellt seine schriftliche Einrede binnen der bestimmten Frist zu erstatten. Diese Frist beträgt 30, 45, 60 oder 90 Tage, je nachdem der Beklagte in dem Sprengel des Gerichts oder zwar in einem anderen Gerichtssprengel aber doch im Bezirke desselben Oberlandesgerichts, oder in dem Bezirke eines anderen Oberlandesgerichts oder endlich im Auslande seinen Wohnsitz hat.

Die erste Hälfte der ersten Einredefrist gilt als Einlassungsfrist für den Beklagten; innerhalb derselben müssen alle prozesshindernden Einwendungen (exceptiones fori, rei iudicatae v. transactae v. litis pendentis)[1] eingebracht werden, worüber ein Nebenstreit stattfindet. Wird eine derartige Einwendung rechtskräftig verworfen, so hat der Beklagte von dem Tage der zugestellten Entscheidung an noch die erste ganze Frist zur Erstattung seiner Einredeschrift. Die Einredeschrift wird zur Erstattung der Replik und diese zur Erstattung der Duplik binnen 14 Tagen dem Gegner mitgetheilt. Diese Fristen sowie die Einredefrist können aus wichtigen Gründen erstreckt werden. Hierauf wird eine gerichtliche Tagsatzung (ein Termin) zur Akteninrotulirung (d. i. zur Verzeichnung und Einlegung aller Prozessschriften behufs Schöpfung eines schriftlichen Urtheils) festgesetzt. Dasselbe findet statt, wenn eine Partei eine Prozessschrift in der festgesetzten Frist nicht einreicht und die Gegenpartei die Akteninrotulirung verlangt.

In diesem Verfahren muss der Kläger in der Klage und der Beklagte in der Einredeschrift Alles anführen, was zur Begründung der Klage bezw. der Einrede nöthig ist. Ergiebt sich die Nothwendigkeit, neue Umstände, die nicht geflissentlich verschwiegen sind, und nicht geltend gemachte Beweismittel in späteren Satzschriften vorzubringen („Neuerungen“), so muss die Bewilligung dazu im Wege eines besonderen Nebenstreites („Legungsstreit“) von dem Gerichte erwirkt werden. Wird die Anbringung der „Neuerungen“ dem Kläger in der Replik gestattet und beantwortet dieselben der Beklagte in der Duplik mit neuen Umständen und neuen Beweismitteln, oder werden dem Beklagten „Neuerungen“ in der Duplik gestattet, so hat der Kläger das Recht, eine Schlussschrift (Triplik) und der Beklagte eine Gegenschlussschrift (Quadruplik) einzubringen.

Es ist nicht gestattet, das Klagebegehren in Ansehung des Gegenstandes oder des Klagegrundes (causa debendi) zu ändern. Vielmehr muss, wenn eine solche Aenderung nothwendig ist, die Klage zurückgezogen und eine neue Klage erhoben werden. Andererseits ist es nicht erlaubt, die Klage nach Zustellung derselben an den Beklagten nur behufs Verbesserung zurückzuziehen und wegen desselben Gegenstandes und aus demselben Klagegrunde verbessert wieder zu erheben. Im Allgemeinen sei bemerkt: Das schriftliche Verfahren ist gründlich und bei gutem Willen der Parteien ein ziemlich schnelles. Jedoch dauern thatsächlich die Prozesse dieser Art, wegen der Erstreckbarkeit der Fristen und wegen der vielen möglichen Nebenstreite, während welcher das Verfahren in der Hauptsache jedesmal ruht, oft jahrelang.

[1] Nach der westgalizischen Gerichtsverordnung ist die Einwendung des anhängigen Streites nicht prozesshindernd; über dieselbe ist daher mit der Hauptsache zu verhandeln.

II. *Mündliches Verfahren.* Vor den Bezirksgerichten bildet das mündliche Verfahren in allen Streitsachen, die nicht nach besonderen Verfahrensarten verhandelt werden, die Regel. Dasselbe hat jedoch mit dem mündlichen Prozess des gemeinen Rechtes ausser dem Namen nichts gemein. Ueber die schriftlich eingereichte oder bei dem Gerichte zu Protokoll gegebene Klage wird eine Tagsatzung anberaumt. Wird bei derselben keine prozesshindernde Einwendung erhoben, so sollen bei dieser oder bei der verlegten Tagsatzung Einrede, Replik, Duplik und so fort Wort für Wort von dem Richter in das Protokoll aufgenommen werden. Nach allgemeiner Uebung indess werden von den Parteien oder deren Vertretern fertige, mitunter sehr umfangreiche Protokolle zur Tagsatzung mitgebracht. Nach Schluss der Verhandlung werden die Protokolle und sonstige Urkunden verzeichnet („Aktenverzeichniss“) und behufs Schöpfung eines schriftlichen Urtheils dem Gerichte übergeben. Dasselbe geschieht auf Antrag einer Partei, wenn die Gegenpartei zur Tagsatzung nicht erscheint oder nicht verhandeln will („contumacia“). In diesem Verfahren hat der Richter von Amtswegen darauf zu sehen, dass die Parteien nicht durch Verstösse gegen Formvorschriften oder durch Unfähigkeit Schaden leiden. Die Verhandlungsmaxime des schriftlichen Prozesses ist hier somit durchbrochen. Neue Umstände und Beweise können auch in späteren Satzschriften vorgebracht werden.

Zu bemerken ist noch, dass auch vor den Gerichtshöfen mündlich verfahren wird: a) in allen Nebenstreitigkeiten des schriftlichen Prozesses; b) wenn sich die Klage auf eine vollen Glauben verdienende Urkunde gründet und der Kläger zugleich das Begehren um Bewilligung der Exekution stellt, sogen. Exekutionsklage; c) in Ehestreitigkeiten.

Auch die Dauer der mündlichen Prozesse ist verschieden und hängt davon ab, ob Nebenstreite vorkommen, ob die Verlegung der Tagsatzung oft gefordert und bewilligt, und ob die nächste Tagsatzung bald anberaumt wird.

III. *Besondere Verfahrensarten.* 1) Das summarische Verfahren (Hofdekret vom 24. Oktober 1845). Dasselbe findet statt bei Streitigkeiten über Geldsummen von 50—500 Gulden ö. W., über Privilegien, ferner wegen Entschädigung aus Körperverletzungen und Tödtungen bei Eisenbahnunfällen.

Das summarische Verfahren ist ebenso wie das mündliche Verfahren protokollarisch, es erhält aber grössere Beschleunigung hauptsächlich dadurch, dass besondere Verhandlungen über prozesshindernde Einwendungen nicht stattfinden, die Fristen im Rechtsmittelverfahren und dieses selbst einfacher gestaltet sind, sowie dadurch, dass der Richter von Amtswegen für ein regelmässiges Verfahren zu sorgen hat, d. i. einen Vergleich zwischen den Parteien zu versuchen, dieselben zur genauen Angabe über die entscheidenden Thatumstände und zur Benutzung der erforderlichen Beweismittel aufzufordern, rechtsunkundige Personen über die Grundsätze des gerichtlichen Verfahrens, über die Beweislast und die Art der Beweisführung zu belehren, und überhaupt die Verhandlung so zu leiten hat, dass der Gegenstand des Streites vollständig ohne allen Zeitverlust erörtert werde.

2) Mandatsverfahren (Urkundenprozess. — Kaiserliche Verordnung vom

21. Mai 1855 und Ministerial-Verordnung vom 18. Juli 1859). Auf Grund notarieller, gerichtlich oder notariell beglaubigter oder intabulirter Urkunden wird an den Beklagten ohne dessen Vernehmung ein Zahlungsauftrag erlassen. Werden dagegen binnen der bestimmten Frist (14 Tage) Einwendungen erhoben, so wird das weitere Verfahren nach den für das summarische Verfahren gegebenen Vorschriften durchgeführt, dem Kläger wird aber auf Verlangen sofort die Exekution (mittels Pfändung, Schätzung, Intabulation, Sequestration) bis zur Sicherstellung ertheilt.

3) Wechselverfahren (Ministerial-Verordnung vom 25. Jänner 1850).[1] Die Wechselklagen sind bei dem Landes- bezw. Kreisgerichte des Zahlungsortes oder des Wohnsitzes des Beklagten, wo aber ein besonderes Handelsgericht besteht, bei diesem einzubringen. Hat der Wechsel alle zur Gültigkeit erforderlichen Eigenschaften, so wird auf die Klage dem Wechselschuldner ohne dessen Einvernehmung die Zahlung binnen drei Tagen aufgetragen. Binnen dieser Frist sind von dem Wechselschuldner alle Einwendungen bei Gericht anzubringen, sonst wird der Zahlungsauftrag rechtskräftig. Ueber die Einwendungen wird eine Tagsatzung angeordnet und weiter nach dem summarischen Verfahren verhandelt; dem Kläger ist jedoch die Exekution zur Sicherstellung sogleich zu ertheilen (Fristen s. unten).

4) Das Mahnverfahren (Gesetz vom 27. April 1873, gültig in allen Kronländern mit Ausnahme von Galizien, der Bukowina und Dalmatien). Zur Eintreibung von Forderungen bis 200 Gulden ö. W. wird auf Antrag ein bedingter Zahlungsbefehl erlassen, welcher durch einfachen, innerhalb acht Tagen zu erhebenden Widerspruch seine Kraft verliert. Stellt der Gläubiger den Antrag auf Erlassung eines Zahlungsbefehls in einer Klage, so wird im Falle eines Widerspruches je nach dem eingeforderten Betrage das summarische oder Bagatell-Verfahren eingeleitet.

5) Bagatellverfahren. Dasselbe findet statt zur Eintreibung von Geldforderungen bis 50 Guld. ö. W. Ueber die Klage werden die Parteien zur mündlichen Verhandlung in der gemeinrechtlichen Bedeutung des Wortes vorgeladen. Nach Anhörung der Parteien und nach Aufnahme des etwa erforderlichen Beweises verkündet der Richter sofort mündlich das Urtheil, gegen welches ausser der (binnen acht Tagen einzulegenden) Nichtigkeitsbeschwerde wegen Formgebrechen kein Rechtsmittel statthaft ist.

6) Der Prozess in Bestand- (Mieth- und Pacht-) Sachen (Kaiserliche Verordnung vom 16. November 1858). Alle Streitigkeiten aus Bestandverträgen gehören vor das Bezirksgericht (bezw. städtisch delegirte Bezirksgericht), in dessen Bezirk der Bestandgegenstand liegt. Das Verfahren richtet sich nach den Vorschriften über das summarische Verfahren, nur sind die Fristen bis auf drei Tage reduzirt und überhaupt ist „die möglichste Beschleunigung“ gesetzlich eingeschärft.

7) Besitzstörungsprozess (Kaiserliche Verordnung vom 27. Oktober 1849). Die Besitzstörungsklagen sind immer und zwar längstens in 30 Tagen

[1] Das Oesterreichische Handelsgesetzbuch und die Oesterreichische Wechselordnung stimmen im Wesentlichen mit dem Allgemeinen Deutschen Handelsgesetzbuch und mit der Allgemeinen Deutschen Wechselordnung überein.

von der erlangten Wissenschaft der Störung bei demjenigen (auch städtisch delegirten) Bezirksgerichte anzubringen, in dessen Bezirke die Störung geschah. In diesem Verfahren ist auf das Schleunigste zu verhandeln. Der Richter verfährt von Amtswegen, um die Thatsache des letzten faktischen Besitzstandes und die erfolgte Störung festzustellen. Parteieneide sind ausgeschlossen. Eine Terminerstreckung findet ohne Einverständniss beider Parteien nicht statt. Der Rekurs (mit achttägiger Frist) ist nur gegen den Endbescheid zulässig.

8) Das Verfahren in Ehestreitigkeiten (Hofdekret vom 23. August 1819) ist immer mündlich (d. i. protokollarisch). Die Parteien haben vor dem Richter persönlich zu erscheinen. Derselbe verfährt bei der Verhandlung von Amtswegen. In dem Verfahren über die Ungültigkeit und Trennung der Ehe wird ein Vertheidiger der Ehe von Amtswegen bestellt, welcher an der Verhandlung Theil nimmt und verpflichtet ist, im Falle ein Urtheil auf Ungültigkeit und Trennung der Ehe ergeht, dagegen immer die Appellation und wenn auch nur ein Theil katholisch ist (auch bei gleichförmigen Urtheilen) die Revision anzumelden.

9) Syndikatsprozess (Gesetz vom 12. Juli 1872). Wenn ein richterlicher Beamter in der Ausübung seines Amtes durch Uebertretung seiner Amtspflicht einer Partei eine Rechtsverletzung und dadurch einen Schaden zugefügt hat, gegen welchen die in dem gerichtlichen Verfahren vorgezeichneten Rechtsmittel keine Abhilfe gewähren, so ist die beschädigte Partei berechtigt, den Schadensersatz mittelst Klage gegen den Beamten allein oder gegen den Staat oder gegen beide anzusprechen. Für diese Klage ist dasjenige Oberlandesgericht zuständig, in dessen Sprengel das Gericht seinen Sitz hat, von welchem oder von dessen Bestellten die Rechtsverletzung ausgegangen ist. Mit Ausnahme einiger Modifikationen richtet sich der Prozess nach den Vorschriften der Civilprozess-Ordnung über das ordentliche Verfahren.

IV. *Beweisverfahren.* Der Prozess ist mit Ausnahme des Bagatell-Verfahrens von der sogen. legalen Beweistheorie (im Gegensatz zur freien Beweiswürdigung) beherrscht.

1) Der Urkundenbeweis wird in der Verhandlung selbst angeboten und zugleich geführt.

Als öffentliche Urkunden gelten auch die von den im Auslande zur Ausstellung öffentlicher Urkunden berechtigten Personen errichteten und mit der üblichen Legalisirung versehenen Schriften. Sind die Urkunden in keiner der zugelassenen Gerichtssprachen abgefasst, so müssen beglaubigte durch beeidete (bei den Gerichtshöfen erster Instanz angestellte) Dolmetscher verfertigte Uebersetzungen beigebracht werden.

Auf Grund der Staatsverträge mit Frankreich, den Vereinigten Staaten von Amerika, Italien, Portugal und Serbien können die beiderseitigen Konsuln, Vizekonsuln uud Konsularagenten die Uebersetzung und Legalisirung der von den Behörden ihres Landes ausgehenden Urkunden jeder Art vornehmen. Auch sind dieselben berechtigt, Urkunden über Verträge, welche zwischen ihren Staatsangehörigen und anderen Personen des Landes, wo sie residiren, errichtet sind, sowie letztwillige Verfügungen ihrer Staatsangehörigen mit Kraft und Gültigkeit öffentlicher Urkunden für beide Länder aufzunehmen. Im Übrigen ist in Ansehung der Legalisirung im Allgemeinen vorgeschrieben, dass dieselbe durch die in dem betreffenden Auslande bestellte österreichische Gesandtschaft (oder das Konsulat), oder durch die in Oesterreich befindliche Gesandtschaft (oder das Konsulat) der betreffenden fremden Macht zu geschehen hat. Insbesondere aber sind hervorzuheben:

a) Der Legalisirungsvertrag mit dem Deutschen Reiche vom 25. Februar 1880, wonach die gerichtlichen, ferner andere, denselben im Vertrage gleichgestellten, sowie die von den höchsten Verwaltungsbehörden ausgestellten oder beglaubigten Urkunden, endlich die von Notaren oder Gerichtsvollziehern ausgestellten Wechselproteste keiner weiteren Beglaubigung bedürfen. Andere Schriften der zuletzt genannten Personen bedürfen gerichtlicher Legalisirung.

b) Das Uebereinkommen mit Italien (Wien, 7. Februar 1874 und Rom, 21. März 1874), wonach die von Gerichten oder Notaren ausgefertigten oder beglaubigten Urkunden, welche einerseits von den Präsidien der Oberlandesgerichte in Triest, Innsbruck, Zara oder Graz, oder andererseits von den Präsidien der Appellhöfe in Mailand, Brescia oder Venedig in italienischer Sprache legalisirt und für die Sprengel der genannten Präsidien bestimmt sind, keiner weiteren Beglaubigung bedürfen.

c) Staatsvertrag mit Serbien vom 6. Mai 1881 Art. IX., wonach die von den beiderseitigen Gerichten ausgestellten Urkunden keiner weiteren Beglaubigung bedürfen.

Mit hebräischen Buchstaben geschriebene Urkunden sind ungültig und die in solcher Schrift beigesetzte Unterschrift gilt blos als Handzeichen. Jedoch kann eine von einem Ausländer in dieser Schrift ausgefertigte, ihn einseitig verbindende Urkunde[1] von dem österreichischen Unterthan zu seinem Behufe angeführt werden.

Die im Auslande ausgestellten Urkunden, von denen im Inlande Gebrauch gemacht werden soll, sollen innerhalb 30 Tagen (die Wechsel innerhalb 14 Tagen) nach Uebertragung in das Inland und jedenfalls, ehe von denselben Gebrauch gemacht wird, zur Stempelung gebracht werden. Die Stempelgebühr wird bemessen nach drei Skalen, und zwar gilt Skala I für inländische innerhalb sechs Monaten und für ausländische innerhalb zwölf Monaten zahlbare Wechsel, dann für Indossamente auf Wechseln, die der Skala II unterliegen, für kaufmännische Anweisungen und Verpflichtungsscheine. Die Stempelgebühr nach Skala I beträgt bis 75 Gulden fünf Kreuzer, bis 150 Gulden zehn Kreuzer, von 150—1500 Gulden von jeden weiteren 150 Gulden zehn Kreuzer mehr, sodann von jeden weiteren 1500 Gulden einen Gulden mehr. Skala II gilt für alle entgeltlichen Rechtsgeschäfte über bewegliche schätzbare Sachen, welche keiner anderen Skalagebühr unterliegen, insbesondere auch für in- und ausländische Wechsel mit grösserer als sechs-, bezw. zwölfmonatlicher Laufzeit. Die Gebühr nach Skala II beträgt bis 20 Fl. 7 Kr., bis 40 Fl. 13 Kr., bis 60 Fl. 19 Kr.,

[1] welche dem Anderen Rechte gewährt, ohne denselben zu verpflichten.

bis 100 Fl. 32 Kr., bis 200 Fl. 63 Kr., bis 300 Fl. 94 Kr., bis 400 Fl. 1 Fl. 25 Kr., und weiter von je 400 Fl. 1 Fl. 25 Kr. mehr. Skala III ist noch einmal so hoch und hat Anwendung auf Verträge über Dienstleistungen, Kauf- und Tauschverträge, sowie Lieferungsverträge, deren Gegenstand bewegliche Sachen sind. Rechtsgeschäfte über unbewegliche Sachen unterliegen der Perzentualgebühr von $3^1/_2\,^0/_0$ mit $25\,^0/_0$ Zuschlag; Schenkungen der Perzentualgebühr von $1\,^0/_0$, $4\,^0/_0$ und $8\,^0/_0$ mit $25\,^0/_0$ Zuschlag je nach dem Grade der Verwandtschaft des Beschenkten mit dem Geschenkgeber. Gewisse Urkunden unterliegen einer festen Gebühr.

2) Der Zeugen- und Sachverständigen-Beweis ist in den Prozessschriften anzubieten. Die an die Zeugen zu richtenden Fragen sind im schriftlichen und mündlichen Verfahren genau formulirt besonders anzuschliessen („Weisartikel"). Der Zeugen- und Sachverständigenbeweis wird im schriftlichen und mündlichen Verfahren durch ein Beiurtheil zugelassen und ist von der betreffenden Partei in der bestimmten Frist anzutreten, sonst gilt es als erloschen. Nach vollführtem Beweise haben die Parteien das Recht, „Beweisschriften", in welchen über das Ergebniss der Beweisaufnahme verhandelt wird, einzubringen, worauf ein zweites Aktenverzeichniss stattfindet.

In den summarischen Verfahrensarten werden diese Beweise durch Bescheid zugelassen und gleich geführt, und es findet weder ein Weisungsstreit noch ein zweites Aktenverzeichniss statt.

Zu einem vollständigen Beweise wird die Aussage zweier unbedenklichen Zeugen erfordert. Auch durch mehrere bedenkliche Zeugen kann nach dem Ermessen des Richters ein vollständiger Beweis hergestellt werden. Die Aussage eines unbedenklichen oder zweier bedenklichen Zeugen kann nur „die erste halbe Probe" herstellen, welche durch Aussage eines oder mehrerer bedenklichen oder verwerflichen Zeugen oder durch den Erfüllungseid (s. unten) ergänzt werden kann. Als bedenklich gelten: a) die Verwandten des Zeugenführers bis zu den Geschwisterkindern und diejenigen, die ihm im nämlichen Grade verschwägert sind; b) diejenigen, die nach der Allgemeinen Gerichtsordnung das zwanzigste und nach der Westgalizischen Gerichtsordnung das achtzehnte Jahr ihres Alters nicht erreicht haben, oder die über Thatsachen aussagen sollen, welche sich ereignet haben, bevor sie dieses Alter erreicht haben; c) diejenigen, die mit dem Gegentheile in grosser Feindschaft leben.

Verwerflich und nur zur Ergänzung des Beweises zuzulassen sind: a) die Verwandten in auf- und absteigender Linie; b) Rechtsfreunde des Zeugenführers; c) diejenigen, welche aus dem Prozesse einen Nutzen oder Schaden zu erwarten haben. Ganz verwerflich sind: a) die Gemüthsschwachen und die Kinder unter 14 Jahren; b) die wegen eines Verbrechens aus Gewinnsucht Verurtheilten.

Die Zeugen werden vor der Aussage beeidet und in Gegenwart der Parteien verhört. Die Parteien können an die Zeugen Fragen stellen. Im mündlichen und schriftlichen Verfahren kann die Gegenpartei ihre „besonderen Fragestücke" zu den Weisartikeln dem Richter schriftlich vorlegen.

Auch während des Prozesses, sowie ehe derselbe anhängig gemacht worden ist, können die Zeugen „zum ewigen Gedächtnisse“ verhört werden, wenn mit Grund zu besorgen ist, dass dem Beweisführer ein zur künftigen Behauptung oder Vertheidigung eines Rechtes tauglicher Zeuge entgehen dürfte. Ebenso kann ein Sachverständigenbeweis „zum ewigen Gedächtnisse“ aufgenommen werden, wenn zu besorgen ist, dass der Streitgegenstand seine Gestalt ändere, bevor es zur ordentlichen Beweisaufnahme kommt.

3. Als Beweismittel gelten auch Parteieneide (ausser im Bagatellverfahren, wo die Parteien selbst als Zeugen verhört werden), und zwar: a) der Haupteid, welcher über entscheidende Thatumstände der Gegenpartei zugeschoben wird und in der Regel von dieser dem Beweisführer zurückgeschoben werden kann; b) der Ergänzungseid über entscheidende Thatumstände, betreffs welcher durch andere Beweismittel wenigstens eine „halbe Probe“ hergestellt worden ist[1], und c) der Schätzungseid, welcher beim Mangel anderer Beweismittel über den Betrag des Schadens oder den Betrag der Forderung zugelassen wird. — Diese Eide werden in einem bedingten Endurtheil zugelassen und sind binnen der bestimmten Frist (in drei Tagen und im Wechselverfahren in 24 Stunden nach Eintritt der Rechtskraft des Urtheils) „anzutreten“[2] und bei der darauf festgesetzten Tagsatzung abzulegen, wodurch das Urtheil zum unbedingten wird. Gehört die betreffende Partei einem anderen (auch ausländischen) Gerichtsstande an, so kann auf Antrag das zuständige Gericht mittelst gerichtlichen Ersuchungsschreibens um Abnahme des Eides angegangen werden.

V. *Rechtsmittel.* Das Urtheil wird immer (ausser im Bagatellverfahren) schriftlich ausgegeben und den Parteien zugestellt. Gegen dasselbe ist das Rechtsmittel der Appellation zulässig. Die Appellation ist im schriftlichen Verfahren binnen 14 Tagen und in summarischen Verfahrensarten binnen acht Tagen, im Wechselprozesse binnen drei Tagen sowohl anzumelden als „auszuführen“. Im mündlichen Prozesse ist sie binnen 14 Tagen blos anzumelden, die Ausführung kann erst bei der darüber festgesetzten Tagsatzung erfolgen. In Handelsstreitigkeiten beträgt die Frist zur Appellationsmeldung ohne Rücksicht auf die Verfahrensart acht Tage nach der Allgemeinen und drei Tage nach der Westgalizischen Gerichtsordnung. In eben denselben Fristen nach Zustellung der Appellationsbeschwerde an die Parteien findet im schriftlichen und mündlichen Verfahren (aber nicht in anderen Verfahrensarten) eine Beantwortung der Appellation („Appellations-Einrede“) durch die Gegenpartei statt.

Die vorerwähnten Fristen sind unerstreckbar. Analoge Vorschriften gelten, wenn gegen Urtheile zweiter Instanz an den obersten Gerichtshof in Wien Revision eingelegt wird. Gegen zwei gleichlautende Urtheile ist die

[1] Ordnungsmässig geführte Handelsbücher liefern (auch gegen Nicht-Kaufleute auf die Dauer von $1^1/_2$ Jahren) in der Regel einen unvollständigen Beweis, welcher durch den Erfüllungseid oder durch andere Beweismittel ergänzt werden kann (Art. 34 Handelsgesetzbuch und — betreffs der Nichtkaufleute — § 19 des Einführungsgesetzes zu demselben).

[2] D. i. die Partei hat sich zur Eidesleistung in einem dem Gerichte eingereichten Gesuche bereit zu erklären.

sogen. ausserordentliche Revision nur im schriftlichen, mündlichen und im Wechselverfahren gestattet.

Gegen Bescheide während des Verhandlungs- und Exekutionsstadiums findet der Rekurs statt. Hinsichtlich der Fristen und der ausserordentlichen Rekurse gilt das eben betreffs der Appellation und Revision Gesagte.

Im Besitzstörungsverfahren ist ein ausserordentlicher Rekurs gegen den Endbescheid zulässig.

Das Rechtsmittel der Restitution findet statt: a) wegen unverschuldeter Versäumung einer Tagsatzung oder einer Frist; b) wegen mangelhafter Vertretung durch einen Advokaten, insofern derselbe eine prozessualische Handlung, die zur Behauptung oder Vertheidigung des Rechtes seiner Partei nothwendig war, unterlassen hat; c) wegen neu aufgefundener Behelfe. Die Restitution kann nachgesucht werden in den Fällen a) und b) im schriftlichen und mündlichen Verfahren binnen 14 Tagen, im summarischen Verfahren binnen acht Tagen, im Wechselverfahren binnen drei Tagen, und zwar zu a) nach Verstreichung der Fallfrist oder des Termins, zu b) nach Zustellung der gerichtlichen Entscheidung an die verkürzte Partei; über die Zulässigkeit der Wiedereinsetzung entscheidet der Richter nach freiem Ermessen; zu c) kann die Restitution nachgesucht werden, so lange das Recht nicht verjährt ist.

VI. *Vollstreckungsverfahren.* Die Exekution zur Sicherstellung findet statt auf Grund bestrittener Zahlungsmandate im Wechsel- und Urkundenprozesse, dann auf Grund eines unbedingten, aber noch nicht rechtskräftigen Urtheiles erster oder zweiter Instanz.

Die Zwangsvollstreckung findet statt auf Grund rechtskräftiger Civilurtheile, rechtskräftiger Zahlungsmandate, gerichtlicher Vergleiche, rechtskräftiger Strafurtheile in Ansehung privatrechtlicher Ansprüche und auf Grund eines Notariatsaktes, in welchem der Verpflichtete sich damit einverstanden erklärt hat, dass derselbe in Ansehung der darin anerkannten Schuld sofort vollstreckbar sein soll.

Zur Befriedigung von Geldforderungen kann die Exekution vorgenommen werden a) durch Ueberweisung (Einantwortung) dem Schuldner gehöriger Geldforderungen; b) durch Pfändung, Schätzung und Feilbietung (drei Grade der Exekution) des beweglichen und c) des unbeweglichen Vermögens des Schuldners; d) durch Sequestration der Früchte und Gefälle (Zinsen und Einkünfte) einer unbeweglichen Sache oder einer hypothekarisch eingetragenen Forderung des Schuldners. Im summarischen und in den nach diesem gestalteten Verfahren werden Pfändung und Schätzung der beweglichen Sachen zugleich bewilligt und durchgeführt, sonst kann die Schätzung und die Feilbietung beweglicher wie unbeweglicher Sachen erst bewilligt werden, nachdem der frühere Grad der Exekution rechtskräftig durchgeführt worden. Das ganze Verfahren und namentlich die Exekutionsvollstreckung in das Immobilarvermögen ist langsam und unbehülflich, was unter anderen seinen Grund darin hat, dass gegen jeden gerichtlichen Bescheid während des Exekutionsstadiums rekurrirt werden kann, und dass überdies das Feilbietungsverfahren, da eine zweckmässige Regelung durch präzise Gesetze nicht getroffen ist, sehr oft durch die höhere Instanz anullirt wird und wieder von vorn beginnen muss. Auch das Meistbot[1]-Vertheilungsverfahren ist mangelhaft. Man ist eben daran, im Gesetzgebungswege dagegen Abhülfe zu schaffen. — Bleibt die Exekution erfolglos, so kann der Schuldner auf Ansuchen des Gläubigers durch Androhung der Haftverhängung zur Angabe seines Vermögens und Beschwörung seiner Angaben genöthigt werden.

VII. *Vollstreckung ausländischer Urtheile.* Nur ausländische civilrechtliche Urtheile, nicht aber auch Mandate, gerichtliche Vergleiche, Schiedssprüche und Notariatsakte des Auslandes können Exekutionstitel bilden. Zuständig ist der Gerichtshof erster Instanz, in dessen Bezirke die Exekution vollzogen werden soll. Der Antrag auf Vollstreckung hat zu erfolgen entweder durch ein auswärtiges Gericht oder durch einen hier zu Lande bestellten Vertreter. Wird im ersteren Falle ein Vertreter des Exekutionsführers nicht namhaft gemacht, so ist demselben auf dessen Gefahr und Kosten von dem Vollstreckungsgerichte ein Vertreter zu bestellen.

Als allgemeine Regel gilt, dass, um die Vollstreckung zu bewilligen, vor Allem die Zuständigkeit des auswärtigen Richters, die Rechtskraft und Vollstreckbarkeit des Urtheils, sowie die gleiche Behandlung österreichischer Unterthanen wie der eigenen im ansuchenden Staate verbürgt sein muss.

Bestehen in einem fremden Lande bezüglich der Bewilligung der Vollstreckung fremdländischer Urtheile besondere Vorschriften, so ist auch in Oesterreich bei der Vollstreckungs-Bewilligung rechtskräftiger Urtheile jenes Landes nach dem Grundsatze der strengen Reziprozität ein analoges Verfahren in Anwendung zu bringen. Dasselbe richtet sich daher immer nach dem vom fremden Lande Oesterreich gegenüber in diesem Falle beobachteten Verfahren.

Hiernach wird die Exekution rechtskräftiger Urtheile kompetenter Gerichte des Auslandes entweder unmittelbar oder nur nach einem vorhergehenden Delibations-Verfahren durch ein Vollstreckungs-Urtheil oder endlich gar nicht gewährt.

1. Unmittelbar wird die Exekution über gerichtliche Ersuchsschreiben gewährt im Verkehre Oesterreichs mit Ungarn, mit Bosnien und Herzegowina und mit Rumänien.

2. Nach vorhergehendem Delibationsverfahren wird die Exekution gewährt insbesondere von:

a) im Deutschen Reich ergangenen Urtheilen; das Verfahren und die Voraussetzungen der Erlassung eines Vollstreckungsurtheiles richten sich nach den Bestimmungen der §§ 660 und 661 der deutschen Reichscivilprozess-Ordnung von 1877. Der oberste Gerichtshof hat jedoch wiederholt ausgesprochen, dass aus den erwähnten Bestimmungen der deutschen Civilprozess-Ordnung nicht geschlossen werden kann, dass die mit den einzelnen deutschen Bundesstaaten (Preussen, Sachsen, Bayern und Baden) früher getroffenen Abmachungen bezüglich der Vollstreckbarkeit civilgerichtlicher Erkenntnisse aufgehoben seien (Entscheidung des obersten Gerichtshofes vom 7. Mai 1884 Z. 4976) und ist dementsprechend Vollstreckung deutscher

[1] Erlös der im Zwangsvollstreckungsverfahren verkauften Gegenstände.

(sächsischer, bayerischer) Urtheile auf Requisition dortiger Gerichte ohne Delibationsverfahren bewilligt worden. Die Praxis ist jedoch bisher schwankend.

b) Von in Serbien ergangenen Urtheilen. Das inländische Gericht entscheidet über die Zulässigkeit der Zwangsvollstreckung auf Grund einer summarischen Verhandlung, welche sich auf die Erörterung des Vorhandenseins der in dem Rechtshülfevertrag vom 6. Mai 1881 festgesetzten Voraussetzungen zu beschränken hat. Nach diesem Vertrage findet die Zwangsvollstreckung statt auf Grund von Mandaten und anderen Erkenntnissen der Civilgerichte, sowie auf Grund von gerichtlichen Vergleichen und Erkenntnissen eines Schiedsgerichts.

Ferner wird ein Vollstreckungsurtheil im Delibationsverfahren je nach Lage der Sache (unter Berücksichtigung des Grundsatzes der Reziprozität und demgemäss nach Massgabe der in den betreffenden Staaten für die Vollstreckung ausländischer Urtheile geltenden Voraussetzungen) auch erlassen

c) wenn es sich um Vollstreckung von französischen, belgischen, italienischen und englischen Urtheilen handelt.

3. Nach dem Grundsatz der Gegenseitigkeit werden Urtheile russischer Gerichte, sowie Urtheile schwedischer und holländischer Gerichte in Oesterreich nicht vollstreckt. Gleiches gilt bezüglich der von fremden Konsulaten in der Türkei gefällten Urtheile.

VIII. *Anwaltszwang.* Die Parteien müssen sich eines Advokaten bedienen: a) im schriftlichen Prozesse; b) im Wechselprozesse mit Ausnahme von Einwendungen gegen den Zahlungs- und Sicherstellungsbefehl, wenn sie von ausserhalb des Gerichtsortes wohnenden Parteien eingesendet werden; c) für die schriftlich angebrachten Nichtigkeitsbeschwerden im Bagatellverfahren; d) für alle schriftlichen Eingaben im mündlichen Verfahren an Orten, wo sich wenigstens zwei Advokaten befinden; e) für alle im summarischen Verfahren vorkommenden schriftlichen Eingaben, mit Ausnahme der Klage, wenn sie nicht von dem Bittsteller selbst abgefasst sind und wenn sich am Gerichtsorte wenigstens zwei Advokaten befinden.

An Orten, wo mehrere Advokaten fungiren, sind die Parteien verpflichtet, im mündlichen Prozesse bei Terminen entweder persönlich zu verhandeln oder sich durch Advokaten vertreten zu lassen.

IX. *Advokatengebühren.* Es besteht keine gesetzliche Taxe der Entlohnung der Advokaten. Der Advokat ist berechtigt, sich ein bestimmtes Honorar zu bedingen. Es ist üblich, dass die Rechnungen (Expensennoten, Palmare) ständigen Klienten am Schlusse des Jahres oder Semesters, anderen Klienten aber nach Beendigung des Geschäftes vorgelegt werden. Klienten gegenüber, welche nicht ständig sind, decken sich die Advokaten gewöhnlich durch Vorschüsse. Die Ansätze der Expensennote werden nach dem Ermessen des Advokaten zusammengestellt und sollen natürlich der Leistung angemessen sein. In dieser Hinsicht lässt sich aber nur bezüglich einfacher Prozesshandlungen, wie Tagsatzungen, Fristgesuche, Zahlungsauflagen und Waarenklagen, eine gewisse, wenngleich in verschiedenen Ländern und Städten, verschiedene Uebung constatiren. Durchschnittlich gelten als angemessen: Für Wahrnehmung einer Tagsatzung 2—3 Gulden, für ein Fristgesuch 3 Gulden, für eine Wechsel- oder Waarenklage 3—10 Gulden, wobei die Höhe des Gegenstandes allerdings in's Gewicht fällt. Im Uebrigen aber ist es nicht möglich, auch nur die ungefähre Höhe der Advokatengebühren sowie der Gerichtskosten eines Prozesses im Voraus zu bestimmen, da bei der Schriftlichkeit und der Eventualmaxime des österr. Prozesses ein anscheinend ganz einfacher Prozess sehr grosse Ausdehnung annehmen kann. Oft werden aus übertriebener Vorsicht, Aengstlichkeit, Rechthaberei u. s. w. viele Bogen verschrieben, die wieder beantwortet werden müssen. Wird eine Advokatenrechnung bestritten, so muss der Advokat seine Note dem Gerichte, bei welchem der Streit verhandelt wurde, vorlegen und die Feststellung seiner Ansprüche fordern. Da jedoch bei Feststellung des Verdienstes des Advokaten lediglich die gesetzlichen Bestimmungen über den Lohnvertrag in Anwendung zu treten haben, somit der Lohn der Art, dem Orte und der Zeit der Leistung angemessen sein soll (§ 1152 B. G.B.), so entscheidet lediglich das billige Ermessen des Richters. Dabei sind aber nicht bestimmte, durch Uebung oder Gesetz anerkannte Grundsätze maassgebend, vielmehr ist die individuelle Anschauungsweise des Richters entscheidend. Nach dieser Feststellung (Liquidirung) muss der Advokat erst die Partei auf Zahlung verklagen. Mit der Weigerung der Honorarszahlung endigt regelmässig das Vertretungsverhältniss. Der Advokat ist berechtigt von den für seine Partei eingegangenen Baarschaften die Summe seiner Auslagen und seines Verdienstes in Abzug zu bringen, ist aber schuldig, sich sogleich darüber mit seiner Partei zu verrechnen. Bestreitet die Partei die Höhe seiner Forderung, so ist der Advokat zur gerichtlichen Niederlegung des bestrittenen Betrages befugt, er ist aber verpflichtet, die Richtigkeit und Höhe seiner Forderung nachzuweisen.

X. *Prozesskosten.* Die vollständig unterliegende Partei hat die der Gegenpartei verursachten zur zweckmässigen Rechtsverfolgung oder Rechtsvertheidigung nothwendigen Kosten zu ersetzen. Wenn jede Partei theils obsiegt, theils unterliegt, so sind die Kosten verhältnissmässig zu theilen oder gegenseitig aufzuheben. — Am Schluss jeder Verhandlung müssen die Parteien ein Verzeichniss ihrer Gerichtskosten, bei Verlust derselben den Akten beilegen und der Richter hat nach allfälliger Ermässigung in dem Spruche selbst über die Kostenersatzpflicht zu erkennen.

Der Partei gebührt die Entschädigung für Zeitverlust, Reisen, sowie für Schriften, die sie selbst verfasst hat. Ausserdem gehören zu den Gerichtskosten insbesondere:

1. Stempel. Dieselben werden von jedem gerichtlichen Akte durch die Partei, die den Akt vornimmt, besonders entrichtet und betragen z. B. bei gerichtlichen Eingaben und Protokollen von jedem Bogen 36 Kr. (in Streitsachen bis 50 Fl. 12 Kr.) von Beilagen 15 Kr. (10 Kr.), von Beiurtheilen und Erkenntnissen in Nebenstreiten 2 Fl. 50 Kr. (1 Fl.), von Endurtheilen und Zahlungsmandaten bis 50 Fl. 1 Fl., bis 200 Fl. 2 Fl. 50 Kr., bis 800 Fl. 5 Fl., darüber $^1/_2$ $^0/_0$ (und 25 $^0/_0$ Zuschlag) von dem Werthe des zuerkannten Gegenstandes. Von Appellationen und Revisionen bis 800 Fl.

wird ebensoviel wie von den Endurtheilen, darüber 10 Fl., von Recursen von jedem Bogen 1 Fl. 50 Kr. u. s. w. entrichtet.

2. Zeugen- und Sachverständigen-Gebühren, sowie die Gebühren der Notare bei Schätzungen und Feilbietungen. Dieselben werden nach dem Ermessen des Gerichtes bestimmt und müssen von der Partei, die zu dem gerichtlichen Akte Veranlassung gegeben hat, vorgeschossen werden. Nur denjenigen Zeugen gebührt die Entlohnung, die nicht am Sitze des Gerichtes wohnen oder die Tagelöhner sind.

3. Die Vertretungskosten der Advokaten. Die Bestimmung dieser Kosten geschieht im Spruche und gilt nur für die Gegenpartei, denn die von einer Partei ihrem Advokaten zu entrichtenden Gebühren kann der Richter nur auf Verlangen dieser Partei selbst ermässigen (s. oben). Gewöhnlich wird sich daher der Advokat mit dem von der Gegenpartei etwa im Spruche zuerkannten Betrag nicht begnügen, sondern die Rechnung mit seiner Partei nach einem anderen Maassstabe machen. Auch bei etwaiger gerichtlicher Feststellung des von der eigenen Parthei zu zahlenden Honorars (s. vor. Absatz) ist der Richter an den bei der früheren Bestimmung der Gerichtskosten im Spruch (d. h. bei Bestimmung der von der Gegenparthei zu ersetzenden Gerichtskosten) für Advokatengebühren angesetzten Betrag nicht gebunden.

In Ansehung der ungefähren Höhe der Gerichtskosten eines Prozesses lässt sich nichts bestimmtes anführen, einmal, weil, wie erwähnt, oft ein anscheinend einfacher Prozess grössere Dimensionen annehmen kann und dann, weil bei Bestimmung der Kosten dem richterlichen Ermessen der weiteste Spielraum gelassen ist. So können in einem summarischen Prozesse wegen 100 Fl. die Kosten 10 bis 15 Fl. betragen, aber auch den Betrag des Streitgegenstandes selbst weit überragen.

Aktorische Kaution. Wenn der Kläger in der „Provinz“ (Kronland), wo der Prozess geführt werden soll, nicht „kundbar sattsam“ bemittelt ist, soll er mit der Klage dem Beklagten annehmliche Sicherheit für die künftigen Gerichtsunkosten bestellen oder zu schwören sich erbieten, dass er diese nicht schaffen kann. Widrigenfalls soll er auf Verlangen des Beklagten nach Vernehmung der Parteien dazu durch gerichtlichen Auftrag verhalten werden.

Vor Bestellung der Kaution ist der Beklagte nach der Allgemeinen Gerichtsordnung nicht schuldig, sich in den Prozess einzulassen, nach der Westgalizischen Gerichtsordnung hingegen wird die Verhandlung in der Hauptsache dadurch, dass die Bestellung der Kaution unterblieben ist, nicht gehemmt. Hier wird daher gewöhnlich über die Erlegung der Kaution erst auf Ansuchen des Beklagten verhandelt. Auch kann der Beklagte die Erhöhung der von dem Kläger freiwillig bestellten Kaution verlangen, worüber das Gericht entscheidet.

Im Wechsel- und Urkundenprozesse, sowie im Delibationsverfahren wird die Kaution nicht gefordert, und die das Armenrecht geniessenden Parteien sind von der Pflicht der Kautionsbestellung befreit.

XI. *Armenrecht.* Dasselbe geniessen Personen, welche durch ein von der Ortsobrigkeit bestätigtes Zeugniss des Pfarramtes beweisen, dass sie kein grösseres Einkommen beziehen, als der in dem Wohnorte des Armen übliche gemeine Tagelohn beträgt.

Für Prozesse mit Anwaltszwang kann die Partei die Bestellung eines Armenvertreters durch den Ausschuss der betreffenden Advokatenkammer erlangen. Gegen die Verweigerung der Beiordnung eines Armenvertreters steht die Beschwerde an das Oberlandesgericht offen.

In Bezug auf das Armenrecht geniessen gleiche Rechte mit den Inländern die Unterthanen von Frankreich, Belgien, Serbien und von Russisch-Polen.

C. Konkursverfahren.

Zur Konkurseröffnung ist der Gerichtshof des Wohnsitzes des Schuldners kompetent. Die Konkursverhandlung erstreckt sich über das gesammte wo immer befindliche bewegliche, dann auf das im Inlande gelegene unbewegliche Vermögen des Gemeinschuldners.

Insofern nicht Staatsverträge etwas anderes festsetzen ist a) wegen Ausfolgung des im Auslande befindlichen Vermögens eines österreichischen Gemeinschuldners an die ausländische Behörde das Begehren zu stellen; b) das im Inlande befindliche Vermögen eines ausländischen Gemeinschuldners der ausländischen Konkursinstanz auf Verlangen auszufolgen. Sonst ist nach den Grundsätzen der Gegenseitigkeit vorzugehen.

Besondere Vereinbarungen bestehen mit Preussen (Hofdekret vom 7. Mai 1845 Nr. 833), Sachsen (Ministerial-Erlass vom 2. März 1854 Nr. 54) und Rumänien (Justizministerial-Erlass vom 31. Juli 1871). Die gleiche Behandlung mit den heimischen Gläubigern ist garantirt in den Staatsverträgen mit Persien, Siam und Tunis.

Der Konkurs wird eröffnet, wenn Jemand wegen Zahlungsunvermögens selbst es begehrt, ferner bei Nichtkaufleuten auf den Antrag eines oder mehrerer Gläubiger wider einen mit Exekutionen verfolgten Schuldner, wenn dieser bei dem anzuordnenden Termine („Bedeckungs-Tagfahrt") die Möglichkeit der Befriedigung der andringenden Gläubiger nicht nachweist, bei im Handelsregister eingetragenen Kaufleuten schon bei erfolgter Zahlungseinstellung auf einen mit ausreichenden Beweisen unterstützten Antrag eines Gläubigers.

Die Eröffnung des Konkurses wird durch ein öffentliches Edikt kundgemacht; zugleich wird ein Konkurskommissär sowie der einstweilige Massaverwalter bestellt und die Tagfahrt zur Wahl des definitiven Massaverwalters und eines Gläubigerausschusses, dann die Anmeldungsfrist, endlich die „Liquidirungstagfahrt" festgesetzt.

Das gesammte Konkursvermögen wird nach Befriedigung der Massakosten unter die Konkursgläubiger nach fünf Klassen vertheilt. In die erste und zweite Klasse gehören einige privilegirte Forderungen, gewöhnliche Schuldforderungen aber gehören in die dritte Klasse. In die vierte Klasse gehören über drei Jahre rückständige Zinsen und in die fünfte Klasse Forderungen aus Schenkungen und Geldstrafen.

Die Anmeldung hat bei dem Konkursgerichte mittelst schriftlicher Eingabe oder mündlich zu Protokoll zu geschehen. Mit derselben Eingabe können auch mehrere Forderungen des nämlichen Gläubigers angemeldet werden.

In der Anmeldung ist der Name, Stand und Wohnort des Anmeldenden, dann der Betrag und der Rechtsgrund der Forderung anzugeben. Das Begehren ist auf die Anerkennung der Richtigkeit der Forderung sowie der für dieselbe in Anspruch genommenen Rangordnung („Klasse“) zu richten.

Die nicht am Orte des Konkurksommissärs wohnenden Gläubiger müssen einen daselbst wohnhaften Bevollmächtigten zum Empfange der Zustellungen namhaft machen, widrigenfalls ihnen ein Kurator bestellt wird.

Der schriftlichen Anmeldung ist eine Abschrift der Eingabe und ihrer Beilagen anzuschliessen. Bei der Liquidirungstagfahrt hat sich der Massaverwalter bezüglich der Richtigkeit und der Rangordnung jeder Forderung zu erklären. Das Bestreitungsrecht kommt auch jedem Gläubiger zu, dessen Forderung nicht bestritten wurde. — Werden Forderungen bestritten, so sind dieselben in besonderen Prozessen gegen die bestreitenden Personen geltend zu machen.

Auch nach der allgemeinen Anmeldungsfrist können Forderungen zum Konkurse angemeldet werden. Dieselben bleiben jedoch von den auf Grund eines förmlichen Vertheilungsentwurfes bereits stattgehabten Vertheilungen des Massavermögens ausgeschlossen. — So oft ein hinreichender Massabestand vorhanden ist, hat der Massaverwalter einen Vertheilungsentwurf auszufertigen, in Gemässheit dessen die Vertheilung erfolgt, wenn dagegen binnen der bestimmten Frist keine Erinnerungen angebracht oder dieselben durch Einigung oder Entscheidung des Konkursgerichtes beseitigt worden sind.

Die Genehmigung oder Bemängelung der Rechnungen des Massaverwalters kommt dem Gläubigerausschusse, die Feststellung der Entlohnung desselben der Gläubigerschaft zu.

Bei der Anmeldung einer Konkursforderung ist die Intervention eines Advokaten nicht erforderlich. Die Prüfung und Anerkennung der Konkursforderungen findet auch in Abwesenheit des Gläubigers statt.[1]

Die Behebung des Geldes kann jedoch nur durch einen Bevollmächtigten oder gegen Einsendung einer legalisirten Quittung an den Massaverwalter geschehen.

Im Falle die Richtigkeit oder die Rangordnung der angemeldeten Forderung bestritten bleibt, muss mit der Durchführung der nothwendigen Prozesse ein Advokat betraut werden.

D. Verlassenschaftsabhandlung.

Das Erbrecht muss vor Gericht verhandelt und von demselben die Einantwortung des Nachlasses bewirkt werden (§ 797 Bürgerliches Gesetzbuch). Das Gericht schreitet von Amtswegen ein, ordnet die Todfallsaufnahme, die

[1] Die Kosten der Betheiligung eines Gläubigers am Konkurse können sich daher auf die Kosten der Anmeldung beschränken, die wieder bis auf den Betrag der zur Anmeldung nothwendigen Stempelmarken reduzirt werden können. Dieselben betragen von jedem Bogen: der Anmeldung 36 Kr (bis 50 fl. 12 Kr.), der Abschrift und der Beilagen 15 Kr. (10 Kr.). In diesem wie in jedem Falle der Einsendung einer Eingabe aus dem Auslande müsste der zur Stempelung erforderliche Betrag in Baarem beigelegt, oder durch die Post eingesandt werden. Sonst würde die Steuerbehörde auf dreifache Gebühr Anspruch erheben.

Versiegelung des Nachlasses und die Errichtung eines Inventars an, setzt einen einstweiligen Verlassenschaftsvertreter aus der Zahl der vermuthlichen Erben, oder, wenn dieselben unbekannt sind, einen Verlassenschaftskurator ein, eröffnet und publizirt die leztwillige Erklärung, vernimmt Zeugen einer mündlich errichteten letztwilligen Anordnung, verständigt die vermuthlichen Erben von dem Erbanfalle und fordert sie, wenn sie unbekannten Aufenthalts sind, auch durch öffentliche Bekanntmachungen auf, ihr Erbrecht nachzuweisen und die Erbeserklärung beizubringen; das Gericht entscheidet somit bei widersprechenden Erbeserklärungen (aus dem Gesetze, aus dem Testamente, oder aus dem Vertrage), welcher Erbsprätendent gegen den anderen als Kläger aufzutreten habe, sorgt für die Berichtigung oder Sicherstellung der Verlassenschaftsgebühren sowie der für minderjährige und pflegebefohlene oder noch ungewisse Personen und zu frommen und gemeinnützigen Zwecken bestimmte Legate, ordnet auf Antrag der Erben Einberufungen der Verlassenschaftsgläubiger (§ 813—815 Bürgerliches Gesetzbuch) an und überantwortet endlich dem sein Erbrecht gehörig darthuenden Erben die Verlassenschaft mittelst eines sogenannten Einantwortungsdekretes (Kaiserliches Patent vom 9. August 1854 Nr. 208, Reichsgesetz-Blatt § 20—180).

Wer eine Erbschaft in Besitz nehmen will, muss seinen Rechtstitel dem Gerichte ausweisen und ausdrücklich erklären, dass er die Erbschaft annehme (§ 799 Bürgerliches Gesetzbuch. Antritt der Erbfolge). Der Delat wird daher niemals ipso iure Erbe, sondern nur durch ausdrückliche Willenserklärung. Bis zum Antritt der Erbfolge ist die Erbschaft ruhend (hereditas iacens). Dieselbe kann zu Händen eines aufzustellenden Verlassenschaftskurators belangt werden.

In Ermangelung einer giltigen, über den ganzen Nachlass verfügenden Erklärung des letzten Willens fällt die Verlassenschaft ganz bezw. zum Theile den gesetzlichen Erben zu (§ 727—728 Bürgerliches Gesetzbuch).

Die gesetzliche Erbfolge findet in sechs Linien (Parentelen) statt (§ 730 Bürgerliches Gesetzbuch).

Die spätere Linie gelangt immer erst dann zur Erbfolge, wenn keiner der in der früheren Linie Berufenen die Erbschaft annehmen will oder kann. Innerhalb jeder Parentel gilt das Eintrittsrecht der entfernteren Nachkommen an die Stelle der vorverstorbenen nächstberechtigten Verwandten, somit giebt die Nähe des Grades keinen Vorzug (§ 732—750 Bürgerliches Gesetzbuch).

Die unehelichen Kinder haben das Recht zur gesetzlichen Erbfolge nur in das Vermögen der Mutter, nicht aber auch in das Vermögen des Vaters oder selbst der mütterlichen Verwandten (§ 754). Andererseits gebührt das Vermögen des unehelichen Kindes nur der Mutter.

Den überlebenden Ehegatten des Erblassers gebührt bei drei oder mehreren Kindern ein gleicher Erbtheil wie den Kindern, wenn aber weniger als drei Kinder vorhanden sind, der vierte Theil der Verlassenschaft, in diesen Fällen aber nur zum lebenslangen Genusse (§ 757). Ist kein Kind vorhanden, so erhält der Ehegatte den vierten Teil des Nachlasses. Sind keine Verwandte der berufenen sechs Linien des Erblassers vorhanden, so fällt die ganze Erbschaft dem Ehegatten zu.

Nach österreichischem Rechte kommt das Notherbenrecht den Kindern und in deren Ermangelung den Eltern des Erblassers zu. Der Pflichttheil beträgt bei den Kindern die Hälfte und bei den Eltern einen Dritttheil der Intestatportion.

Sind die Erben unbekannt, oder machen die bekannten Erben von ihrem Rechte keinen Gebrauch, so wird ein Verlassenschaftskurator bestellt und die unbekannten Erben werden mittelst Edikts vorgeladen sich binnen einem Jahre zu melden, widrigenfalls die Verlassenschaft nur mit den sich erbserklärenden Erben verhandelt, der nicht angetretene Theil der Verlassenschaft aber, oder wenn sich Niemand als Erbe erklärt, die ganze Verlassenschaft als erblos vom Staate eingezogen werden wird. Im letzteren Falle bleiben aber den sich später meldenden Erben ihre Ansprüche so lange vorbehalten, bis sie durch Verjährung erloschen sind.

Bei der Intestaterbfolge erfolgt der Nachweis des Erbrechts durch Vorlegung der Civilstandregister-Auszüge; dies kann aber auch auf andere glaubwürdige Weise geschehen. Die Civilstandregister werden von den Seelsorgern aller Kultusgemeinden geführt.

Die Verlassenschaftsabhandlung nach einem Inländer erstreckt sich über alles wo immer befindliche bewegliche Vermögen und die in Oesterreich gelegenen unbeweglichen Güter des Verstorbenen. Dementsprechend kommt auch die Abhandlung über die innerhalb des österreichischen Staates liegenden Immobilien eines verstorbenen Ausländers den österreichischen Gerichten in vollem Umfange zu, und dieselben haben die Beurtheilung der Rechte aller Betheiligten nach den österreichischen Gesetzen zu pflegen.

In Ansehung der Mobilien der in Oesterreich oder im Auslande verstorbenen Ausländer aber ist sowohl die Erbschaftsabhandlung als die Entscheidung aller streitigen Erbansprüche der auswärtigen zuständigen Behörde zu überlassen. Das österreichische Gesetz huldigt somit der Auffassung, wonach bei der Erbfolge in Immobilien die Realstatuten, bei jener in Mobilien die Personalstatuten (mobilia ossibus inhaerent) zur Anwendung kommen. Dabei geht es von der Voraussetzung aus, dass die auswärtigen Staaten demselben Grundsatze folgen, sonst ist nach dem Grundsatze der Gegenseitigkeit zu verfahren. Kann die Verfahrungsweise eines auswärtigen Staates oder die Staatsangehörigkeit eines Fremden nicht ermittelt werden, so ist über den hier zu Lande befindlichen Nachlass eines Ausländers wie über die Verlassenschaft eines Inländers zu verfahren.

Das inländische Gericht hat daher in der Regel das gesammte im Inlande befindliche, bewegliche Vermögen eines verstorbenen Ausländers an die zuständige fremde Behörde oder an die von derselben zur Uebernahme gehörig legitimirte Person auszufolgen; es hat aber dafür zu sorgen, dass zuvor die Erbrechte und die Ansprüche derjenigen Erben und Legatare, welche österreichische Unterthanen und hierlands sich aufhaltende Fremde sind, sichergestellt und die hierländischen Verlassenschaftsgläubiger befriedigt werden.

Diese Grundsätze kommen in Anwendung auf Grund der Staatsverträge oder der Gleichartigkeit der Gesetzgebung gegenüber den Angehörigen von:

Anhalt, Baden, Basel-Landschaft, Frankreich, Glarus, Graubünden, Griechenland sammt den Jonischen Inseln, Hamburg, Italien, Lippe-Detmold, Portugal, Rheinprovinz, Sachsen-Coburg-Gotha, Schaffhausen, Schweden, Serbien, Spanien, Unterwalden nid dem Walde und ob dem Walde, Uri und Zug.

Eine Reihe von Staaten überlässt die Regulirung des beweglichen Nachlasses eines Ausländers der Heimathsbehörde des letzteren nur in dem Falle, wenn der Fremde in dem betreffenden Staate blos einen vorübergehenden Aufenthalt hatte. Daher ist gegenüber diesen Staaten nach dem Grundsatz der Gegenseitigkeit zu verfahren; dies sind: Bayern, Basel-Stadt, Bremen, Dänemark, Genf, Hessen-Homburg, Holstein, Lauenburg, Luzern, Mecklenburg-Schwerin, Neuenburg, Norwegen, Preussen, Sachsen, Schwarzburg-Rudolstadt, Württemberg. In Folge der Staatsverträge muss jedoch die Abhandlung des Nachlasses eines in Oesterreich verstorbenen, französischen, italienischen, portugiesischen und serbischen Staatsbürgers von den österreichischen Gerichten abgelehnt werden, selbst wenn alle Erben darum einschreiten würden.

Gegenstand der Verlassenschaftsgebühr ist der reine Nachlass und beträgt dieselbe bei Uebertragungen: 1. von Eltern an die Kinder und deren Nachkommen und umgekehrt, ferner an den nicht getrennt lebenden Ehegatten Ein Prozent (Tarifpost. 106 B. a.) und 25 Prozent Zuschlag, somit zusammen $1^1/_4$ Prozent; 2. an die Geschwister des Erblassers und Geschwister von Personen, deren Nachkomme er ist, vier Prozent (Tarifp. 106 B. c.) und 25 Prozent Zuschlag; 3. in allen anderen Fällen acht Prozent (Tarifp. 106 B. d.) und 25 Prozent Zuschlag.

Ausserdem ist von dem Werthe der im Nachlasse befindlichen unbeweglichen Güter eine weitere Gebühr von $1^1/_2$ Prozent (mit 25 Prozent Zuschlag) zu entrichten (Tarifp. 106 Anm. 1).

Rücksichtlich der Verlassenschaften der Ausländer unterliegen inländische unbewegliche Güter unbedingt der ordentlichen Gebühr, das bewegliche Vermögen aber nur dann nicht, wenn in dem betreffenden Staate von dem beweglichen Nachlasse eines Oesterreichers auch keine wie immer geartete Gebühr erhoben wird. So ist der bewegliche Nachlass in Oesterreich verstorbener Staatsangehöriger von Preussen, Sachsen, Tessin und von Serbien gebührenfrei zu behandeln. Im Auslande liegende unbewegliche Güter eines Inländers unterliegen nicht der Gebühr, wohl aber dort angelegte Kapitalien aller Art.

Abfahrtsgelder dürfen nur in Anwendung der Reciprocität erhoben werden.

Ueberhaupt kommen den Fremden die gleichen bürgerlichen Rechte und Pflichten wie den Inländern zu und bestehen keine Beschränkungen für die Erb- oder Besitzfähigkeit der Ausländer, ausgenommen etwa die Fälle der Retorsion (§ 33 Bürgerliches Gesetzbuch).[1]

[1] Die montenegrinischen Unterthanen sind unfähig, in den österreichischen Staaten unbewegliche Güter zu erwerben, weil in Montenegro Oesterreicher davon ausgeschlossen sind.

Die Vertretung der Erben im Nachlassverfahren durch einen Advokaten ist immer, besonders aber in wichtigeren Fällen angezeigt. In den Fällen dagegen, in welchen nach den vorstehenden Bestimmungen der bewegliche Nachlass eines Ausländers an die zuständige fremde Behörde zur Verlassenschaftsabhandlung ausgefolgt werden soll, dürfte meist die Intervention des betreffenden Konsulats hinreichen. In den Konsularkonventionen mit Frankreich, Italien, Portugal und Serbien ist das Recht der beiderseitigen Konsuln in Verlassenschaftsfällen ihrer Landsleute einzuschreiten ausdrücklich eingeräumt.

In Ansehung der Gebühren der mit Vertretung im Verlassenschaftsverfahren beauftragten Advokaten gilt das nämliche, was oben in Ansehung der Vertretungen in Streitsachen angeführt wurde.

E. Konsulargerichtsbarkeit.

Mit der Civilgerichtsbarkeit erster Instanz über die österreichisch-ungarischen Unterthanen und Schutzgenossen im osmanischen Reiche (nebst Bulgarien) sowie in Rumänien[1] sind betraut: 1. die k. k. diplomatische Mission zu Bukarest, die k. k. Generalkonsulate in Jassy, Smyrna, Beirut, Alexandrien und Tunis; 2. die k. k. Konsulate in Konstantinopel, Salonichi, Rustschuk, Galatz, Trapezunt, Jerusalem, Kairo, Chartum und Tripolis; 3. die Vicekonsulate in Monastir, Widdin, Braila, Tultscha, Skutari, Durazzo, Janina und Kanea; 4. die k. k. Vicekonsulate in Sofia, Aleppo und Damaskus, welchen ebenso wie dem Konsularregenten in Bagdad die Gerichtsbarkeit über bestimmte Geldsummen nur bis 500 Gulden ö. W. (mit Ausnahme jedoch der Wechselstreitigkeiten) zugewiesen ist.

Die in Seestädten befindlichen Konsulate üben auch die Seegerichtsbarkeit aus.

Auf Grund des Gesetzes vom 20. Januar 1875 (Reichsgesetz-Blatt Nr. 12) ist die den Konsuln der österreichisch-ungarischen Monarchie in Aegypten zustehende Gerichtsbarkeit zeitweise eingeschränkt und auf die im Einverständniss mit der ägyptischen Regierung bestellten Gerichte übertragen worden. Dies betrifft jene Rechtssachen, in welchen eine der Parteien einem fremden Staate angehört oder in welchen eine in Aegypten gelegene unbewegliche Sache oder ein Recht auf eine solche Sache den Gegenstand des Streites bildet.

Den Konsulargerichten haben im Allgemeinen die österreichischen Gesetze zur Richtschnur zu dienen, insofern nicht: a) ein besonderes, allgemein anerkanntes Gewohnheitsrecht oder besondere Anordnung besteht, oder b) es an den Voraussetzungen zur Anwendung österreichischer Gesetze fehlt.

Auf jede schriftlich oder mündlich angebrachte Klage ist eine Tagsetzung zu bestimmen und zunächst ein Vergleich zu versuchen. Misslingt der Versuch der Güte, so sind die Parteien aufzufordern, ihre Rechtssache dem Ausspruche eines oder mehrerer Schiedsrichter zu unterziehen. Kommt auch kein verbindlicher Schiedsvertrag zu Stande, oder ist einer der Streit-

[1] Die betreffs der Konsulargerichtsbarkeit mit der Türkei abgeschlossenen Kapitulationen sind im Berliner Vertrag vom 13. Juli 1878 vorläufig (bis zur vertragsmässigen Abänderung) auch für Rumänien aufrecht erhalten.

theile bei der Tagsatzung ausgeblieben, so ist das gerichtliche Verfahren einzuleiten. Dasselbe richtet sich: 1. in den den Oberlandesgerichten in Lemberg (Jassy, Galatz, Braila und Tultscha) und Triest (Smyrna, Beirut, Alexandrien, Tunis, Konstantinopel, Salonichi, Trapezunt, Jerusalem, Kairo, Chartum, Tripolis, Monastir, Skutari, Durazzo, Janina, Kanea, Sofia, Aleppo, Damaskus und Bagdad) zugewiesenen Konsulargerichten nach der Westgalizischen Gerichtsordnung; 2. in dem dem Oberlandesgerichte in Hermannstadt zugewiesenen Konsulargerichte Bukarest nach der provisorischen Civilprozess-Ordnung für Siebenbürgen vom Jahre 1852; 3. in den dem Oberlandesgerichte in Temesvar untergeordneten Konsulargerichten Rustschuk und Widdin nach der provisorischen Gerichtsordnung für Ungarn vom Jahre 1852.

In wichtigeren Fällen ist nach geschlossenem Verfahren eine mündliche Schlussverhandlung anzuordnen und sofort die Streitsache zu entscheiden.

In Wechselstreitigkeiten ist das ordentliche Wechselverfahren zu beobachten.

In dritter Instanz entscheidet der oberste Gerichtshof in Wien.

II. Ungarisches Staatsgebiet.

Von

Dr. **Benedek Baracs,**

Advokat in Budapest.

Das Königreich Ungarn, staatsrechtlich bezeichnet als die „Länder der ungarischen Stefanskrone“, besteht in Betreff der Justizgesetzgebung, der Justizverwaltung und der Justizpflege aus zwei von einander abgesonderten Gebieten mit fast völlig verschiedenem Rechtszustande. 1. Dem Königreich Ungarn im engeren Sinne mit Siebenbürgen und einem Theile der aufgelösten Militärgrenze und der Stadt Fiume und 2. den Königreichen Kroatien und Slavonien mit einem anderen Theile der aufgelösten Militärgrenze und dem kroatischen Küstenlande.

Diese Verschiedenheit des Rechtszustandes ist hauptsächlich auf die geschichtliche Entwickelung der letzten Jahrzehnte zurückzuführen. Nach Beendigung des ungarischen Unabhängigkeitskampfes wurden nämlich vom Jahre 1852 ab durch eine Reihe von Patenten und Verordnungen die meisten österreichischen Gesetze auf sämmtliche Länder des ungarischen Staates ausgedehnt, so eine Nachbildung der österreichischen allgemeinen Civilprozess-Ordnung vom Jahre 1785, das österreichische Allgemeine bürgerliche Gesetzbuch, die Konkurs- und die Grundbuch-Ordnung. Indessen wurden, von der Regelung des Grundbuchwesens abgesehen, fast alle diese Neuerungen durch die Beschlüsse der sogen. Judexkurialkonferenz vom 23. Juli 1861 für Ungarn im engeren Sinne aufgehoben und der frühere Rechtszustand wieder hergestellt, während in Kroatien, Slavonien und den dazu gehörigen Gebieten die vorerwähnten Gesetze in Kraft blieben und mit geringen Abänderungen auch heute noch in Geltung sind.

Infolge dessen haben beide Theile nur das Handelsgesetz (XXXVII. Gesetzartikel v. J. 1875) und das Wechselgesetz (XXVII. Gesetzartikel v. J. 1876), welche im Wesentlichen mit dem Allgemeinen deutschen Handelsgesetzbuch, bezw. der Allgemeinen deutschen Wechselordnung übereinstimmen, sowie das See- und Berg-Recht gemeinsam; das gesammte übrige Privatrecht, sowie das Prozessrecht und die Gerichtsverfassung sind völlig verschieden.

Für Ungarn im engeren Sinne ist der Civilprozess mit Einschluss der Gerichtsverfassung durch den mehrfach ergänzten und abgeänderten LIV. Gesetzartikel vom Jahre 1868 nach dem Muster der obenerwähnten, von der österreichischen Regierung octroyirten Civilprozess-Ordnung mit den Principien der Schriftlichkeit und der Eventualmaxime neu geregelt worden. Das Executionsverfahren mit Einschluss der Sequestration, Sicherstellung und des Executionsprozesses hat durch den LXI. Gesetzartikel vom Jahre 1881 eine umfassende Reform erfahren.

Eine Kodifikation des gesammten materiellen Privatrechts ist bereits seit Jahren in Vorbereitung, zur Zeit aber noch nicht abgeschlossen. Gegenwärtig ist daher, soweit nicht neue Spezialgesetze erlassen sind, das „Corpus juris hungarici“, ein Sammelwerk, welches die Reichstagsbeschlüsse mehrerer Jahrhunderte in chronologischer Reihenfolge enthält, und ausserdem noch das aus dem 16. Jahrhundert stammende sogenannte Tripartitum maassgebend, welches von der Praxis allgemein recipirt worden ist, obwohl es formell nicht Gesetzeskraft hat (Tripartitum juris consuetudinarii Hungarici von Verboczy).

Die Gerichtssprache ist im Königreich Ungarn im engern Sinn die ungarische, in Kroatien-Slavonien die kroatische Sprache. Im Bagatellverfahren, soweit dasselbe der Kompetenz der königlichen Gerichte entzogen ist, sind alle sogen. landesüblichen Sprachen zulässig.

Das Konsularwesen ist für die ganze Oesterreich-Ungarische Monarchie einheitlich geregelt. Betreffs der Konsulargerichtsbarkeit vergl. desshalb S. 78, 79.

A. Das Königreich Ungarn im engeren Sinne.

I. Die Gerichte und ihre Zuständigkeit.

Für die Entscheidung in bürgerlichen Rechtsstreitigkeiten bestehen als Gerichte erster Instanz: a) Königl. Bezirksgerichte, b) Königl. Gerichtshöfe, erstere entscheiden als Einzelgerichte, letztere in Senaten mit drei Mitgliedern besetzt, c) die in Budapest bei der Waaren- und Effectenbörse und auch in mehreren anderen Städten bei den Produkten- und Getreidehallen bestehenden Schiedsgerichte.

Für das Verfahren in zweiter Instanz bestehen unter dem Titel: „Königl. ung. Gerichtstafel“ zwei Gerichte: a) für ganz Ungarn und die Stadt Fiume in Budapest, b) für Siebenbürgen in Maros-Vásárhely. Die einzige Gerichtsbehörde dritter und höchster Instanz ist für das ganze Königreich Ungarn im engeren Sinne die „Königl. ung. Kurie“ in Budapest.

Die Bezirksgerichte sind zuständig (s. LIX. Gesetzartikel v. J. 1881 § 13): 1. Für Streitigkeiten, deren Gegenstand an Geld oder Geldeswerth ohne Nebengebühren die Summe von 500 fl. nicht übersteigt, sofern dieselben nicht dem im XXII. Gesetzartikel v. J. 1877 geregelten Bagatellverfahren, oder ohne Rücksicht auf den Werth den Gerichtshöfen überwiesen sind; 2. ohne Rücksicht auf den Werth der Streitsache a) wenn das summarische Verfahren (das bei den Bezirksgerichten einzig vorgeschriebene Prozessverfahren) in einer beweiskräftigen Urkunde ausdrücklich im Voraus vereinbart worden ist; b) für die Geltendmachung von Ansprüchen aus ausserehelichem Beischlaf; c) für rückständige Lebensrenten und Sustentationsgebühren, wenn seit deren Fälligkeit höchstens zwei Jahre verstrichen sind, und die Hauptverpflichtung entweder auf dem Gesetze oder auf einer beweiskräftigen Urkunde beruht; d) für Streitigkeiten aus Mieths- oder Pachtverhältnissen; e) zwischen Gastwirthen und Reisenden wegen der Beherbergung und Verpflegung; f) für Besitzstörungsklagen. 3. Als Grundbuchbehörden fungiren nur diejenigen Bezirksgerichte, welche vom Justizminister dazu bestimmt sind. — Die Bezirksgerichte sind innerhalb ihrer allgemeinen Kompetenz auch für Handelssachen zuständig.

Die Zuständigkeit der Gerichtshöfe umfasst: 1. Streitigkeiten mit einem den Betrag von 500 fl. übersteigenden Objecte; 2. ohne Rücksicht auf den Werth der Streitsache: Streitigkeiten aus dem Kauf- oder einer anderen Art der Anschaffung von Staatspapieren, Aktien und anderen im Verkehre befindlichen Werthpapieren; Streitigkeiten aus Versicherungsverträgen, aus der Uebernahme von Reisenden oder Verfrachtungen zur See oder aus Schiffsverleihungsverträgen (für diese letzteren ist ausschliesslich der königliche Gerichtshof in Fiume zuständig), aus Bank- und Wechslergeschäften, aus den Geschäften der öffentlichen Lagerhäuser, aus Verlagsgeschäften; Klagen, welche das Recht zum Gebrauche einer Handelsfirma oder Schadensersatz wegen widerrechtlichen Gebrauches einer Handelsfirma betreffen; Wechselklagen.

3. Die Gerichtshöfe fungiren ferner, abgesehen von den bereits erwähnten Ausnahmen, als Grundbuchämter, Verlassenschaftsbehörden und Konkursgerichte.

4. In Budapest ist für Handels- und Wechselsachen, sowie für die kaufmännischen Konkurse ein besonderes Gericht, das Budapester Königlich ungarische Handels- und Wechselgericht, ausschliesslich zuständig.

Vor die Schiedsgerichte endlich, welche mit Rücksicht auf den ausserordentlich grossen Getreide- und Produktenverkehr Ungarns mit dem Auslande von besonderer Bedeutung sind, gehören: a) Streitigkeiten aus Rechtsgeschäften, die an der Budapester Waaren- und Effectenbörse, oder in den in anderen Städten bestehenden Produkten- und Getreidehallen selbst abgeschlossen worden sind, wenn auch nur der eine der Kontrahenten ein

Kaufmann ist; b) Streitigkeiten zwischen Kaufleuten, welche aus einem Handelsgeschäfte entsprungen sind, wenn die Parteien sich dem Schiedsgerichte schriftlich unterworfen haben, oder wenn das Geschäft durch die Vermittelung eines befugten Börsenagenten (Maklers) zu Stande gekommen, und die Kontrahenten den ihnen von dem Börsenagenten eingehändigten, und die Klausel der Unterwerfung unter das Schiedsgericht enthaltenden Schlusszettel ohne Widerrede übernommen haben; c) Streitigkeiten aus dem Rechtsverhältnisse zwischen den Mitgliedern einer offenen Handelsgesellschaft, einer Kommanditgesellschaft oder einer Vereinigung zu einzelnen Handelsgeschäften, wenn sich die Parteien schriftlich dem Schiedsgerichte unterworfen haben; unter derselben Voraussetzung: d) Streitigkeiten, welche aus einem zwischen einem Kaufmann und einem Nichtkaufmanne zu Stande gekommenen Rechtsgeschäfte herrühren, selbst wenn das Rechtsgeschäft im Sinne des Handelsgesetzes auch nur für den einen Theil ein Handelsgeschäft bildet.[1] e) Streitigkeiten zwischen einer Lagerhausunternehmung und dem Besitzer eines Lagerscheines (Waarenschein, Pfandschein), wenn in den gehörig bekannt gemachten Bestimmungen über ihren Geschäftsbetrieb die Zuständigkeit des Schiedsgerichtes vereinbart worden.

Oertlich zuständig (LIV. Gesetzartikel v. J. 1868, III. Hauptstück §§ 30 bis 63) ist, sofern nicht zur Erfüllung der Verbindlichkeit ein bestimmter Ort ausbedungen ist:

1. Dasjenige Gericht, in dessen Bezirk der Beklagte seinen Wohnsitz hat, und bei mehreren Wohnorten jedes derselben nach Wahl des Klägers (§§ 30. 31).

Wenn die mehreren Beklagten im Sprengel verschiedener Jurisdiktionen wohnen, so hat der Kläger unter den Gerichtsständen der Beklagten die Wahl (§ 32).

2. Oeffentliche Anstalten und Körperschaften, Aktien- und andere Gesellschaften, Fabriks- und Handelsfirmen unterstehen, sofern sie nicht im Sinne ihrer Statuten oder eines besonderen Gesetzes einem anderen eigens bezeichneten Gerichte zugewiesen sind, dem Gerichtsstande desjenigen Ortes, wo sich die öffentliche Anstalt oder Körperschaft bezw. wo sich die Niederlassung befindet. Gesellschaften, deren Direktion sich ausser Landes befindet, unterstehen dem Gerichte desjenigen Ortes im Landesgebiet, wo die Vertretung bezw. die Hauptagentschaft ihren Sitz hat; bei Abgang einer solchen, wo die Gesellschaft unbewegliches Vermögen besitzt und wenn es auch an unbeweglichem Vermögen derselben mangeln sollte, wo das Rechtsgeschäft, aus welchem die Forderung entspringt, abgeschlossen wurde (§ 33).

3. Insofern Fremde im Lande belangt werden können, unterstehen sie dem Gerichtsstande ihres Wohnsitzes oder ihres etwaigen Grundbesitzes (§ 34).

4. Streitigkeiten wegen Erfüllung und Ungültigerklärung eines Vertrages, sowie die aus der Nichterfüllung entspringenden Schadensersatzklagen können auch bei demjenigen Gerichte anhängig gemacht werden, in dessen Bezirk der Vertrag zu Stande gekommen, oder nach der Natur der Sache oder dem

[1] § 258 Ziff. 1. 2. 3, § 259 Ziff. 1. 3. 6 u. 7 Handelsgesetzbuch.

Gesetze gemäss zu erfüllen ist. Auf Buchauszüge und Rechnungen begründete Forderungen können innerhalb anderthalb Jahren, — und wenn der Buch- oder Rechnungsauszug gesetzmässig beglaubigt worden ist, innerhalb drei Jahren bei dem Gerichte des Ortes eingeklagt werden, wo die Bücher geführt werden (§ 35).

5. Ehestreitigkeiten gehören vor das Gericht des letzten gemeinschaftlichen Wohnortes der Ehegatten und wenn die Ehescheidung auf Grund böslicher Verlassung beantragt wird, vor dasjenige Gericht, in dessen Sprengel der klagende Theil wohnt (§ 36).

6. In Erbschaftsprozessen ist ohne Rücksicht darauf, ob die Klage aus einem Vertrage hergeleitet wird, oder auf dem Rechtstitel des Gesetzes oder einer letztwilligen Anordnung beruht, oder ob sie auf die Erfüllung oder Aufhebung des letzten Willens des Erblassers gerichtet ist, derjenige Gerichtshof zuständig, in dessen Bezirk der Erblasser seinen letzten ordentlichen Wohnsitz hatte. Ist der Erblasser ausser Landes verstorben, so gehören die Erbschaftsprozesse vor jenes inländische Gericht, in dessen Sprengel der Erblasser zuletzt gewohnt hat; ist dieser Wohnort nicht zu erforschen, so ist dasjenige Gericht zuständig, in dessen Sprengel sich der Nachlass befindet (§ 37 Ziff. 1 und 2).

7. Rechnungsprozesse gehören vor dasjenige Gericht, in dessen Sprengel die Verwaltung geführt worden ist. Wenn sich die Rechnung auch auf unbewegliches Vermögen oder die Einkünfte daraus bezieht, so ist dasjenige Realgericht zuständig, welches das zuständige wäre, wenn der Rechnungsleger seinen Wohnsitz auf dem fraglichen Gute hätte. Wenn die Rechnung aus einem gerichtlichen Auftrage entspringt, so ist jenes Gericht, welches den Auftrag ertheilt hat, — und wenn dieses eine Vormundschaftsbehörde ist, jenes Gericht, dessen Fachsektion die Vormundschaftsbehörde bildet, für die Rechnungsprozesse zuständig (§ 39).

8. Das Verfahren wegen Todeserklärung ist, je nach dem dieselbe zum Zwecke der Ehetrennung oder der Erbfolge nachgesucht wird, von demjenigen Gericht einzuleiten, welches für die Ehestreitigkeit bezw. den Erbschaftsprozess zuständig ist (§ 40).

9. Die Amortisirung in Verlust gerathener Urkunden ist, insofern dieselbe nicht einem bestimmten Gericht zugewiesen ist, bei demjenigen Gerichtshof zu erwirken, welcher für den Aussteller des betreffenden Papieres in Handelssachen zuständig ist.

10. Die Realgerichtsbarkeit übt in der Regel derjenige Gerichtshof aus, in dessen Sprengel das angesprochene unbewegliche Gut liegt (§ 42 Abs. 1). Liegt das unbewegliche Vermögen, welches den Gegenstand der Klage bildet, im Sprengel verschiedener Realgerichte, so hat der Kläger die Wahl unter diesen Gerichten (§ 43).

11. In Grundbuchsachen entscheidet jene Grundbuchsbehörde, bei welcher die Vormerkung stattgefunden hat.

12. Unter mehreren gleichmässig zuständigen Gerichten kann der Kläger frei wählen (§ 49).

Die Gerichte haben die nicht ihrer Zuständigkeit unterliegenden

Klagen und sonstigen Eingaben von Amts wegen zurückzuweisen. Doch wird ein an sich unzuständiges Gericht zuständig, wenn der Beklagte es unterlässt, seine Einwendungen gegen die Zuständigkeit in der gesetzlichen Frist vorzubringen (§ 51). — Auch durch Vereinbarung der Parteien kann die Zuständigkeit eines Gerichts begründet werden, sofern nicht ein ausschliesslicher Gerichtsstand angeordnet ist (§ 52). Dies ist der Fall für Grundbuch, Fideicommiss und Ehesachen, sowie für alle Prozesse, in denen Abwesende oder unter Vormundschaft oder unter Kuratel stehende Personen betheiligt sind.

II. Das Verfahren in bürgerlichen Streitsachen.

Man unterscheidet: das summarische und das ordentliche Verfahren. Bei den Bezirksgerichten wird ausschliesslich nach dem ersteren verfahren, bei welchem die Parteien ihre Rechte persönlich oder durch gewöhnliche Bevollmächtigte wahrnehmen. Dagegen besteht bei dem ordentlichen Verfahren, welches vor den Gerichtshöfen Platz greift, der Anwaltszwang.

a) Das summarische Verfahren. Wird die Klage mündlich vorgebracht, so nimmt einer der fungirenden Richter (Bezirksrichter, Unterbezirksrichter) dieselbe zu Protokoll. Die mündlich vorgebrachte oder schriftlich eingereichte Klage wird dem Beklagten unter Anberaumung eines Verhandlungstermins mitgetheilt.

Im Verhandlungstermin lässt der Richter zunächst den Beklagten seine Einwendungen gegen die Klage mündlich vortragen und fordert sodann den Kläger zur Erwiderung auf. Dieser mündliche Wechselvortrag wird geschlossen, sobald der Richter über die von den Parteien angeführten Thatsachen und Beweismittel aufgeklärt ist. Hierauf schreitet er zur Abfassung des Verhandlungsprotokolls, in welches er der Reihe nach die vom Kläger und dem Beklagten vorgebrachten Behauptungen und Einwendungen, die von ihnen angebotenen Beweise und etwaige Bedenken gegen die letzteren in möglichster Kürze einträgt. Das so angefertigte Protokoll wird von ihm den Parteien vorgelesen, und (eventuell nach Aufnahme der erforderlichen Berichtigungen) von diesen und ihm selbst unterschrieben. Demnächst fällt und verkündet der Richter seine Entscheidung, die entweder Beweisaufnahme (Zeugenvernehmung, gerichtlichen Augenschein u. s. w.) anordnet, oder — wenn der Rechtsstreit zur Endentscheidung reif ist — das Urtheil enthält. Der Richter nimmt auch diese Entscheidung in das Verhandlungsprotokoll auf. Zeugen, welche von den Parteien zur Stelle gebracht sind, werden sofort vernommen. Sonst erfolgt ihre Vernehmung in einem neuen Termine oder durch ein anderes darum ersuchtes Gericht. Dasselbe gilt von anderen unter Mitwirkung des Gerichtes herbeizuschaffenden Beweisen (z. B. Vernehmungen von Sachverständigen).

Gegen Beweisbeschlüsse und andere prozessleitende Anordnungen des Gerichts steht den Parteien ein besonderes Rechtsmittel nicht zu.

Einwendungen gegen die Zuständigkeit des Gerichtes muss der Beklagte beim Beginn des ersten Verhandlungstermines vorbringen. Der Richter nimmt sie mit der vom Beklagten gegebenen Begründung und der etwaigen Widerlegung seitens des Klägers zu Protokoll und verkündet darauf seinen Beschluss. Wird der Einwand der Unzuständigkeit verworfen, so muss die Verhandlung gleich fortgesetzt werden. Das Urtheil wird mündlich verkündet. Wird darin die Verpflichtung zu einer Zahlung ausgesprochen, so darf die Erfüllungsfrist höchstens acht Tage betragen. Die Appellationsfrist ist eine achttägige und beginnt mit dem Tage der Verkündung des Urtheils.

b) Das ordentliche Verfahren. Das ordentliche Verfahren ist in der Regel ein Schriftenwechselverfahren, darin bestehend, dass die Parteien ihre aussergerichtlich angefertigten Prozessschriften in vorgeschriebener Reihenfolge dem Gerichte überreichen; nur ausnahmsweise findet das sogenannte Protokollverfahren statt, wobei die Parteien selbst ihre gegenseitigen Anführungen in ein Protokoll bei Gericht innerhalb gewisser Fristen eintragen, die entweder durch das Gesetz festgesetzt, oder im Voraus vereinbart sind.

Nach beendetem Schriftenwechsel legt der Prozessarchivar das Prozessaufnahmeprotokoll mit den beiliegenden Prozessschriften dem Gerichtshofe zur Entscheidung vor.

Im Protokollsverfahren bleibt das Verhandlungsprotokoll in Verwahrung des Prozessarchivars, der es abschliesst und demnächst dem Gerichtshofe zur Entscheidung des Rechtsstreites vorlegt.

Den Einwand der Unzuständigkeit muss der Beklagte mittelst eines an den Gerichtshof gerichteten Schriftsatzes geltend machen. Dem Kläger steht es frei, entweder sofort nach Empfang des für ihn bestimmten Exemplars der Inkompetenzeinwendungsschrift die Verhandlung über die Zuständigkeit des Gerichts zu beginnen, oder die Vertagung der Verhandlung auf acht Tage zu fordern. Diese Verhandlung wird in einem besonderen Protokoll geführt, und die Prozessaufnahme bis zur Entscheidung der Zuständigkeitsfrage ausgesetzt.

Die Entscheidung des Gerichtshofes enthält, wie im summarischen Verfahren, entweder das Endurtheil oder die Anordnung einer Beweisaufnahme (Vernehmung von Zeugen oder Sachverständigen etc.), wobei auch hier den Parteien gegen die letztere abgesonderte Rechtsmittel nicht zustehen.

Die Urtheile, auch die in höherer Instanz ergehenden, werden durch das erste Gericht den Parteien schriftlich zugestellt.

Die Frist für jede im Urtheile auferlegte Zahlungsleistung beträgt regelmässig 15 Tage.

Die Appellation sowohl gegen erstgerichtliche, als auch zweitgerichtliche Urtheile (der Königlichen Tafel) ist binnen 15 Tagen nach der Zustellung des Urtheils einzulegen, den Zustellungstag nicht eingerechnet.

Gegen ein Urtheil der zweiten Instanz (der Königlichen Tafel) ist eine weitere Appellation überhaupt nicht zulässig, wenn es mit dem der ersten Instanz übereinstimmt und der Prozessgegenstand ohne Nebengebühren den Betrag von 500 Gulden Oest. W. nicht übersteigt, oder wenn der Kläger, falls der Rechtsstreit nicht baares Geld, sondern eine andere Werthsache betrifft, sich in der Klage bereit erklärt hat, eventuell eine den Betrag von

200 fl. nicht übersteigende Geldsumme anzunehmen (LIX. Gesetzartikel v. J. 1881 § 47).

Weitere eigenthümlich gestaltete Verfahren sind:

c) das Verfahren in Handelssachen (geregelt durch Ministerialverordnung vom 1. November 1881, Ziff. 3269). Bei den Bezirksgerichten wird auch in Handelssachen das oben geschilderte summarische Verfahren angewendet. Bei den Gerichtshöfen gestaltet es sich dagegen von dem ordentlichen Verfahren wesentlich verschieden.

Das sogenannte Schriftenwechselverfahren wird nur, wenn beide Theile es übereinstimmend beantragen, sonst nur in ganz besonderen Fällen — in grösseren und verwickelteren Sachen — bewilligt; die Regel bildet das Protokollverfahren bei welchem die sog. Prozessreden in kurzen Fristen ins Protokoll eingetragen werden müssen (zwei Tage für die Eintragung der Einrede und je drei Tage für die Eintragung der Replik und der Duplik. Für die Schlussschrift und Gegenschlussschrift können eventuell je weitere zwei Tage hinzukommen). Jeder Theil kann nur einmal Erstreckung nachsuchen, über deren Gewährung oder Verweigerung der Gerichtshof entscheidet. Aber auch im Verweigerungsfalle ordnet der Gerichtshof einen neuen Termin zur Eintragung der betreffenden Prozessrede an.

Den Parteien steht es frei längere Fristen für die Eintragung der Prozessreden zu vereinbaren.

Nach Abschliessung des Verhandlungsprotokolles legt der Prozessarchivar dasselbe mit den Beilagen dem Gerichtshofe zur Entscheidung des Rechtsstreites vor.

Für das Verfahren bis zur Urtheilsfällung — Beweisverfahren —, die Urteilsfällung selbst und die Appellationsfristen gelten, von sehr geringen Abweichungen abgesehen, die Vorschriften des ordentlichen Gerichtsverfahrens.

d) das Verfahren in Wechselsachen. Als Regel gilt das sogenannte Mandatsverfahren, darin bestehend, dass nach Einreichung der Klage, welcher für das Gericht der Wechsel, die Protesturkunde und die sonstigen Urkunden im Originale beiliegen müssen, dem Beklagten mit Zustellung des für ihn bestimmten Klageexemplares vom Gerichtshofe aufgetragen wird, binnen drei Tagen nach Empfang der Klage den Kläger bei Vermeidung der Exekution zu befriedigen, oder innerhalb der genannten Frist seine Einwendungen gegen die Klage bei Gericht vorzubringen.

Wenn der Beklagte die dreitägige Frist verstreichen lässt, ohne Einwendungen zu erheben, so erlangt der Zahlungsauftrag die Kraft eines rechtskräftigen Urtheils.

Erhebt der Beklagte rechtzeitig schriftlichen Einwand gegen den Zahlungsauftrag, so wird ein Termin mit kurzer Verhandlungsfrist anberaumt.

Das Mandatsverfahren findet nicht statt, wenn der Klage nicht sämmtliche erforderlichen Urkunden im Originale beigefügt sind, oder wenn der Inhalt der Wechselurkunde selbst zu Bedenken Anlass giebt. In beiden Fällen und ausserdem, wenn es vom Kläger beantragt worden ist, wird ein Verhandlungstermin anberaumt.

In diesem erledigt der Gerichtshof sofort oder nach stattgehabtem

Beweisverfahren den Rechtsstreit durch Endurtheil. Die Verurtheilung erfolgt dabei in der Weise, dass der Verurtheilte die ihm auferlegte Zahlung binnen drei Tagen zu leisten hat.

Im Wechselprozesse ist die Appellation an die Königliche Tafel und von dieser an die Kurie binnen drei Tagen nach Zustellung des Urtheils ohne Einschränkung zulässig.

Die summarischen und Wechselprozesse haben durchweg einen schnellen Verlauf. Die Prozesse in Handelssachen pflegen höchstens fünf bis sechs Monate in Anspruch zu nehmen. Die allerdings erheblich längere Dauer der im ordentlichen schriftlichen Verfahren zu erledigenden Prozesse erklärt sich hauptsächlich daraus, dass die Durchführung des Beweisverfahrens in den meisten Fällen einen langen Zeitraum erfordert.[1]

e) Beweis und Beweismittel. Der Regel nach bedarf jede Thatsache, welche zur Begründung eines Anspruches oder eines Einwandes dienen soll, des Beweises, sofern sie vom Gegner bestritten wird. Beweislos gebliebene Anführungen dürfen im Prozesse nicht berücksichtigt werden. Eine gesetzliche Präsumtion befreit von der Beweislast; doch ist der Gegenbeweis zulässig. Wer sich auf eine ausländische Gesetzesbestimmung beruft, muss das Bestehen derselben eventuell beweisen. — Im Auslande ausgestellte Urkunden sind nur dann beweiskräftig, wenn erwiesen wird, dass sie nach den Gesetzen des Ausstellungsortes gleichfalls Beweiskraft besitzen.

Ist der Beweispflichtige ein Ausländer, so muss überdies dargethan werden, dass die Gerichte seines Staates auch den in Ungarn errichteten Urkunden Beweiskraft zuerkennen. Mit dem Deutschen Reiche, mit Frankreich, Italien, Portugal und Serbien sind Staatsverträge über die Legalisirung von Urkunden abgeschlossen, nach denen die beiderseitigen Konsuln, Vizekonsuln und Konsularagenten die Uebersetzung und Legalisirung der von den Behörden ihres Landes ausgehenden Urkunden jeder Art vorzunehmen haben.[2]

Was die einzelnen Beweismittel anbetrifft, so sind (abgesehen vom Wechselprozess) folgende zugelassen: 1. Zugeständniss, gleichviel ob es vor Gericht oder aussergerichtlich abgegeben wurde, 2. Urkunden, und zwar sowohl öffentliche wie Privaturkunden; 3. Augenschein; 4. Zeugen und Sachverständige; 5. Eid (Haupteid, Erfüllungseid, Schätzungseid, Offenbarungseid).

f) Die Rechtsmittel. Die zulässigen Rechtsmittel sind: Berufung, Rechtfertigung, Prozesserneuerung und Annullirungsklage.

1. Die Berufung (§ 25 Gesetzartikel 59 1881). Sie ist beim Gericht erster Instanz einzulegen und hat zwei Unterarten: a) die Appellation, b) den Rekurs.

a) Die Appellation. Sie ist zulässig: 1. gegen Urtheile erster Instanz; 2. gegen Urtheile zweiter Instanz, mit Ausnahme jener Fälle, in welchen eine Appellation durch das Gesetz ausdrücklich ausgeschlossen ist (§ 32 1 und 2); 3. gegen Bescheide, durch welche die Vorlegung

[1] Besondere Bestimmungen bestehen noch für den Bagatellprozess, von deren Mittheilung hier abgesehen werden kann.

[2] Betreffs der Staatsverträge vgl. S. 65.

gemeinschaftlicher, im Besitze des Gegners befindlicher Urkunden (§ 188 Gesetzartikel 54 1868) oder die Ableistung des Offenbarungseides (§ 238 ibid.) angeordnet oder entschieden wird, ob der einer gestorbenen Partei rechtskräftig auferlegte Eid von ihrem Rechtsnachfolger zu leisten oder als von dem Verstorbenen geleistet anzusehen sei (§ 244 ibid.) und noch in einigen anderen Fällen (§ 32, 3).

b) Der Rekurs. Gegen erstrichterliche Bescheide ist, sofern sie nicht nach den vorstehenden Ausführungen mit der Appellation anzufechten sind, oder sofern nicht, wie bei prozessleitenden Anordnungen des Gerichts, ein Rechtsmittel ausdrücklich ausgeschlossen ist, der Rekurs zulässig (§§ 51—53).

Nach § 54 ist er insbesondere „nicht ausgeschlossen“: 1. Gegen einen Bescheid, durch welchen in den ordentlichen Prozessen die Frage der richterlichen Zuständigkeit entschieden wurde, gleichviel ob der Einwendung Folge gegeben worden ist oder nicht; in den summarischen Prozessen jedoch nur gegen einen Bescheid, welcher der Einwendung Folge gegeben hat. 2. Gegen einen Bescheid, durch welchen das Gericht das Ansuchen um Einleitung des Verfahrens zurückweist, oder aber das im Laufe befindliche prozessualische Verfahren aufhebt oder sistirt. 3. Gegen einen Bescheid, durch welchen die Eingabe wegen Wiedereinleitung des sistirten Verfahrens zurückgewiesen wird. 4. Gegen einen Bescheid, durch welchen eine Geldbusse oder ein Arrest verhängt wird. 5. Gegen einen Bescheid, durch welchen die Ausfolgung eines gerichtlichen Deposites gestattet oder verweigert wird.

Der Rekurs hat in der Regel keine aufschiebende Wirkung, es sei denn, dass er im ordentlichen Verfahren gegen einen den Einwand der richterlichen Unzuständigkeit verwerfenden Bescheid gerichtet ist (§ 56).

„Wenn das Gericht zweiter oder dritter Instanz den Rekurs für gänzlich unbegründet findet, so ist Derjenige, welcher sich des Rekurses bedient hat, mit einer Geldbusse bis zu 500 Gulden zu bestrafen. Die Haftung für diese Geldbusse fällt, bei Aufrechthaltung des Regresses gegen die Partei, in erster Linie dem Advokaten zur Last“ (§ 60).

2. Die Rechtfertigung (LIX. Gesetzartikel v. J. 1881 §§ 61—68). Wer es versäumt hat, in einem Termine zu erscheinen, die Appellation in der gesetzlichen Frist einzureichen, eine Prozessschrift zu übergeben oder einen Eid zu leisten und glaubhaft zu machen vermag, dass ihn kein Verschulden an der Versäumung trifft, kann die Aufhebung der nachtheiligen Folgen der Versäumung durch Ueberreichung eines Rechtfertigungsgesuches beantragen. Das Gericht setzt alsdann zur Vernehmung des Gegners einen Termin an und entscheidet demnächst über das Gesuch mittelst Bescheides.

Das Rechtsmittel der Rechtfertigung muss innerhalb einer Frist von 15 Tagen eingelegt werden; die Frist beginnt mit dem Tage, an welchem die Versäumung eingetreten oder zur Kenntniss des Säumigen gelangt ist, oder an dem das Hinderniss, welches die Versäumung verursacht hat, gehoben wurde. Ist seit dem Tage des Eintretens der Versäumung ein halbes Jahr verstrichen, so kann das Rechtsmittel der Rechtfertigung nicht mehr eingelegt werden. Auch übt die Rechtfertigung auf den Fortgang des Verfahrens, den Eintritt der Rechtskraft und die Vollstreckbarkeit einer in

Folge der Versäumung ergangenen Entscheidung nur dann aufschiebende Wirkung, wenn sie innerhalb 15 Tagen nach der Versäumung selbst eingelegt wird.

3. Die Prozesserneuerung (LIX. Gesetzartikel v. J. 1881 §§ 69—73). Das Wesen dieses Rechtsmittels besteht darin, dass der durch rechtskräftiges Urtheil entschiedene Rechtsstreit einer wiederholten Verhandlung und Aburtheilung unterzogen wird, indem das ergangene Urtheil ausser Wirksamkeit tritt.

Die Prozesserneuerung kann nachgesucht werden: a) wenn eine Partei in dem Rechtsstreite nur deshalb unterlegen war, weil ihr Vertreter erhebliche Thatumstände in der vorgeschriebenen Zeit vorzubringen, oder in Abrede zu stellen unterlassen, oder ihm mitgetheilte erhebliche Beweismittel vorbringt, von denen er im früheren Verfahren keinen Gebrauch machen konnte; b) wenn die Entscheidung in Folge einer von dem Gegner oder einem Dritten begangenen strafbaren Handlung gefällt ist.

Die Frist für den Antrag auf Wiederaufnahme des Verfahrens ist im Falle a) eine halbjährige, im Falle b) und c) eine zehnjährige; sie beginnt mit dem Tage, an welchem das angefochtene Urtheil die Rechtskraft beschritten hat.

4. Die Annullirungsklage (LIX. Gesetzartikel vom J. 1881 § 39 g, i, k und § 50). Sie findet statt: a) wenn der Beklagte, obgleich sein Wohnort bekannt war, wegen unbekannten Aufenthaltes öffentlich geladen und zur Verhandlung nicht erschienen war, b) wenn ein zur Selbstvertretung nicht Berechtigter oder eine juristische Person ohne ihren gesetzlichen Vertreter als Kläger aufgetreten, oder als Beklagter geladen und dieser Mangel im Laufe des Prozesses nicht geheilt war, c) wenn Jemand eine Partei ohne Vollmacht vertreten und dieselbe nachträglich nicht beigebracht hatte. In allen diesen Fällen sind die Benachtheiligten berechtigt, beim Prozessgerichte binnen zehn Jahren nach dem Eintritte der Rechtskraft des aufzuhebenden Urtheils die Annullirungsklage anzustellen. Sie ist selbst nach Ablauf der zehnjährigen Frist zulässig, wenn das Urtheil erst später vollstreckt wurde; mnss aber alsdann binnen 30 Tagen, vom Tage der Vollstreckung an gerechnet, erhoben werden.

In Wechselsachen sind die angeführten Rechtsmittel gleichfalls zulässig, nur sind die Fristen durchweg kürzer normirt. Sie betragen: a) für die Appellation und den Rekurs drei Tage; b) für die Rechtfertigung, wenn ein Termin oder eine Eidesleistung versäumt war, drei Tage, beginnend am Tage nach Zustellung der in Folge der Versäumung ergangenen Entscheidung; wenn die Erhebung von Einwendungen gegen einen Zahlungsauftrag oder die Einreichung eines Eidesantretungsgesuches versäumt worden war, fünfzehn Tage von der Versäumung ab; c) Für die Prozesserneuerung drei Monate anstatt der sonst normirten halbjährigen Frist und drei Jahre, wo im Uebrigen zehn Jahre festgesetzt sind (siehe oben); d) für die Annullirungsklage drei Jahre.

III. Das Exekutionsverfahren.

Das Exekutionsverfahren ist, wie bereits in der Einleitung bemerkt, seit dem 1. Januar 1882 durch den LX. Gesetzartikel vom Jahre 1881 neu und einheitlich geregelt worden.

I. Allgemeine Bestimmungen. Die Exekution findet insbesondere statt:

1. Aus Endurtheilen (in Wechselsachen aus Zahlungsaufträgen), die entweder die Rechtskraft erlangt haben oder trotz der eingelegten oder zulässigen Appellation vollstreckbar sind. Dies ist der Fall: a) wenn sie vermögensrechtliche Ansprüche betreffen und der Gegenstand der Verurtheilung an Geld oder Geldeswerth 100 Gulden nicht übersteigt, b) wenn sie die Uebergabe oder Rückgabe von Sachen auf Grund eines Mieths- oder Pachtvertrages anordnen, c) wenn sie die Verpflichtung zur Entrichtung von Alimenten oder Lebensrenten aussprechen bezüglich derjenigen Renten, die für das letzte halbe Jahr vor der Klageerhebung und die Dauer des Prozesses selbst zu zahlen sind.

2. Aus Vergleichen, die vor den Civilgerichten geschlossen sind.

3. Aus Erkenntnissen ordnungsmässig konstituirter Schiedsgerichte und insbesondere der bei der Budapester Waaren- und Effektenbörse und in einigen anderen Städten bei den Produkten- und Getreidehallen bestehenden Spezialgerichte, sowie aus den vor ihnen geschlossenen Vergleichen.

4. Aus Notariatsurkunden, welche nach dem Notariatsgesetze vollstreckbar sind (§ 111 des Gesetzartikels XXXV v. J. 1874).

5. Aus Entscheidungen der Disziplinargerichte und Verwaltungsbehörden, die vom Gericht für vollstreckbar erklärt sind.

Die Exekution wird von den Gerichten angeordnet und ausgeführt, und zwar: a) in den unter 1. und 2. angeführten Fällen vom Prozessgericht; b) in den Fällen 3. und 4. von denjenigen Bezirksgerichten oder Gerichtshöfen, welche für die gerichtliche Geltendmachung des Anspruches zuständig sein würden; c) in den unter 5. erwähnten Fällen von denjenigen Bezirksgerichten oder Gerichtshöfen, in deren Bezirk die betreffenden Behörden ihren Sitz haben.

Die Ausführung der Exekutionen liegt seit dem 1. Januar 1872 den Gerichtsvollziehern ob, die vom Staat ernannt, vereidigt und bestimmten Gerichten zugewiesen werden.

II. Die Vollstreckung von Urtheilen ausländischer Gerichte. Die über die Vollstreckung von Urtheilen ausländischer Gerichte in dem Exekutionsgesetz von 1881 enthaltenen Bestimmungen entsprechen im Wesentlichen den §§ 660 und 661 der Civilprozess-Ordnung für das Deutsche Reich. Eine besondere Klage auf Erlass des Vollstreckungsurtheiles findet indessen nicht statt. Wer das Urtheil eines ausländischen Gerichtes zur Vollstreckung bringen will, hat ein darauf gerichtetes Gesuch bei demjenigen Gericht einzureichen, welches für Klagen gegen den Schuldner zuständig sein würde. Auf das Gesuch wird ein Termin zur Vernehmung des Gegners anberaumt. Das Gericht hat von Amtswegen zu prüfen, ob die Gegenseitigkeit verbürgt ist, was eventuell der Antragsteller zu beweisen hat. Ist dies der Fall, so darf das Gesuch nur zurückgewiesen werden: a) wenn das zu vollstreckende Urtheil nach dem Rechte des ausländischen Prozessgerichtes die Rechtskraft noch nicht erlangt hat; b) wenn durch die Vollstreckung eine Handlung erzwungen werden muss, welche nach ungarischen Gesetzen nicht erzwungen werden darf; c) wenn nach ungarischem Rechte die Gerichte des betreffenden Staates für den Erlass des zu vollstreckenden Urtheils nicht zuständig waren; d) wenn ein Versäumnissurtheil gegen einen Angehörigen des ungarischen Staates vollstreckt werden soll, der die Ladung vor das ausländische Gericht weder in dem betreffenden Staate in Person noch in Ungarn nach dem hier geltenden Rechte zugestellt erhalten hatte. Eine Prüfung der Gesetzmässigkeit der ergangenen Entscheidung hat das ungarische Gericht nicht vorzunehmen.

III. Exekution wegen Geldforderungen. 1. Exekution in das bewegliche Vermögen. Sie wird in folgender Weise bewirkt: Der Gerichtsvollzieher erscheint an dem Orte, wo die Mobilien des Schuldners sich befinden, und nimmt unter Beobachtung der vorgeschriebenen Förmlichkeiten ein Protokoll auf, in welches er die vorgefundenen Gegenstände und deren durch einen beeideten Taxator festgestellten Werth einträgt.

Durch diesen sogenannten Pfändungsakt erlangt der Gläubiger auf die „zusammengeschriebenen“ Gegenstände ein wirkliches Pfandrecht, obgleich dieselben noch weiter im Besitze des Schuldners verbleiben. Erfolgt von Seiten des Schuldners keine Zahlung, so findet an einem, vom Gerichtsvollzieher anberaumten Termine die zwangsweise Versteigerung der gepfändeten Sachen statt. Aus dem Erlöse wird der Gläubiger befriedigt, wenn nicht seitens eines Dritten Ansprüche auf vorzugsweise Befriedigung geltend gemacht werden. Dies kann geschehen auf Grund eines früher erworbenen oder eines sogenannten privilegirten — gesetzlichen — Pfandrechtes, wie es z. B. der Vermiether an den im vermietheten Lokale befindlichen Mobilien besitzt. Aus dem Pfändungsprotokolle muss ferner ersichtlich sein, ob dritte Personen auf die gepfändeten Gegenstände oder einen Theil derselben Eigenthumsansprüche zu haben behaupten oder nicht. Im ersteren Falle muss der Gerichtsvollzieher die angeblichen Eigenthümer schriftlich auffordern, ihre Rechte binnen 15 Tagen im Wege der Klage geltend zu machen, widrigenfalls die Mobilien veräussert und ihre Eigenthumsansprüche unberücksichtigt bleiben würden. Aber selbst wenn dem Gerichtsvollzieher keine Eigenthumsansprüche bestimmter Personen bekannt geworden sind, muss er die vorgenannte Aufforderung erlassen und durch Anheften an die Gerichtstafel bekannt machen. Zuständig für die Klage ist das Gericht, welches die Exekution vollzogen hat. Die in der fünfzehntägigen Frist erhobene Klage verhindert den Fortgang der Exekution; insbesondere dürfen die Pfandstücke vor Beendigung des Prozesses nicht verkauft werden. Die Bestimmungen über die Sachen bezw. Eorderungen des Schuldners, welche der Pfändung nicht unterworfen sind, stimmen fast durchweg mit den §§ 715 bez. 749 der deutschen Civilprozess-Ordnung überein. 2. Die Exekution in unbewegliche Sachen. Die Exekution in unbewegliche

Sachen wird gleichfalls vom Prozessgerichte angeordnet, welches zunächst das zuständige Grundbuchgericht, in dessen Bezirk das gepfändete Grundstück belegen ist, um Vollziehung des Beschlusses ersucht. Das Grundbuchgericht hat dem Ersuchen zu entsprechen, sofern nicht aus dem Grundbuche sich Bedenken ergeben, z. B. wenn der Schuldner gar nicht als Eigenthümer eingetragen ist, in welchem Falle es das ersuchende Gericht und die Parteien zu benachrichtigen hat.

Das weitere Verfahren gestaltet sich wie folgt:

Das Grundbuchgericht lässt durch seine Kanzlei im Grundbuchprotokolle des gepfändeten Grundstücks das exekutive Pfandrecht für den Gläubiger in Höhe seiner Forderung „einverleiben". War für die beizutreibende Forderung schon früher im Grundbuche ein Pfandrecht eingetragen, so ist zu vermerken, dass das Pfandrecht nunmehr ein exekutives geworden sei.

Sobald seit der Zustellung des die obenerwähnte Eintragung anordnenden Beschlusses an den „Exekuten" eine Frist von 15 Tagen verstrichen ist, steht es dem Gläubiger frei, bei dem Grundbuchgerichte die Versteigerung des Grundstückes zu beantragen. Das nur in einem Exemplare einzureichende Gesuch muss das betreffende Grundstück sowie die beizutreibende Forderung mit den Nebengebühren (Zinsen, Prozess- und Exekutionskosten) genau bezeichnen, und ausserdem auch die Daten zur Feststellung des Ausrufspreises und einen Entwurf der Veräusserungsbedingungen enthalten.

Den Ausrufspreis bildet bei gewissen Gattungen von Grundstücken der zweihundertfache, bei anderen der einhundertfache Betrag der staatlichen Jahressteuer. Bei steuerfreien Grundstücken wird der Ausrufspreis auf Grund einer Taxe festgestellt.

Im Termine wird das Grundstück an den Meistbietenden, jedoch eventuell auch unter dem Ausrufspreise zugeschlagen. Indessen ist Jedermann befugt, innerhalb 15 Tagen nach stattgehabter Versteigerung bei dem Gerichte unter folgenden Bedingungen ein Nachtragsgebot einzureichen:

1. Die Unterschrift muss gerichtlich oder notariell beglaubigt sein.

2. Der nachträgliche Bieter muss dem Gesuche das in den Veräusserungsbedingungen festgestellte Reugeld und die von ihm zu tragenden neuen Feilbietungskosten beifügen.

3. Das Nachtragsgebot muss das im stattgehabten Termine abgegebene höchste Gebot mindestens um den zehnten Theil übersteigen.

Sind diese Bedingungen erfüllt, so setzt das Grundbuchsgericht die erste Veräusserung ausser Kraft und ordnet einen neuen Versteigerungstermin an. In diesem gilt das Nachtragsangebot als Ausrufspreis, unter dem nicht geboten werden darf. Wird kein höherer Preis geboten, so gilt der Nachtragsbieter als Ersteher des Grundstücks.

Ist ein dem Schuldner zustehendes Niessbrauchsrecht an einer unbeweglichen Sache gepfändet, so wird vom Grundbuchgericht die exekutive Beschlagnahme — Sperre — desselben angeordnet und ein Sequester ernannt. Die inventarische Uebergabe der dem Niessbrauche unterworfenen Sache an den Sequester und dessen Einführung geschieht durch einen Gerichtsvollzieher oder ein darum ersuchtes Bezirksgericht. Das Grundbuchgericht entscheidet, ob der Sequester die Pfandobjekte selbst verwalten oder in Pacht geben solle. — Die durch den Kurator eingesammelten Einkünfte dienen zur Befriedigung des Gläubigers. —

IV. Exekution zur Erzwingung der Herausgabe von Sachen, von Handlungen, Unterlassungen etc. Das ungarische Exekutionsgesetz löst die Schwierigkeiten dieser Exekutionsgattungen, indem es dem Exekutionsführer die Möglichkeit bietet, seinen ursprünglichen Anspruch schon während der Exekutionsführung in eine Geldforderung umzuwandeln.

V. Die Exekution zur Sicherstellung und die Sequestration. Der Kläger ist berechtigt, bei Ueberreichung der Klage oder während des Prozesses gegen den Beklagten die Anordnung der Exekution zur Sicherstellung des Forderungsbetrages zu beantragen. Das Gericht muss dem Gesuche entsprechen:

1. Wenn der Kläger das Bestehen und die Fälligkeit der Klageforderung durch Ueberreichung einer öffentlichen oder einer beweiskräftigen Privaturkunde, insbesondere eines gültigen Wechsels, nachweist und glaubhaft macht, dass die Forderung beim Beklagten gefährdet ist. 2. Wenn der Beklagte in erster Instanz unbedingt verurtheilt worden ist, aber gegen das Urtheil appellirt hat; endlich 3. in Wechselsachen, wenn der Beklagte gegen den wider ihn erlassenen Zahlungsauftrag Einwendungen erhoben hat.

Die angeordnete Exekution zur Sicherstellung tritt ausser Kraft, wenn sie nicht binnen 30 Tagen vollzogen wird.

Die Fälle der Sequestrationsanordnung sind mannigfach und im Gesetze speziell aufgeführt. Sie erfolgt zum Schutze gegen drohende Rechtsverletzung, und zwar in der Weise, dass die Verfügung über eine Sache, oder die Ausübung eines Rechtes einem gerichtlich bestellten Sachwalter übertragen wird.

IV. Das Konkursverfahren.

Das Konkursgesetz (XVII. Gesetzartikel v. J. 1881) unterscheidet den gewöhnlichen und den kaufmännischen Konkurs.

Für die Eröffnung des Konkursverfahrens ist der Gerichtshof zuständig, in dessen Bezirk der Gemeinschuldner seinen Wohnsitz, oder seine Handelsniederlassung hat. In Budapest und Umgegend gehören die Konkurse von protokolirten Kaufleuten, Handels- und Aktiengesellschaften vor das Budapester Handels- und Wechselgericht.

Besonders hervorzuheben ist: a) Der Absender von Waaren, welche erst nach der Konkurseröffnung an den Gemeinschuldner oder Masseverwalter gelangt sind, ist, wenn er wegen des Kaufpreises noch nicht vollständig befriedigt war, berechtigt, die Rückgabe der Waaren zu verlangen. Der Verwalter ist aber befugt, sie gegen Zahlung des Preises zu behalten.

b) Gewisse, vor der Konkurseröffnung vorgenommene Rechtshandlungen können, als den Konkursgläubigern gegenüber unwirksam, binnen sechs Monaten nach der Eröffnung des Konkurses vom Verwalter angefochten werden. Anfechtbar sind insbesondere: 1. Alle Rechtsgeschäfte, welche der Gemeinschuldner nach dem Antrage auf Eröffnung des Konkurses oder — bei Kaufleuten — nach der Zahlungseinstellung geschlossen hat, wenn durch dieselben die Konkursgläubiger geschädigt worden sind und der andere Theil, als er das Geschäft einging, von dem Eröffnungsantrage oder der Zahlungseinstellung Kenntniss hatte, sowie jede innerhalb des oben erwähnten Zeitraumes vorgenommene Rechtshandlung, durch welche ein Konkursgläubiger Zahlung oder Sicherstellung erlangt hat, wenn er bei Annahme derselben von dem Eröffnungsantrage oder der Zahlungseinstellung Kenntniss hatte. 2. Die in den letzten 15 Tagen vor dem Eröffnungsantrage oder der Zahlungseinstellung vorgenommenen Rechtshandlungen des Gemeinschuldners, durch welche er einem Gläubiger Zahlung oder Sicherheitsleistung gewährte, auf welche dieser noch kein Recht hatte. 3. Die in den letzten zwei Jahren vor der Konkurseröffnung vorgenommenen Rechtshandlungen, durch welche der Gemeinschuldner einer Erbschaft entsagt, ein Vermächtniss ausgeschlagen oder Vermögensübertragungen ohne entsprechende Gegenleistung vollzogen hat; ferner die Verträge, welche er mit seinem Ehegatten, mit seinen oder seines Ehegatten Verwandten in auf- und absteigender Linie, mit seinen oder seines Ehegatten Voll- und Halb-Geschwistern oder dem Ehegatten einer dieser Personen geschlossen hat, vorausgesetzt, dass die Konkursgläubiger durch diese Verträge geschädigt worden sind und der andere Theil nicht nachzuweisen vermag, dass er von der Absicht des Gemeinschuldners, seine Gläubiger zu benachtheiligen, keine Kenntniss hatte.

c) Die Kompensation gegenüber der Konkursmasse ist der Regel nach in den Fällen, in welchen sie nach den bestehenden Gesetzen überhaupt Platz greift, auch im Konkursverfahren zulässig. Sie wird dadurch nicht ausgeschlossen, dass die aufzurechnende Forderung betagt oder bedingt ist.

Der zur Kompensation berechtigte Gläubiger braucht seine Forderung im Konkursverfahren nicht geltend zu machen.

Die Kompensation ist aber unzulässig: 1. wenn Jemand vor oder nach Eröffnung des Konkurses eine Forderung an den Gemeinschuldner erworben hat und nach der Eröffnung Schuldner der Masse geworden ist; 2. wenn Jemand vor der Konkurseröffnung dem Gemeinschuldner etwas schuldig war und nach derselben eine Forderung an den Gemeinschuldner erworben hat, auch wenn die Forderung schon vor der Eröffnung zu Gunsten eines anderen Gläubigers bestanden hatte; 3. wenn Jemand vor der Konkurseröffnung dem Gemeinschuldner etwas schuldig war und eine Forderung an den Gemeinschuldner durch ein mit ihm selbst oder einem seiner Gläubiger geschlossenes Rechtsgeschäft erworben hat, wenn er zur Zeit des Erwerbes wusste, dass der Gemeinschuldner seine Zahlungen eingestellt hatte oder die Eröffnung des Konkurses beantragt war.

d) Pfandgläubiger und Retentionsberechtigte brauchen sich an dem Konkursverfahren nur zu betheiligen, um für den Fall, dass sie aus dem Pfand- oder Retentionsobjekte keine volle Befriedigung erlangen, den Ausfall als Konkursforderung geltend zu machen.

e) Die Vertheilung der Masse unter die Konkursgläubiger geschieht nicht gleichmässig, sondern nach drei Klassen, die einander ausschliessen. Alle Forderungen, die nicht ausdrücklich einer anderen Klasse zugewiesen sind, gehören in die zweite Klasse. In die erste sind nur einzureihen: 1. Die Dienstbezüge und Arbeitslöhne der Angestellten des Gemeinschuldners für das letzte Jahr vor der Konkurseröffnung und für die Kündigungsfrist, Kur- und Beerdigungskosten des verstorbenen Gemeinschuldners, wenn sie nicht über ein Jahr geschuldet werden, sowie Steuern, Zölle und öffentliche Abgaben für die letzten drei Jahre; 2. die Forderungen der Minderjährigen und Pflegebefohlenen aus der Verwaltung ihres Vermögens durch den Vater, Vormund oder Kurator. — Das Vorrecht wird nicht gewährt, wenn die Forderungen nicht binnen zwei Jahren nach Beendigung der Vermögensverwaltung gerichtlich geltend gemacht worden sind.

In die dritte Klasse gehören die Zinsen und die vor der Eröffnung fällig gewordenen Raten der in wiederkehrenden Zeiträumen zu leistenden Zahlungen, soweit sie über drei Jahre vor der Eröffnung ausständig sind. Soweit dies nicht der Fall ist, sind sie in die dem Kapital selbst gebührende Klasse einzureihen.

Das Verfahren gestaltet sich in folgender Weise:

Der Konkurs wird nur eröffnet, wenn der Schuldner selbst oder ein Gläubiger die Eröffnung beantragt. Ist der Schuldner ein Kaufmann, eine Handels-, Kommandit- oder Aktien-Gesellschaft, so hat der Gläubiger dem Gericht glaubhaft zu machen, dass der Schuldner seine Zahlungen eingestellt habe. Bei Nichtkaufleuten wird der Konkurs im Falle der Vermögensunzulänglichkeit eröffnet.

Das vom Gericht eröffnete Konkursverfahren umfasst das gesammte (auch im Auslande) befindliche bewegliche Vermögen des Gemeinschuldners sowie dessen unbewegliches Vermögen, soweit es sich in Ungarn im engeren Sinne (nicht in Kroatien, Slavonien u. s. w.) befindet.

Wenn also der ungarische Gemeinschuldner im Auslande bewegliches Vermögen besitzt, wird das inländische Konkursgericht dieses in das Verfahren einschliessen. Dagegen wird es, sofern die Gegenseitigkeit verbürgt ist, über das in seinem Bezirk befindliche bewegliche Vermögen eines ausländischen Gemeinschuldners keinen besonderen Konkurs eröffnen, sondern dasselbe dem ausländischen Konkursgerichte zur Verfügung stellen. Nur der dem Geschäftsbetriebe in Ungarn dienende Geschäfts- und Sicherheitsfonds[1] ausländischer Aktiengesellschaften unterliegt einem besonderen Konkursverfahren vor dem ungarischen Gericht.

Das den Konkurs eröffnende Gericht ordnet die sofortige Inventarisirung des Vermögens des Gemeinschuldners an, ernennt aus den Mitgliedern des Gerichtes einen Konkurskommissar und aus der Reihe der Advokaten einen

[1] Nach dem ungarischen Handelsgesetze (§§ 453. 461) darf keine Versicherungsgesellschaft den Geschäftsbetrieb in Ungarn beginnen, bevor sie für jeden Zweig der von ihr beabsichtigten Versicherungsgeschäfte einen wirklich eingezahlten, mindestens 100,000 Fl. betragenden Sicherheitsfonds nachweist. Ausländische Versicherungsgesellschaften müssen, wenn ihnen der Geschäftsbetrieb in Ungarn gestattet werden soll, derselben Bedingung entsprechen.

Masseverwalter. Es erlässt ferner ein Aufforderungsedikt, dessen Inhalt das Gesetz genau vorschreibt. Insbesondere muss dasselbe enthalten:

1. Die Frist zur Anmeldung der Forderungen,
2. die Liquidationstagsatzung (Prüfungstermin),
3. einen Termin zur Wahl des Gläubigerausschusses; die drei Termine finden nach einander statt. Die Anmeldung einer Forderung muss in einer, an das Konkursgericht gerichteten in ungarischer Sprache abgefassten und in zwei gleichen Exemplaren einzureichenden Eingabe geschehen. Die Eingabe muss den Namen und Wohnort des anmeldenden Gläubigers und den Rechtsgrund der Forderung, sowie die Beweismittel enthalten. Sofern dieselben in Urkunden bestehen, müssen dieselben und zwar dem einen Exemplare im Original, dem anderen in Abschrift beigefügt werden. Endlich muss die Eingabe die Bitte ausdrücken, dass die angemeldete Forderung als liquid anerkannt und der für sie in Anspruch genommenen Klasse zugewiesen werde.

Dem Gläubiger ist gestattet, mehrere Forderungen, selbst wenn sie aus verschiedenen Rechtsgründen herrühren, in einer Eingabe anzumelden. Etwaige formale Mängel derselben können im Prüfungstermine beseitigt werden.

Das Gericht erledigt die Anmeldungseingabe in der Weise, dass es das eine Exemplar mit den Originalurkunden dem Konkurskommissar, das andere mit den beigefügten Abschriften dem Verwalter zustellen lässt.

Konkurskommissar und Verwalter wirken durch die im Gesetz vorgeschriebenen Mittel zusammen, um bis zum Prüfungstermine den wahren Stand der Konkursmasse (Aktiva und Passiva) festzustellen; insbesondere muss sich der Verwalter von jeder angemeldeten Forderung durch Prüfung der Beweismittel, Einsichtnahme in die Bücher und die sonstigen schriftlichen Aufzeichnungen des Gemeinschuldners und Vernehmung des Letzteren selbst Gewissheit verschaffen, ob er sie als liquid anerkennen soll oder nicht.

Nach Ablauf der Anmeldefrist fertigt der Verwalter eine tabellarische Zusammenstellung der angemeldeten Forderungen an, und zwar für jede der drei Klassen eine besondere Zusammenstellung. Der Konkurskommissar hat dieselbe zu prüfen und eventuell richtig zu stellen.

In dem unter Leitung des Konkurskommissars stattfindenden Prüfungstermine, dem der Gemeinschuldner beizuwohnen hat, der aber auch bei seinem Ausbleiben abgehalten wird, werden die angemeldeten Forderungen der Reihe nach erörtert, ohne Rücksicht darauf, ob der betreffende Gläubiger erschienen ist oder nicht. — Zunächst muss sich der Verwalter erklären, ob er die angemeldete Forderung und die von dem Gläubiger in Anspruch genommene Klassifizirung anerkenne oder anfechte. Im letzteren Falle muss er die Anfechtung motiviren. Aber auch jedem Gläubiger, dessen Forderung bereits anerkannt oder wenigstens in dem vom Gemeinschuldner vorgelegten Vermögensverzeichnisse aufgeführt ist, steht es frei, die zur Prüfung stehende Forderung an sich oder nur hinsichtlich der für sie beanspruchten Klassifizirung anzufechten.

Ueber die Verhandlung wird ein Protokoll aufgenommen, in welches das Ergebniss der Prüfung der einzelnen Forderung eingetragen wird; dies Ergebniss wird auch in der Tabelle jedesmal vermerkt. Der Prüfungstermin wird — eventuell am nächsten Tage — so lange fortgesetzt, bis sämmtliche angemeldete Forderungen zur Erörterung gelangt sind.

Jeder Gläubiger, dessen Forderung nicht angefochten wurde, ist berechtigt vom Konkurskommissar die Rückgabe der bei der Anmeldung überreichten Urkunden zu fordern, sowie dass auf den letzteren die anerkannte Forderung sammt den Nebengebühren, sowie die bewilligte Klassifizirung ersichtlich gemacht werden. Er hat ferner das Recht, einen beglaubigten Auszug aus dem Protokolle vom Konkurskommissar zu verlangen. Ein solcher Auszug hat, wenn aus demselben ersichtlich ist, dass der Gemeinschuldner gegen die Forderung keine Einwendung erhoben hatte, dem letzteren gegenüber nach Beendigung des Konkurses die Kraft eines vollstreckbaren gerichtlichen Vergleiches.

Die angefochtenen Forderungen werden auf den Rechtsweg verwiesen. Der Gläubiger muss alsdann die Klage gegen diejenigen richten, welche seine Forderungen im Prüfungstermine bestritten hatten. Eine Präklusivfrist für Ueberreichung der Klage ist nicht vorgeschrieben; jedoch muss sie erfolgt und dem Konkurskommissar glaubhaft mitgetheilt sein, sobald der Vertheilungsplan vorgelegt wird, weil in diesem die Forderung sonst nicht berücksichtigt werden darf.

Auch nach dem Ablaufe der Anmeldefrist können Gläubiger ihre Forderungen anmelden, so lange der Vertheilungsplan noch nicht überreicht ist; sie müssen aber die Kosten des neuen Prüfungstermines tragen, die eventuell nicht gering sind, da sämmtliche Gläubiger in demselben erscheinen dürfen und die dafür angemessene Entschädigung zu beanspruchen haben.

Bis zum Prüfungstermine muss sich die Verwaltung in der Regel auf die Ermittelung, Sicherstellung und vorläufige Nutzbarmachung der Masse, sowie auf die Beitreibung ausstehender Forderungen beschränken. Für jede wichtigere Verfügung ist die Genehmigung des Konkursgerichtes erforderlich. Nach Abhaltung des Prüfungstermins erhalten die Gläubiger das Recht, das Konkursvermögen durch den Verwalter und den Gläubigerausschuss selbstständig zu verwalten und zu verwerthen.

Die Verantwortlichkeit des Verwalters und des Gläubigerausschusses ist eine sehr strenge. Insbesondere hat die Verwaltung für die möglichst rasche Verwerthung der Masse Sorge zu tragen. Mit der Vertheilung der Masse darf nicht bis zu ihrer vollständigen Realisirung gewartet werden; sie hat vielmehr zu erfolgen, sobald der allgemeine Prüfungstermin abgehalten und ein genügender Betrag baaren Geldes vorhanden ist. Dabei werden zuerst die Konkurskosten gedeckt und demnächst die Gläubiger klassenweise in Gemässheit des Vertheilungsplanes befriedigt.

Diejenigen Quoten, welche auf nicht anerkannte und im Prozess befindliche Forderungen entfallen, werden hinterlegt.

Das Konkursverfahren schwebt nur so lange, als eine entsprechende

Masse vorhanden ist. Sobald sich ergiebt, dass dies nicht mehr der Fall ist, muss das Verfahren eingestellt werden.

Das Verfahren wird gleichfalls eingestellt, wenn sämmtliche Konkurs- und Masse-Gläubiger, zu welch letzteren auch der Verwalter gehört, in die Aufhebung willigen.

Was den Zwangsausgleich betrifft, so sei zunächst hervorgehoben, dass sich die Wirksamkeit desselben auch auf diejenigen Gläubiger des Gemeinschuldners erstrekt, die ihre Forderungen im Konkurse gar nicht angemeldet oder dem Ausgleich nicht zugestimmt haben. Der angenommene Zwangsausgleich bedarf der Bestätigung des Konkursgerichtes. Wenn der Gemeinschuldner den Konkursgläubigern nicht mindestens 40 Prozent ihrer Forderungen bietet, kann er überhaupt keinen Zwangsausgleich vorschlagen. Bedingung für das Zustandekommen des Zwangsausgleiches ist ferner, dass ihm von den im Vergleichstermin erschienenen Gläubigern mindestens zwei Drittel zustimmen, und das der Gesammtbetrag ihrer Forderungen mindestens vier Fünftel der angemeldeten und anerkannten Forderungen ausmacht.

In gewissen im Gesetz speziell bezeichneten Fällen ist der Zwangsausgleich unzulässig. So insbesondere im Falle der Flucht des Gemeinschuldners und während einer Anklage wegen betrügerischen Bankerotts. Ferner wenn der Gemeinschuldner ein Kaufmann ist und keine gehörige Bilanz vorgelegt oder seine Bücher nicht regelrecht geführt hat; sonst wenn der Gemeinschuldner das Verzeichniss seines Vermögens dem Gericht vorzulegen unterlassen, oder die Richtigkeit desselben zu beschwören sich weigerte; oder wenn nachgewiesen wird, dass der Gemeinschuldner, um die erforderliche Mehrheit zu erlangen, einem oder mehreren Gläubigern eine über die allgemein angebotene Quote hinausgehende Zahlung geleistet oder zu leisten sich verpflichtet hat.

Die Strafbestimmungen des ungarischen Konkursrechtes sind von besonderer Strenge; sie finden sich teils in dem allgemeinen seit 1880 geltenden Strafgesetzbuche (§§ 414 ff. des Gesetzartikels V vom J. 1878 „betrügerisches“ und „schuldbares Falliment“), theils in der zu Beginn dieses Abschnittes erwähnten Konkursordnung (§§. 265 ff. Anmeldung fingirter Forderungen, Stimmenkauf etc.).

V. Das Vormundschafts- und Nachlasswesen.

Das Vormundschafts- und Nachlasswesen ist durch den XX. Gesetzartikel v. J. 1877 den Gerichten nahezu gänzlich entzogen und sebstständig organisirten Behörden zugewiesen, welche „Waisenstühle“ heissen. Sie üben in den unten bezeichneten Angelegenheiten richterliche Funktionen und vollziehen ihre Entscheidungen entweder selbst oder ersuchen darum die ordentlichen Gerichte.

In jeder Stadt mit eigenem Magistrate fungirt ein solcher „Waisenstuhl“; für die übrigen Orte besteht am Sitze des Komitates (Kreises), zu welchem sie gehören, ein Komitatswaisenstuhl. Jeder Waisenstuhl ist mit einem Präsidenten, mindestens zwei Waisenstuhlbeisitzern und einem Notar besetzt. Die Waisenstühle sind in ihren Bezirken unter Ausschliessung der Gerichte als Vormundschafts- und Kuratelbehörden thätig. Sie fungiren ferner als Nachlassbehörden, wenn bei einem Nachlass Minderjährige[1] oder unter Kuratel stehende Grossjährige als Erben betheiligt sind.

Die ordentlichen Gerichte haben nur einzelne Akte vorzunehmen z. B. Eröffnung und Publizirung der Testamente, die Verfügung, dass wegen streitiger Erbansprüche der Rechtsweg zu beschreiten ist, und die Anordnung von Eintragungen im Grundbuch, falls Grundstücke zum Nachlass gehören. Falls ein Theil der bekannten grossjährigen Erben unbekannten Aufenthaltes ist, bestellt der Waisenstuhl zur Verwaltung der Erbschaft des abwesenden Erben einen Kurator.

Für die Verlassenschaftsabhandlung selbst sind folgende Bestimmungen zu beachten: Einer Erklärung über den Antritt der Erbschaft bedarf es nicht; der testamentarisch berufene oder gesetzliche Erbe erwirbt sie vielmehr beim Ableben des Erblassers von selbst. — Die Entsagung einer Erbschaft ist an keine Frist gebunden, sie ist an dasjenige Gericht zu richten, welches für eine etwaige Nachlassregulirung zuständig wäre. Für Verpflichtungen des Erblassers haften die Erben nur soweit der Nachlass reicht. Sie sind, falls nicht minderjährige oder in unbekannter Abwesenheit lebende Miterben vorhanden sind, berechtigt, ohne Mitwirkung einer Behörde den Nachlass in Besitz zu nehmen und unter sich zu theilen (vgl. Nachtrag fol. 6). Eine Intervention des Gerichts findet demnach, abgesehen von den bereits erwähnten Fällen nur statt: 1. wenn die Erben unbekannt sind, oder wenn überhaupt kein Erbe existirt; 2. wenn die grossjährigen Erben sich über die Theilung des Nachlasses nicht einigen können und auch nur einer von ihnen die Intervention des Gerichtes anruft.

Wenn einer oder mehrere der vermutheten Erben Ausländer sind, muss stets eine förmliche Verlassenschaftsabhandlung stattfinden. Auch werden von Amts wegen die zur Sicherstellung des Nachlasses erforderlichen Maassregeln getroffen.

Die Kosten der Regulirung eines Nachlasses bestehen in den Gebühren der damit beauftragten behördlichen Person, in den Kosten der Inventarisirung und der etwaigen Versteigerung der Masse. Die sämmtlichen Kosten werden von der Verlassenschaftsabhandlungsbehörde bestimmt und aus dem Nachlasse selbst bestritten. Zur Vorstreckung dieser Kosten sind die Erben nicht verpflichtet.

Ausserdem wird eine Erbschaftssteuer erhoben, welche je nach dem näheren oder entfernteren Grade der Erben verschieden hoch normirt ist. Wenn die Erben mit dem Erblasser gar nicht verwandt sind, beträgt sie zehn Prozent, es sei denn, dass sie im Dienste des Erblassers standen und

[1] Die Grossjährigkeit tritt, ohne Unterschied des Geschlechtes, mit Vollendung des 24. Lebensjahres ein. Frauenspersonen werden auch schon vorher mit ihrer Verheirathung grossjährig und behalten dieses Recht bei, auch wenn vor Vollendung des 24. Lebensjahres die Ehe durch Tod oder Scheidung gelöst wird. Minderjährige, die das 18. Lebensjahr zurückgelegt haben, können durch den zuständigen Waisenstuhl grossjährig gesprochen werden.

das Erbtheil oder Vermächtniss in einer den jährlichen Betrag von 50 Fl. nicht übersteigenden Rente oder in einem den Betrag von 500 Fl. nicht übersteigenden Kapitale besteht, in welchen Fällen nur $1^3/_{10}$ Prozent zu entrichten sind. Für die Sicherstellung der Erbsteuer muss die Verlassenschaftsabhandlungsbehörde von Amtswegen Sorge tragen.

VI. Advokaten und Notare.

Durch den XXXIV. Gesetzartikel v. J. 1874, die jetzt geltende Advokatenordnung, sind in Ungarn vom 1. Januar 1875 ab Advokatenkammern eingeführt worden. Es bestehen deren im Ganzen 28 mit räumlich abgegrenzten Bezirken.

Kein Advokat wird zur Ausübung der Praxis zugelassen, wenn er nicht Mitglied der Advokatenkammer ist, in deren Bezirke er seinen Wohnsitz hat.

Jede Kammer steht unter der Leitung eines von den Mitgliedern gewählten Präsidenten, dem ein ebenfalls aus Wahlen hervorgegangener Ausschuss zur Seite steht. Die Kammer hat die Wahrung der Standesehre der ihr angehörigen Advokaten zu überwachen und übt eine ausgiebige Disziplinargewalt über ihre Mitglieder.

Eine Gebührenordnung für die Anwälte giebt es nicht. Die Partei, die eine vorgelegte Gebührenrechnung beanstandet, ist berechtigt, sie dem Gerichte zur Revision und Ermässigung vorzulegen. In Prozessen müssen im Urtheil die Gebühren der Vertreter ihren eigenen Parteien gegenüber festgestellt werden. Diese Gebühren werden in den meisten Fällen für den Advokaten äusserst niedrig normirt. Ohne die Stempel- und Urtheilsgebühren würden die Prozesskosten in Ungarn sehr gering sein und selbst mit denselben müssen sie als mässig bezeichnet werden. Eine Konkursanmeldung z. B. bewirkt jeder Anwalt ohne Rücksicht auf die Höhe der Forderung für fünf Gulden, den Prüfungstermin nimmt er für denselben Betrag wahr; der Stempel beträgt in beiden Fällen je 50 Kreuzer.

Das Institut der Notare besteht auf Grund des XXXV. Gesetzartikels vom Jahre 1874 seit dem 1. Mai 1875.

Der notariellen Beurkundung bedürfen:

a) Rechtsgeschäfte unter Ehegatten, durch welche sie gegen einander Verpflichtungen übernehmen, insbesondere Verträge zur Regelung ihrer gegenseitigen Vermögensverhältnisse (Ehepakten), Kauf-, Tausch-, Leih- und Lebensrenten-Verträge; b) Schenkungsverträge unter Ehegatten, wenn der geschenkte Gegenstand nicht übergeben wird; c) Bestätigungen über die eingebrachten Güter der Ehefrau, selbst wenn sie nicht zu Gunsten der letzteren, sondern einer dritten Person erfolgen; d) Rechtsgeschäfte, welche Blinde, des Lesens unkundige Taube, des Schreibens unkundige Stumme und Taubstumme schliessen.

Auch die Notare sind in Notariatskammern vereinigt. Es bestehen ihrer im Ganzen zehn, die analog den Advokatenkammern organisirt sind und wie diese die Disziplinargewalt über ihre Mitglieder ausüben.

B. Abweichende Verhältnisse in Kroatien, Slavonien und den dazu gehörigen Ländern.

Die Gerichte erster Instanz bilden entweder die mit Einzelrichtern besetzten „Bezirksgerichte“, oder die kollegialisch entscheidenden „Komitatstafeln“.

In zweiter Instanz entscheidet die königliche Banaltafel in Agram. Als oberster Gerichtshof fungirt die königliche Septemviraltafel in Agram.

Die Regel, dass das mündliche Verfahren bei den Einzelgerichten, das schriftliche dagegen bei Komitatstafeln zur Anwendung kommt, wird nicht streng festgehalten; vielmehr kann das mündliche Verfahren auch bei den letzteren stattfinden.

Der Einwand der Unzuständigkeit muss im schriftlichen Verfahren in der ersten Hälfte der Einredefrist erhoben werden. Das Gericht hat hierauf einen Verhandlungstermin anzuberaumen, und der weitere Fortgang des Prozesses wird bis zur rechtskräftigen Entscheidung des Kompetenzeinwandes unterbrochen.

Die sogenannten „Satzschriften“ (Einrede, Replik, Duplik), für deren Einreichung gesetzliche Fristen nicht bestehen, werden nach Festsetzung der Frist für die Ueberreichung der folgenden Prozessschrift und wenn der Schriftenwechsel bereits geschlossen, mit der Bestimmung des Termines zur Inrotulirung der Satzschriften den Parteien zurückgestellt. In diesem Termine überreichen die Parteien die ersten Exemplare der Prozessschriften als Anlagen zum Inrotulirungsprotokolle.

Die Rechtsmittel (Appellation, Rekurs) sind ohne Rücksicht auf den Gegenstand des Prozesses und auf das Verfahren bis zur dritten Instanz zulässig. Das gegen die Entscheidung der zweiten Instanz an die dritte gerichtete Rechtsmittel heisst „Revision“, und wenn es gegen zwei gleichlautende Erkenntnisse eingelegt ist, „ausserordentliche Revision“.

Im Wechselprozess sind wesentliche Abweichungen von dem ungarischen Verfahren nicht vorhanden; hervorzuheben ist nur, dass Einschränkungen der Beweismittel hier nicht bestehen; es ist also auch der Beweis durch den Haupteid wie im ordentlichen Verfahren zulässig.

Urtheile ausländischer Gerichte werden, sofern nicht für einzelne Staaten besondere Vorschriften bestehen, nach § 550 der kroatischen Civilprozess-Ordnung unter folgenden Voraussetzungen vollstreckt: 1. Der fremde Richter muss nach allgemeinen Rechtsgrundsätzen in dieser Sache die Gerichtsbarkeit auszuüben berechtigt sein, worüber in zweifelhaften Fällen von ihm selbst, oder von dem Exekutionsführer die erforderliche nähere Aufklärung verlangt werden kann. Das Urtheil muss 2. im Originale vorgelegt werden und die Rechtskraft desselben entweder durch das Ersuchschreiben des auswärtigen Richters, oder, wenn das Exekutionsgesuch von der Partei selbst angebracht wird, durch ein Amtszeugniss desselben Gerichtes (die Vollstreckungsklausel) bestätigt sein. 3. Die Exekution kann nur insofern stattfinden, als von den Gerichtsbehörden des Landes, worin das Urtheil geschöpft worden ist, auch die Erkenntnisse hiesiger Gerichte mit gleicher Willfährigkeit in Vollzug gesetzt werden, welches jedoch, so lange man daran zu zweifeln keinen besonderen Grund hat, zu vermuthen ist.

Bei der Zwangsvollstreckung in unbewegliche Sachen werden zwei Versteigerungstermine angesetzt. In dem ersteren darf das Grundstück unter dem durch Schätzung festgestellten Werthe nicht veräussert werden; im zweiten Termin wird es auch unter dem Schätzungswerthe dem Meistbietenden zugeschlagen. Ein Nachtragsangebot ist unzulässig.

Vom Konkursverfahren ist zu bemerken, dass jeder Konkursgläubiger seine Forderung unbedingt vor Ablauf der Anmeldefrist anzumelden hat, widrigenfalls er von der Befriedigung aus der Konkursmasse ausgeschlossen bleibt. Nachtragsanmeldungen sind unzulässig. Jede Konkursanmeldung muss den Förmlichkeiten einer Klage entsprechen und in zwei Exemplaren eingereicht werden.

Die Forderungen zerfallen in fünf Klassen, die meisten gehören in die dritte Klasse.

Die Anmeldungsklage muss auch angeben, in welcher Klasse der Gläubiger seine Forderung festgestellt haben will.

Die Vormundschafts- und Kuratelbehörden sind in Kroatien ohne Ausnahme die betreffenden zuständigen Gerichte.

Nach jedem Todesfalle muss, wenn ein Nachlass vorhanden ist, eine Verlassenschaftsabhandlung stattfinden. Dabei sind auch die Erbeslegitimationserklärungen entgegenzunehmen und die Verhandlung schliesst mit der Ausantwortung des Nachlasses an die Erben.

III. Bosnien und Herzegowina.

Von

Dr. **Adalbert Pöltzel,**

Aerarial-Fiskal bei der Justiz-Abtheilung der Landes-Regierung für Bosnien und die Herzegowina.

A. Verfassung und sachliche Zuständigkeit der Gerichte. Civilprozess-Verfahren.

Die Civilprozess-Ordnung für Bosnien und die Herzegowina ist mit 1. September 1883 in Kraft getreten.

Die formelle Prozedur ist eine mündlich-schriftliche. Die Grundlage der mündlichen Verhandlung bildet die Klage, und ist dieselbe — in Sachen von nicht ausserordentlichem Umfange, in welchen angeordnet werden kann, dass ein vorbereitendes Verfahren vor einem beauftragten Richter stattfinde, — Vorbereitungsschrift und Bestandtheil des Verfahrens. Der zweiten und letzten Instanz sind die Vortheile der Mündlichkeit und Unmittelbarkeit gewährt, und bildet die Berufung Vorbereitungsschrift und Bestandtheil des Verfahrens in der Berufungsinstanz.

Innerhalb der Grenzen der ihnen zugewiesenen Zuständigkeit üben die

Gerichtsbarkeit aus: 1. Die Bezirksämter, a) als Bagatellgerichte, b) als Bezirksgerichte; 2. die Kreisgerichte (Doppelinstanz); 3. das Obergericht.

Die Bezirksämter als Bagatellgerichte (Kollegialgericht mit Zuziehung zweier Beisitzer aus der Bevölkerung mit beschliessender Stimme) bilden die erste Instanz für geringfügige Rechtsstreitigkeiten — mit Ausnahme der Wechselsachen — wenn schon in der Klage der Anspruch auf eine den Betrag von 50 Gulden nicht übersteigende Geldforderung, oder auf einen Gegenstand gerichtet ist, an dessen Statt der Kläger erklärt, einen 50 Gulden nicht übersteigenden Betrag annehmen zu wollen.

Das Landes- und Militärärar, aktive Beamte der Landesverwaltung, die in aktiver Dienstleistung befindlichen Personen des stehenden Heeres, der Kriegsmarine, der Gendarmerie, der Landwehr, die Seelsorger und Lehrer der anerkannten Religionsgesellschaften, sowie die im gemeinsamen Haushalte lebenden Gattinen und minderjährigen Kinder der vorerwähnten Personen, unterstehen der Gerichtsbarkeit der Bagatellgerichte nicht, dieselben mögen als Kläger oder als Beklagte einschreiten.

Advokaten sind von der Parteienvertretung vor den Bagatellgerichten ausgeschlossen.

Die Bezirksämter als Bezirksgerichte (Einzelngericht) bilden die erste Instanz für: a) Streitigkeiten über vermögensrechtliche Ansprüche, wenn der Werth des Streitgegenstandes 300 Gulden nicht übersteigt; b) Besitzstörungsstreitigkeiten; c) Streitigkeiten aus dem Bestandvertrage, wenn sie die Kündigung des Vertrages oder die Räumung der Bestandsache wegen Erlöschung des Vertrages durch Ablauf der Zeit zum Gegenstande haben.

Die Kreisgerichte (Kollegialgericht: ein Vorsitzender, zwei stimmführende Richter) bilden die erste Instanz für alle anderen Streitigkeiten und die zweite und letzte Instanz gegenüber den Urtheilen der Bezirksämter als Bagatellgerichte und gegenüber den Entscheidungen der Bezirksämter als Bezirksgerichte. — Die Gerichtsbarkeit in Bergrechtssachen wird ausschliesslich durch das Kreisgericht in Sarajevo ausgeübt.

Das Obergericht (Kollegialgericht: ein Vorsitzender, vier stimmführende Richter) bildet die zweite und letzte Instanz gegenüber den kreisgerichtlichen Entscheidungen erster Instanz.

Wechsel- und Handelssachen gehören nach Maassgabe des Werthes des Streitgegenstandes vor die Bezirksämter als Bezirksgerichte, beziehungsweise vor die Kreisgerichte. Wechsel-Proteste müssen durch einen Gerichtsbeamten aufgenommen werden.

Sind in Wechselsachen die (mit dem österreichischen Wechselrechte gemeinen) Voraussetzungen zu der Erlassung des Zahlungsauftrages nicht vorhanden, oder werden gegen den Zahlungsauftrag Einwendungen eingebracht, so wird die sonst der Klage entsprechende Verfügung getroffen und finden die Bestimmungen der Civilprozess-Ordnung betreffs der mündlichen Verhandlung, des Beweises u. s. w., Anwendung. Bei Erlassung des Zahlungsauftrages ist die Verjährung von Amtswegen wahrzunehmen. Die Frist zur Ergreifung der Berufung, des Rekurses und zur Ueberreichung des Antrages auf Wiedereinsetzung in den vorigen Stand beträgt drei Tage. Bemerkt sei hier, dass die vom Gesetze bestimmten Fristen, welche nicht länger als zwei Wochen dauern, im Falle die Partei nicht am Orte des Gerichtes wohnt, als eingehalten gelten, wenn die Uebergabe zur Post vor Ablauf der Frist erfolgt.

Die Klage kann schriftlich eingebracht oder bei Gericht zu Protokoll gegeben werden und können in derselben mehrere Ansprüche des Klägers gegen denselben Beklagten geltend gemacht werden, auch wenn sie auf verschiedenen Gründen beruhen, wenn für sämmtliche Ansprüche das Prozessgericht zuständig ist.

Die Klage soll enthalten: 1. Die Bezeichnung der Parteien nach Namen, Stand, Wohnort, sowie des Vertreters, wo ein solcher einschreitet; 2. die Bezeichnung des Gerichtes; 3. die bestimmte Angabe des Gegenstandes, worauf der Anspruch gerichtet wird; 4. die Angabe der zur Begründung des Anspruches dienenden thatsächlichen Verhältnisse; 5. die Angabe der Beweismittel (von den Urkunden, welche als solche benützt werden, sind Abschriften beizulegen); 6. das Begehren auf Ladung des Beklagten zur mündlichen Verhandlung.

In der Klage ist ferner der Werth des nicht in einer bestimmten Geldsumme bestehenden Streitgegenstandes anzugeben.

Die Klage sammt Beilagen ist in zweifacher Ausfertigung zu überreichen; werden mit einer Klage mehrere Personen belangt, so sind — der in der Klage zuerst Genannte bekommt ein Exemplar der Klage — für die Uebrigen Rubriken beizuschliessen.

Der Beklagte wird durch Zustellung der Klage, der Kläger mittelst Vorladungsschein zur mündlichen Verhandlung mit der Aufforderung geladen, die auf den Rechtsstreit Bezug habenden Urkunden und Zeugen zur Tagsatzung mitzubringen und sich auf Verlangen vor der Tagsatzung Einsichtsnahme der Urkunden zu gestatten. Die Zurücknahme der Klage ohne Zustimmung des Beklagten ist nur so lange, als sich dieser in die mündliche Verhandlung nicht eingelassen hat, zulässig. Nach Zustellung der Klageschrift kann dieselbe nur mit Einwilligung des Beklagten geändert werden.

Bei vorbehaltloser Anerkennung des Klageanspruchs wird das Verfahren eingestellt, und steht es dem Kläger frei, um Bestimmung der Prozesskosten und auf Grund der mit der Vollstreckungsklausel versehenen Klage um Zwangsvollstreckung anzusuchen. Die Vorträge der Parteien sind in freier Rede zu halten. Eine Bezugnahme auf Schriftstücke statt mündlichen Vortrages ist unzulässig. Die Vorlesung von Schriftstücken findet nur insoweit statt, als es auf deren wörtlichen Inhalt ankommt.

Die Verhandlung wird mit dem Antrage des Klägers eingeleitet und sind prozesshindernde Einreden vor der Verhandlung zur Hauptsache geltend zu machen. Hierauf wird der Beklagte aufgefordert, seine Einwendungen vorzubringen und hat derselbe ein bestimmtes Begehren zu stellen. Es folgen nun die weiteren Ausführungen der Parteien, um den Sachverhalt in thatsächlicher und rechtlicher Beziehung klar zu stellen und die erforderlichen Beweismittel vorzubringen; und ist jedes mündliche Vorbringen als rechtzeitig anzusehen, welches bis zum Schlusse der mündlichen Verhandlung gemacht wird.

Die Verhandlung wird von dem Vorsitzenden geleitet. Unterlässt es eine Partei, ungeachtet der vom Vorsitzenden an sie ergangenen Aufforderung, sich über eine thatsächliche Angabe des Gegners bestimmt zu erklären, so ist diese als zugestanden anzusehen, sofern die Absicht sie zu bestreiten nicht aus den übrigen Erklärungen der Partei hervorgeht.

Werden Beweisführungen vom Gerichte zugelassen, so ist eine Beweisverfügung zu erlassen, wenn die Beibringung der Beweismittel nicht sofort in der mündlichen Verhandlung thunlich ist. Ueber das Ergebniss der Beweisführung können sich die Parteien in der mündlichen Verhandlung erklären.

Die mündliche Verhandlung ist womöglich bei der ersten auf die Klage bestimmten Tagfahrt zu Ende zu führen und sind gegen das Verschleppen des Prozesses der richterlichen Souveränität viele Mittel gegeben.

Ist die Hauptsache oder ein zur abgesonderten Entscheidung geeigneter Nebenpunkt nach Ansicht des Gerichtes vollständig erörtert, so erklärt der Vorsitzende die Verhandlung für geschlossen.

Das Urtheil ist sofort nach dem Schlusse der mündlichen Verhandlung zu verkünden. Aus wichtigen Gründen kann vom Gerichte eine Tagsatzung zur Verkündung des Urtheiles angesetzt werden. Dieselbe ist den Parteien sofort bekannt zu geben und darf nicht über eine Woche hinaus angeordnet werden. Die Verkündung erfolgt auch in Abwesenheit der Parteien. Waren beide Parteien bei der Verkündung des Urtheils anwesend, so gilt die Verkündung als Zustellung und erfolgt die Zustellung einer Urtheilsausfertigung nur auf Verlangen der Partei.

Waren nicht beide Parteien anwesend, so ist denselben eine Urtheilsausfertigung von Amtswegen zuzustellen.

Die wichtigsten Beweismittel sind: Urkundenbeweis, Beweis durch Zeugen, Beweis durch Sachverständige, Beweis durch Augenschein, Beweis durch Vernehmung der Parteien als Zeugen, Beweisaufnahme zum ewigen Gedächtniss. (Im Bagatellverfahren findet letzteres nicht statt.)

Ausserhalb des Geltungsgebietes der Civilprozess-Ordnung errichtete öffentliche Urkunden geniessen, wenn sie mit den vorgeschriebenen Beglaubigungen versehen sind, und begründete Bedenken nicht entgegenstehen, auch im Geltungsgebiete der Civilprozess-Ordnung die Beweiskraft öffentlicher Urkunden.

Langt aus dem Auslande ein Ansuchen um den Vollzug einer Beweisaufnahme ein, so ist demselben durch das Bezirksgericht, in dessen Sprengel die Beweisaufnahme vor sich gehen soll, wenn nicht Bedenken über die Beobachtung der Gegenseitigkeit entgegenstehen, zu entsprechen. Bei der Beweisaufnahme ist nach den Vorschriften der Civilprozess-Ordnung vorzugehen. Ein abweichender Vorgang kann nur dann eingehalten werden, wenn derselbe mit Berufung auf fremdes Recht genau angegeben wird und nur insoweit als derselbe durch die im Geltungsgebiete der Civilprozess-Ordnung bestehende Gesetzgebung nicht ausgeschlossen erscheint.

Rechtsmittel sind:

1. Die Berufung gegen Urtheile der Bagatellgerichte nur aus Nichtigkeitsgründen, im Uebrigen gegen die erstinstanzlichen Urtheile unbeschränkt zulässig;

2. der Rekurs, a) gegen im Laufe des Verfahrens gefasste Beschlüsse, nur in den im Gesetze bestimmten Fällen, b) gegen die ein Verfahren erledigenden Beschlüsse und gegen Bescheide in allen Fällen zulässig, in denen er nicht im Gesetze ausgeschlossen ist.

Ueber Rekurse entscheidet das Rekursgericht ohne vorgehende mündliche Verhandlung, es kann jedoch vor der Entscheidung die Abgabe von Aufklärungen verlangen. Der Rekurs hat keine aufschiebende Wirkung.

Nach Ablauf der Berufungsfrist, welche zwei Wochen beträgt, sind die Urtheile erster Instanz vollstreckbar. Die Vollstreckungsklausel wird auf Antrag der Partei (auch nur mündlichen) der vollstreckbaren Urkunde (gebührenfrei) beigesetzt, und zwar von dem Gerichte, welches in erster Instanz erkannt hat, oder vor welchem der Vergleich oder der Vertrag geschlossen wurde, wenn es sich um ein Erkenntniss eines Strafgerichtes, eines Schiedsgerichtes oder einer Verwaltungsbehörde handelt, von dem Bezirksgerichte, und wenn es sich um Urtheile und andere diesen gleichstehende Erkenntnisse der Gerichte ausserhalb des Geltungsgebietes der Civilprozess-Ordnung handelt, von dem Kreisgerichte, in dessen Sprengel die Exekution vorzunehmen ist.

Gelangt ein amtliches Ansuchen um Beisetzung der Vollstreckungsklausel oder um die Bewilligung von Exekutionshandlungen an ein hierzu nicht zuständiges Gericht, so ist dieses Ansuchen von Amtswegen an das zuständige Gericht zu leiten.

Die Vollstreckbarkeit ausländischer Urtheile ist an folgende formelle und materielle Voraussetzungen geknüpft.

Auf Urtheile und andere diesen gleichstehende Erkenntnisse der Gerichte ausserhalb des Geltungsgebietes der Civilprozess-Ordnung ist die Vollstreckungsklausel beizusetzen, wenn sie mit der Bestätigung versehen sind, dass sie einem die Vollstreckbarkeit hemmenden Rechtszuge nicht unterliegen, insofern die allgemeinen Voraussetzungen der Gewährung der Rechtshilfe eintreten und nicht durch Staatsverträge oder durch die in Ansehung einzelner Staatsgebiete bestehenden besonderen Vorschriften etwas Anderes festgesetzt ist.

Die Vollstreckungsklausel ist nicht beizusetzen: 1. wenn auf die Verpflichtung zu einer im Geltungsgebiete der Civilprozess-Ordnung unzulässigen Handlung erkannt ist; 2. wenn im Erkenntnissverfahren die Zustellung an den Beklagten nicht in einer nach den Vorschriften der Civilprozess-Ordnung als ordnungsmässig anzusehenden Weise erfolgt ist, oder dem Beklagten sonst die Möglichkeit sich im Erkenntnissverfahren zu vertreten benommen wurde; 3. wenn das Gericht, welches das Erkenntniss erlassen hat, nach keiner der in der Civilprozess-Ordnung über die örtliche Zuständigkeit enthaltenen Bestimmungen als zuständig angesehen werden kann.

Auf Grund der vollstreckbaren Urkunde wird die Zwangsvollstreckung durch jenes Bezirksamt als Gericht, in dessen Sprengel die Exekutionshandlung vorzunehmen ist, durchgeführt. Die Vollstreckung eines ausländischen Urtheiles verursacht dieselben Kosten, wie die eines inländischen. Auf die Höhe der Kosten wirkt bestimmend, ob die Exekution auf das bewegliche Vermögen, oder auf unbewegliches Gut geführt wird, und ferner in beiden Fällen, ob die Lage der in Exekution zu ziehenden Sache am Sitze des Exekutionsgerichtes, demselben nahe oder entfernt gelegen ist.

Für die Vollziehung am Sitze des Exekutionsgerichtes werden Gerichtskosten (Protokollstempel von jedem Bogen 20—40 Kreuzer), aber keine Gerichtsvollzieherkosten entrichtet. Für die Vollziehung ausserhalb des Amtssitzes kommen den Gerichtspersonen und Amtsdienern die gebührlichen Reisekosten und Diäten beziehungsweise Zehrgelder zu.

Man braucht — mit Rücksicht auf die Beweisaufnahme — durchschnittlich zwei Verhandlungen bis zum Urtheile; auch kann angenommen werden, dass unter gewöhnlichen Verhältnissen ein Prozess binnen ein bis zwei Monaten mit Urtheil der zweiten und letzten Instanz entschieden ist.

B. Advokatur. Advokaten- und Gerichtskosten.

Die Prozesshandlungen sind bei Gerichten erster Instanz durch die Partei in Person oder durch Bevollmächtigte vorzunehmen. Zum Bevollmächtigten kann — mit Ausnahme der Winkelschreiber — jede eigenberechtigte Person männlichen Geschlechtes bestellt werden. Bei dem Berufungsgerichte müssen sich jedoch die nicht persönlich erschienenen Parteien durch Advokaten vertreten lassen.

Die berufsmässige Vertretung der Parteien vor den Gerichten und Behörden, sowie die berufsmässige Verfassung von Eingaben aller Art, Verträgen und anderen Urkunden steht nur behördlich ernannten Advokaten zu.

Die Ernennung erfolgt durch das k. k. gemeinsame Ministerium in Wien für einen bestimmten Ort als Amtssitz des Advokaten; derselbe ist jedoch berechtigt, Parteien vor allen Gerichten und Behörden des Landes zu vertreten.

Die deutsche Sprache ist die innere Geschäftssprache der Gerichte. Eingaben in deutscher Sprache werden von den Gerichten berücksichtigt und von den Advokaten, wo der Beklagte der deutschen Sprache mächtig, in dieser bei Gericht eingereicht.

Die Ueberwachung der Advokaten wird durch die Gerichte, die Disziplinargewalt von einer Disziplinarkommission ausgeübt, welche unter dem Vorsitze des Civil-adlatus des Chefs der Landes-Regierung aus je zwei Räthen der Landes-Regierung und des Obergerichtes besteht.

Das Disziplinarverfahren wird entweder von Amtswegen oder über eine vorausgegangene Anzeige angeordnet und können Beschwerden gegen Advokaten an das Prozessgericht, an das am Amtssitze des Advokaten befindliche Kreisgericht, an das Obergericht oder an die Landes-Regierung in Sarajevo gerichtet werden.

Der Advokat ist berechtigt, seiner Partei die Vertretung zu kündigen; er hat jedoch in diesem Falle die Partei noch durch vier Wochen, von der

Zustellung der Kündigung an gerechnet, insoweit zu vertreten, als nöthig ist, dieselben vor Rechtsnachtheilen zu schützen.

Diese Verpflichtung obliegt dem Advokaten nicht, wenn die Kündigung durch die Partei erfolgt.

Der Advokat darf eine ihm anvertraute Angelegenheit oder Sache weder ganz noch theilweise an sich bringen.

Bei Uebernahme des Prozesses ist eine vorausgehende Vereinbarung betreffs der Kosten der Vertretung (Honorar und Auslagen) zulässig; erfolgt keine Vereinbarung, so ist eine Vorschusszahlung von 10 bis 5 Prozent des angesprochenen Gegenstandes üblich und hat der Advokat der von ihm vertretenen Partei den erhaltenen Vorschuss, sowie die von derselben übernommenen Urkunden und Schriften schriftlich zu bestätigen.

In Ermangelung einer Gebührenordnung für Rechtsanwälte berechnen die Advokaten ihre Gebühren nach freiem Ermessen.

Die Kosten der Vertretung sind auf Verlangen der Partei oder des Advokaten in Rechtsstreitigkeiten von dem Prozessgerichte, in allen anderen Fällen von der Personalinstanz des Advokaten zu bestimmen; es darf jedoch der Betrag derselben die Höhe des mit der Partei etwa vereinbarten Betrages nicht übersteigen.

Bei Bestimmung der Entlohnung wird auf die Wichtigkeit des Streites, auf den Werth der geleisteten Dienste, auf die besondere Sorgfalt bei der Vertretung, auf die verwendete Zeit und die Vermögensverhältnisse der Partei Rücksicht genommen.

Nach eben diesen Grundsätzen bestimmen sich auch die Gebühren des mit der Vertretung der Erben im Verlassenschaftsverfahren beauftragten Advokaten.

Die Gerichtskosten werden in Stempelmarken entrichtet. Protokolle sind nach deren Aufnahme mit der Stempelmarke zu versehen und ist mit Schluss der Verhandlung vom Kläger die Urtheilsgebühr, unbeschadet seines Ersatzanspruches, in Stempelmarken zu entrichten.

Die Höhe der Gerichtskosten bestimmt kein Gerichtskostengesetz und erfolgt deren Bemessung nach den im Stempel- und Gebührengesetze für jedes gebührenpflichtige Rechtsgeschäft enthaltenen Bestimmungen auf Grundlage des Geldwerthes oder Geldbetrages des Geschäftsgegenstandes.

Die Gerichtskosten betragen bei einem gewöhnlichen Prozess über eine Waarenschuld von

über	50 Gulden	bis	200 Gulden	4	Gulden	40	Kr.;
„	200 „	„	600 „	6	„	40	„ ;
„	600 „		. . . .	2	„	40	„

und an Urtheilsgebühr von dem Werthe des zuerkannten Gegenstandes ein Prozent; bei hinzukommender Beweisaufnahme je nach dem Umfange der wesentlichen Angaben der Zeugen, Sachverständigen und Parteien, insofern diese als Zeugen abgehört werden, für jeden weiteren Bogen des Protokolles über die mündliche Verhandlung 40 Kr. mehr.

Die Rekurskosten betragen, wenn der Werth des Streitgegenstandes 50 Gulden nicht überschreitet, 40 Kr., in allen anderen Fällen 1 Gulden.

Die Berufungskosten sind bei einem Streitgegenstand

bis 50 Gulden		1 Gulden,
über 50 „	bis 200 Gulden	2 „
„ 200 „	„ 600 „	4 „
in allen anderen Fällen		8 „

vom ersten Bogen; jeder weitere Bogen 40 Kr., wenn der Streitgegenstand 50 Gulden nicht übersteigt 20 Kr.

Ausserdem ist in der Berufungsinstanz nur der Protokollstempel (40 Kr. bez. 20 Kr.) zu entrichten.

Die Gebühren des Advokaten für die Führung eines solchen Prozesses betragen bei einem Streitgegenstand

über 50 Gulden	bis 200 Gulden	4 Gulden	bis 7 Gulden,
„ 200 „	„ 600 „	7 „	„ 10 „ ,

bei höheren Objekten kann die Steigerung der Gebühren bei je 100 Gulden um je 50 Kr. angenommen werden.

Mit hinzukommender Beweisaufnahme kann für das Erscheinen bei derselben der Betrag von 2 bis 5 Gulden in Anschlag gebracht werden.

Die unterliegende Partei hat die dem Gegner erwachsenen Kosten zu erstatten, soweit dieselben zur zweckentsprechenden Rechtsverfolgung oder Rechtsvertheidigung nothwendig waren.

Wenn jede Partei theils obsiegt, theils unterliegt, so sind die Kosten gegen einander aufzuheben oder es ist einer der Parteien theilweise der Ersatz der Kosten des Gegners aufzuerlegen.

Das Gericht kann aber einer Partei den vollen Kostenersatz auferlegen, wenn der Gegner nur mit einem verhältnissmässig geringfügigen Theile seines Anspruches, dessen Geltendmachung besondere Kosten nicht veranlasst hat, unterlegen ist oder wenn der Betrag der erhobenen Forderung von der Feststellung durch richterliches Ermessen von der Ausmittlung durch Sachverständige oder von einer gegenseitigen Abrechnung abhängig war.

Hat der Beklagte zur Erhebung der Klage nicht Veranlassung gegeben und den in der Klage erhobenen Anspruch sofort anerkannt, so fallen dem Kläger die Prozesskosten zur Last.

Eine Sicherstellung oder Gebührenvorschusszahlung für die dem Beklagten in Folge der Klage erwachsenden Prozesskosten ist nicht zu leisten. Es kann jedoch der Vernehmungsrichter vor der Ausfertigung der Vorladung anordnen, dass der Beweisführer einen entsprechenden Betrag zur Deckung der Kosten bei Gericht erlege.

Jeder Zeuge hat Anspruch auf Ersatz der nothwendigen Kosten, welche ihm durch die Reise an den Ort der Einvernahme und den Aufenthalt daselbst verursacht werden. Eine Entschädigung für Zeitversäumniss kann nur jener Zeuge begehren, welcher in Folge der Zeugenschaft einen empfindlichen Abbruch an seinem täglichen Erwerbe erleidet.

Der Sachverständige hat Anspruch auf Ersatz der gemachten Auslagen, auf Entschädigung für die Zeitversäumniss und auf Entlohnung der Mühewaltung.

Des Weiteren bestimmt mit dem Schlusse der Verhandlung, wenn ein diesbezüglicher Antrag der Parteien gestellt wird, das Gericht den Betrag, welcher von der einen oder anderen Partei bei Gericht zur Deckung der gegnerischen Berufungskosten für den Fall der Ergreifung der Berufung zu erlegen oder sicherzustellen ist.

Bei der Bestimmung der Höhe der zu erlegenden Berufungskosten wird derjenige Betrag der Prozesskosten zu Grunde gelegt, welchen die Partei wahrscheinlich aufzuwenden haben wird.

C. Konkursverfahren.

Der Konkurs kann nur über das Vermögen eines Kaufmannes oder einer Handelsgesellschaft eröffnet werden, dessen oder deren Firma in das Handelsregister eingetragen ist.

Die Eröffnung des Konkurses kann auch nach der Löschung der Firma des Kaufmannes, wenn seither ein Jahr nicht verflossen ist und nach dem Tode des Kaufmannes, solange die Verlassenschaft nicht eingeantwortet worden ist; ferner nach Auflösung der Handelsgesellschaft, solange die Liquidation und Vertheilung des Gesellschaftsvermögens noch nicht erfolgt ist, eintreten.

Der Konkurs wird bei jenem Kreisgerichte eröffnet und verhandelt, in dessen Sprengel der Kridatar seine Niederlassung oder in Ermangelung einer solchen seinen ordentlichen Wohnsitz und die Handelsgesellschaft ihren Sitz hatte.

Den Zwangsausgleich kennt die Konkursordnung nicht.

Wenn schon zur Zeit der Eröffnung des Konkurses die Aussicht vorhanden ist, dass sämmtliche Gläubiger in eine verhältnissmässige Vertheilung der Konkursmasse ohne förmliche Konkursverhandlung einwilligen werden, insbesondere wenn sich entnehmen lässt, dass der Aktivstand der Masse nicht bedeutend ist oder nur aus beweglichen, leicht veräusserlichen Sachen besteht, oder dass die mit einem zweifellosen Vorrechte versehenen Forderungen die ganze Masse erschöpfen dürften, so sind schon im Edikte sämmtliche Gläubiger zu einer Vergleichstagfahrt vorzuladen.

Die Anmeldung der Ansprüche gegen die Masse geschieht bei dem Konkursgerichte mittelst schriftlicher Eingabe oder mündlich zu Protokoll, und können mit derselben Eingabe oder in demselben Protokoll mehrere Forderungen des nämlichen Gläubigers geltend gemacht werden.

In der Anmeldung ist der Name, Stand und Wohnort des Anmeldenden, der Betrag und der Rechtsgrund der Forderung anzugeben. Die Beweismittel sind anzuführen und die Urkunden in Urschrift oder Abschrift beizubringen, ferner ist das Begehren nicht blos auf die Anerkennung der Richtigkeit der Forderung, sondern auch auf die Anerkennung der für dieselbe in Anspruch genommenen Rangordnung, und zwar auch in dem Falle zu richten, wenn die Forderung bereits Gegenstand eines Rechtsstreites geworden und in diesem eine Entscheidung in der Hauptsache erfolgt ist.

Gläubiger, welche bei einer Vertheilung übergangen wurden, weil die Anmeldung verspätet war, erhalten bei einer späteren Vertheilung vor Allem jene Quote, welche bei den früheren Vertheilungen auf die in dieselbe Klasse gehörigen Forderungen entfallen ist. Unter diesen Rechtsnachtheilen können die Gläubiger ihre Ansprüche auch nach Ablauf der festgesetzten Frist anmelden. Für derartige Anmeldungen wird eine besondere Liquidirungstagfahrt angesetzt, und bestimmt das Gericht, ob die Gläubiger hierzu im Wege der öffentlichen Bekanntmachung oder der Zustellung vorzuladen sind.

Gläubiger, welche nicht am Orte des Konkursgerichtes ihren Wohnsitz haben, müssen in der Anmeldung einen daselbst wohnhaften Zustellungsbevollmächtigten namhaft machen, widrigenfalls für sie auf ihre Gefahr und Kosten vom Gerichte ein Kurator bestellt wird. Es ist schon aus diesem Grunde für den Gläubiger rathsam, sich in dem Verfahren durch einen Advokaten, als in der von der Partei eingebrachten Anmeldung namhaft gemachten Zustellungsbevollmächtigten vertreten zu lassen. An Kosten dürften hierfür erwachsen: bei einer Anmeldung unter 50 Gulden 2 Gulden; über 50 Gulden bis 500 Gulden die obigen 2 Gulden als Grundlage genommen für je weitere 100 Gulden je 50 Kr.; über 500 Gulden für je weitere 100 Gulden je 25 Kr. Ausserdem sind zu entrichten bei Liquidirung der angemeldeten, in Ansehung der Richtigkeit oder der Rangordnung nicht bestrittenen Forderung für das Protokoll von jedem Bogen 40 Kr.

Die angemeldeten Forderungen prüft der für die Behandlung des Konkurses bei Gericht bestellte Referent; die Vertheilung des Massevermögens obliegt dem Masseverwalter, auf Grund des vom Konkursgerichte genehmigten Vertheilungsentwurfes.

Nach Abhaltung der Liquidirungstagfahrt hat das Gericht zur Herbeiführung des Einverständnisses betreffs Aufhebung des Konkurses auf Einschreiten des Kridatars eine Tagsatzung anzuordnen und zu derselben die Betheiligten mit dem Beisatze vorzuladen, dass die Ausbleibenden als einwilligend angesehen werden. Erklären sich nicht alle Gläubiger mit der Aufhebung einverstanden, so kann der Konkurs nur dann aufgehoben werden, wenn die Forderungen der nicht zustimmenden Gläubiger in dem angemeldeten Betrage bezahlt oder, falls dieselben bestritten sind, in diesem Betrage sichergestellt werden.

E. Nachlasswesen.

Stirbt ein Ausländer ohne Hinterlassung ortsansässiger Erben, so nimmt die konservatorischen Maassregeln jenes Bezirksamt als Gericht vor, in dessen Amtssprengel der Verstorbene seinen ordentlichen Wohnsitz hatte.

Ueber die Verlassenschaft eines Ausländers wird im Sinne des Patentes vom 9. August 1854 (Reichs-Gesetzblatt Nr. 208) nach dem Grundsatze der Gegenseitigkeit verfahren; dasselbe bestimmt die Form der Legitimation der Erben und auch den zur Aushändigung des Nachlasses führenden Vorgang.

Das Gericht ist lediglich in den nachstehenden Fällen von Amtswegen einzuschreiten verpflichtet: a) wenn sich unter den Erben Minderjährige, Geisteskranke oder überhaupt solche Personen befinden, welche unter Vormundschaft oder Kuratel gehören; b) wenn von denjenigen, welchen auf

Grund eines Vertrages, einer letztwilligen Anordnung oder des Gesetzes die Erbschaft muthmaasslich zustehen wird, der eine oder andere abwesend ist; c) wenn bei Abgang einer Vereinbarung einer der Betheiligten die amtliche Intervention verlangt; d) wenn die Betheiligten dem Gerichte unbekannt sind, oder gar kein Erbe vorhanden ist.

Civilstandsregister werden nicht geführt. Die Führung von Matrikeln ist heute bei den meisten katholisch-griechischen nicht unirten Pfarren, ferner bei den israelitischen Gemeinden eingebürgert, und dürfte dieselbe demnächst auch bei den Chodza's oder Muallim's eingeführt werden. Ueber die vorkommenden Geburts- und Sterbefälle wird bei jedem Bezirksamte und dem Stadtmagistrate in Sarajevo ein Evidenzhaltungsregister geführt.

Die Delation und der Erwerb der Erbschaft fallen nicht zusammen, und wird die Erbschaft bis zum Antritt des Erben als hereditas jacens betrachtet.

Mit der Regulirung des Nachlasses, d. h. dessen Sicherstellung, Ermittlung der Erben u. s. w., befasst sich, und zwar mit jenen der Muhamedaner das Scheriatsgericht, mit jenen der Nichtmuhamedaner in der Regel dasjenige Bezirksamt als Gericht, in dessen Amtssprengel der Verstorbene seinen ordentlichen Wohnsitz hatte.

Das in Verlassenschaftssachen anzuwendende materielle Recht ist zunächst noch nicht geregelt, und kommen die Bestimmungen des Erbrechtes des Scheriatsrechtes in Anwendung. Wo diese nicht ausreichen, oder sich als unanwendbar darstellen, wird in Verlassenschaftssachen der Nichtmuhamedaner nach den in der österreichisch-ungarischen Monarchie geltenden Gesetzen vorgegangen.

Das Erbrecht wird durch die Verwandtschaft und durch das Eheband begründet und bezieht sich entweder auf einen bestimmten Theil des Nachlasses als gesetzlichen Erbtheil oder auf den ganzen Nachlass.

In Bezug auf die Intestaterbfolge muss auf das vom k. k. gem. Ministerium herausgegebene äusserst interessante Werk: „Eherecht, Familienrecht und Erbrecht der Mohamedaner nach dem hanefitischen Ritus" (zu beziehen von der k. k. Staats-Druckerei in Wien, Preis 1 Fl. 60 Kr.) verwiesen werden.

In Betreff der Erbschaftssteuer muss vorausgeschickt werden, dass der Grund und Boden in fünf Kategorien eingetheilt ist, von welchen hervorzuheben sind: 1. Privateigenthum (mulk, memluke); 2. Staatsgründe (mirie).

Zum Mulk-Eigenthum gehört das gesammte bewegliche Gut des Einzelnen, dessen Wohnhaus sammt Hausgarten, wobei zu bemerken ist, dass auch Gebäude, Bäume und Anlagen, die auf fremdem Grund und Boden errichtet wurden, einem Anderen als dem Eigenthümer des Grund und Bodens als Mult-Eigenthum gehören können.

Aller übrige im Privatbesitze befindliche Grund ist Mirie-Eigenthum, an welchem dem Staate das Recht des Obereigenthümers zukommt.

Von den Vermögensübertragungen von Todeswegen wird, und zwar sowohl von beweglichen als von unbeweglichen Sachen, nach dem Verhältniss des Erwerbers zum Erblasser eine ein-, vier- oder achtprozentige Erbgebühr entrichtet.

Diese Gebühren werden von dem reinen Nachlassvermögen bemessen, nämlich nach jenem Werthe, welcher sich herausstellt, wenn von dem gesammten Nachlasse die Passiven, Krankheits- und Beerdigungskosten u. s. w. in Abzug gebracht werden.

Ist eine unbewegliche Sache Gegenstand des Nachlasses, so muss ausser dieser ein-, vier- oder achtprozentigen Erbgebühr noch die, für die Uebertragung der unbeweglichen Sache entfallende Immobiliargebühr bei Mulk ein, bei Mirie zwei Prozent und für den neuen Besitztitel (Tapie) die fixe Gebühr von 10 Kr. entrichtet werden.

Diese Immobiliargebühr für die Uebertragung des Eigenthumes unbeweglicher Sachen ist nach dem ganzen Werthe der den Gegenstand des Nachlasses bildenden unbeweglichen Sache zu bemessen.

Folgen in dem Mirie-Besitze nicht Söhne oder Töchter, Enkel, Vater und Mutter, die vollbürtigen Brüder und die halbbürtigen Brüder väterlicherseits; die vollbürtigen Schwestern und die halbbürtigen Schwestern väterlicherseits; die halbbürtigen Brüder mütterlicherseits; die halbbürtigen Schwestern mütterlicherseits und, wenn von den aufgezählten Erben keiner vorhanden ist, der überlebende Ehegatte oder die überlebende Ehegattin, so ist nicht die erwähnte Prozentual- und Immobiliargebühr, sondern 40% des Schätzungswerthes zu entrichten.

Beschränkungen für den Erbschaftserwerb durch den Ausländer, insbesondere rücksichtlich des Eigenthums an Grundstücken bestehen keine und zahlt der Ausländer die gleiche Abgabe wie der Inländer.

Dritter Abschnitt.

Schweiz.

Von

Oberrichter Dr. **Zürcher** in Hottingen-Zürich.

Die Schweiz ist ein Bundesstaat von 22 (einschliesslich der Halbkantone 25) Kantonen mit weitgehender Selbstständigkeit und grosser Mannigfaltigkeit der Gesetzgebung, welche letztere von deutschen, französischen und aus beiden gemischten Rechtsanschauungen beherrscht wird.

Nach der Bundesverfassung von 1874 unterliegen der Gesetzgebung des Bundes die Bestimmungen über die Handlungsfähigkeit, den Civilstand und die Ehe (ohne das eheliche Güterrecht), das Obligationenrecht mit Einschluss des Handels- und Wechselrechts, das Urheberrecht, die Schuldbetreibung und das Konkursrecht. Erlassen sind bisher die Bundesgesetze betr. die persönliche Handlungsfähigkeit (vom 22. Juni 1881), über Civilstand und Ehe (vom 24. Dezember 1874), über das, auch die Normen des Handels- und Wechselrechts enthaltende Obligationenrecht (vom 14. Juni 1881), über das Urheberrecht an Werken der Literatur und Kunst (vom 23. April 1883) und über den Schutz der Fabrik- und Handelsmarken (vom 19. December 1879). Das Gesetz über die Schuldbetreibung und den Konkurs liegt zur Zeit im Entwurfe vor.[1] — Die kantonale Gesetzgebung ist ausserdem eingeschränkt durch gewisse in der Bundesverfassung niedergelegte Grundsätze und durch Staatsverträge („Bundesrecht bricht kantonales Recht“).

Im Uebrigen ist das kantonale Recht maassgebend. Dasselbe auch nur in annähernder Vollständigkeit darzustellen, ist unmöglich; wir verweisen daher schon hier auf die nachstehenden Sammelwerke von:

Schlatter: Neuer Rechtskalender der schweizerischen Eidgenossenschaft, Zürich 1883, worin Verwaltungs- und Gerichtsverfassung, Grundeigenthum und Hypothekarwesen, die Rechtsverhältnisse der Handelsreisenden und Hausirer, Schuldbetreibung und Konkurs, Notariat, Vormundschaftsrecht u. s. w. behandelt werden;

Lardy: Les législations civiles des Cantons Suisses en matière de tutelle, de régime matrimonial quant aux biens et de successions (Zweite Auflage. Paris 1877);

Huber: System und Geschichte des schweizerischen Privatrechts. Basel 1886.

A. Gerichtsverfassung. Anwaltschaft.

1. Das schweizerische Bundesgericht in Lausanne (Bundesgesetz über die Organisation der Bundesrechtspflege vom 27. Juni 1874)[2] besteht aus neun von der Bundesversammlung auf sechs Jahre gewählten Mitgliedern. Präsident und Vicepräsident werden von derselben Bundesversammlung auf zwei Jahre ernannt; die beiden Gerichtsschreiber auf sechs Jahre. Das Bundesgericht fungirt zugleich als Civil-, Straf- und Staatsgerichtshof.

Als Civilgerichtshof ist es

a) zunächst erste und einzige Instanz für Streitigkeiten des Bundes mit Kantonen und auch mit Privaten, mit Letzteren sofern sie Kläger sind und der Streitwerth mindestens 3000 Franken beträgt, unter der gleichen Voraussetzung ferner für Streitigkeiten der Kantone unter einander, von Kantonen mit Privaten, wenn es von einer Partei angerufen wird, endlich in denjenigen Fällen, die ihm durch Spezialgesetze überwiesen sind, wie dies durch das Bundes-Expropriationsgesetz vom 1. Mai 1850 und das Bundesgesetz über die Zwangsliquidation der Eisenbahnen vom 24. Juni 1874 geschehen ist.

b) Das Bundesgericht urtheilt als Appellationsinstanz in denjenigen Fällen, die von kantonalen Gerichten nach den Bestimmungen der Bundesgesetze, z. B. dem Obligationenrecht, zu beurtheilen sind, sofern bei der letzten Entscheidung des kantonalen Gerichts noch mindestens 3000 Franken streitig waren, oder das Streitobjekt keiner Schätzung fähig ist (z. B. Ehescheidungen). In diesen Fällen ist das Bundesgericht meist dritte Instanz, jedoch können im Einverständniss beider Parteien auch erstinstanzliche Ur-

[1] S. über den Entwurf den Anhang zum Abschnitt Schweiz.

[2] Bundesgesetze, die sich nicht im Buchhandel befinden, können von der Bundeskanzlei in Bern, Sekretariat für Drucksachen, kantonale Gesetze von der betreffenden Kantons- (Staats-) Kanzlei (Chancellerie d'état, cancelleria di stato) gegen Postnachnahme bezogen werden.

theile kantonaler Gerichte mit Umgehung der kantonalen zweiten Instanz dem Bundesgericht unterbreitet werden. Die Appellation ist beim kantonalen Gericht binnen 20 Tagen nach Mittheilung des angefochtenen Urtheils zu erklären und hemmt die Vollstreckung desselben.[1]

c) Das Bundesgericht wird ferner in andern Rechtsfällen auf Anrufen beider Parteien die vertragsmässig zuständige Instanz, wenn der Werth des Streitgegenstandes mindestens 3000 Franken beträgt.

Als Staatsgerichtshof entscheidet das Bundesgericht insbesondere Beschwerden über Verletzung von Rechten, die durch Bundes- oder Kantonalverfassungen garantirt sind (z. B. über Auflage von Kultussteuern und über Doppelbesteuerung), ferner über Verletzungen der Konkordate (d. h. der Staatsverträge zwischen einzelnen Kantonen) und der Verträge mit dem Auslande.[2]

Gerichtssprachen sind die deutsche, französische und italienische. Richter und Parteien können sich nach Belieben einer dieser Sprachen bedienen.

2. Die Gerichtsverfassungen der Kantone. Die Kantone sind nicht als Gerichtsbezirke der Eidgenossenschaft, sondern als selbstständige, in ihrer Souveränität nur durch das Bundesrecht eingeschränkte Staaten zu betrachten. Daher ist auch der Gerichtsstand mehrerer Streitgenossen, die in verschiedenen Kantonen wohnen, als Beklagte nicht für alle zugleich innerhalb eines dieser Kantone begründet, und es kommt vor, dass sogar über Solidarverhältnisse Mangels vertragsmässiger Vereinbarung eines gemeinsamen Gerichtsstandes von den einzelnen Kantonsgerichten widersprechende Urtheile erlassen werden.

Folgende Grundzüge sind den kantonalen Gerichtsverfassungen gemeinsam: a) In allen Kantonen mit Ausnahme von Basel-Stadt besteht eine Vermittlungsinstanz (Friedensrichter, Vermittler, juge de paix, giudice di pace, meist einer in jeder Gemeinde).[3] Das Sühnverfahren ist durchweg obligatorisch, in Genf jedoch nur für Streitigkeiten unter Familienangehörigen und für Immobiliarklagen, sonst fakultativ. b) In Bagatellsachen urtheilen meist Einzelrichter, gegen deren Entscheidung ein Rechtsmittel nicht stattfindet. c) Im Uebrigen bestehen im ordentlichen Civilprozess stets zwei Instanzen.

Gerichtssprache ist, wo im Folgenden nicht ausdrücklich das Gegentheil bemerkt wird, die deutsche, sei es ausschliesslich, sei es neben einer zweiten Sprache.

Die Gerichtsverfassungen der einzelnen Kantone.

1. Aargau. Die Friedensrichter und die elf Bezirksgerichte entscheiden endgültig Streitigkeiten, deren Gegenstand an Werth 60 resp. 300 Franken

[1] Vgl. Hafner in Zeitschr. f. Schw. R. N. F. III, 165.

[2] Dem Bundesrathe, resp. der Bundesversammlung ist vorbehalten die Entscheidung über diejenigen Bestimmungen der Staatsverträge mit dem Auslande, welche sich auf Handels- und Zollverhältnisse, Patentgebühren, Niederlassung, Befreiung von der Militärpflicht und Freizügigkeit beziehen u. a. m. (Vgl. Art. 59 des cit. Organisationsgesetzes).

[3] In der unten folgenden Einzeldarstellung werden die Friedensrichter nur noch insoweit wieder aufgeführt, als ihnen zugleich die Befugniss zusteht, Urtheile zu fällen.

nicht übersteigt. Die Zuständigkeit der Bezirksgerichte beginnt, wo die der Friedensrichter aufhört.[1] Im Uebrigen sind die Bezirksgerichte erste, das Obergericht in Aarau zweite Instanz. — 2. Appenzell, Ausser-Rhoden (A. Rh.). 20 Gemeindegerichte urtheilen in erster Instanz über Forderungen bis zu 300 Franken. Gegen ihre Entscheidungen findet Appellation an die (3) Bezirksgerichte statt. Diese bilden ihrerseits für alle andern Streitsachen die erste Instanz. In zweiter Instanz gelangen dieselben vor das Obergericht in Trogen, vor dem sie im Einverständnisse beider Parteien auch zur Entscheidung in erster und letzter Instanz anhängig gemacht werden können. — 3. Appenzell, Inner-Rhoden (I. Rh.). Es bestehen zwei Bezirksgerichte und als Appellationsinstanz das Kantonsgericht in Appenzell. Kassationsinstanz ist die Standeskommission (Kantonsregierung in Appenzell).[2] — 4. Basel-Stadt. Der Civilgerichtspräsident entscheidet endgültig, wenn der Streitwerth nicht mehr als 100 Franken beträgt. Bei höherem Streitwerth ist das Civilgericht erste, das Appellationsgericht zweite Instanz. — 5. Basel-Land. Streitsachen mit einem Object bis zu 5 resp. 15 Franken werden von den Friedensrichtern, bezw. den Bezirksgerichtspräsidentenverhören endgültig entschieden. Für grössere Streitsachen bis 100 Franken sind die letzteren, darüber hinaus die fünf Bezirksgerichte erste Instanz. Appellationsinstanz für das Präsidentenverhör ist das Obergerichtspräsidentenverhör, für die Bezirksgerichte das Obergericht. — 6. Bern. Bei Objecten bis zu 50 Fr. entscheiden die Friedensrichter, bei Objecten bis zu 200 Fr. die Amtsgerichtspräsidenten, bei Objecten bis zu 400 Fr. die 30 Amtsgerichte, und zwar durchweg endgültig. Bei höherem Streitwerth sind die Amtsgerichte erste, das Obergericht in Bern zweite Instanz. Im Jura (Rechtsgebiet der französischen Codes, soweit sie nicht die Bundes- und die Kantonalgesetzgebung ausser Kraft gesetzt hat) sind die Amtsgerichte zugleich Handelsgerichte. Bei den Gerichten von Courtelary, Delémont, Saignelégier, Moûtier, Neuveville und Porrentruy ist die Gerichtssprache die französische. — 7. Freiburg (Fribourg). Die Bagatellsachen werden endgültig entschieden, und zwar bei einem Streitwerth bis zu $37^1/_2$ Fr. von den Friedensrichtern, bei einem Streitwerth bis zu 150 Fr. von den Friedensgerichten, darüber hinaus bis zu 600 Fr. von den sieben Bezirksgerichten. Für Streitigkeiten mit grösseren Objecten sind die Bezirksgerichte die erste, das Kantonsgericht in Freiburg die zweite Instanz. Für kaufmännische Konkurse besteht in Freiburg ein Konkursgericht (Tribunal de faillite); im Uebrigen sind die Handelssachen durch Gesetz vom 14. December 1882 den ordentlichen Gerichten überwiesen. Die Gerichtssprache ist im Allgemeinen die französische, nur im Sensebezirk und zum Theil im Seebezirk die deutsche. Vor dem Kantonsgericht darf auch deutsch plaidirt werden. — 8. Genf (Genève). Die Friedensrichter sind zuständig für Klagen mit einem Object bis zu 200 Fr. (bei gewissen Schadensersatzklagen und in Dienstbotensachen bis 300 Fr.), das Handelsgericht (Tribunal de commerce) für Handelssachen mit einem

[1] Dies gilt auch für die anderen Kantone.
[2] Für Immobiliarklagen besteht ein besonderer Instanzenzug (Spangerichte).

Object bis zu 500 Fr. Appellation findet nicht statt. Im Uebrigen ist das Civilgericht (Tribunal civil) für persönliche und Mobiliarklagen bezw. das Handelsgericht erste, der Civilgerichtshof (Cour de justice civile) zweite Instanz. Besondere Gewerbegerichte (Conseils de prud'hommes) erledigen die Streitigkeiten zwischen Arbeitgebern und Arbeitern. Die Gerichtssprache ist die französische. — 9. Glarus. Es bestehen als Gerichte erster Instanz ein Civilgericht, welches Bagatellklagen mit einem Object bis zu 120 Fr. endgültig entscheidet, ein Augenscheinsgericht für Immobiliarklagen und ein Ehegericht für Paternitäts- und Ehesachen. Als zweite Instanz aller drei Gerichte fungirt das Appellationsgericht. — 10. Graubünden. Die Vermittler, die Kreisgerichtsausschüsse und die 39 Kreisgerichte urtheilen endgültig, je nachdem der Werth des Streitgegenstandes 30, 150 oder 500 Fr. nicht übersteigt. Bei Streitwerthen von 500—1500 Fr. bilden die Kreisgerichte die erste, die 14 Bezirksgerichte die zweite Instanz, Klagen über noch höhere Beträge werden von den Bezirksgerichten in erster und von dem Kantonsgericht in Chur in zweiter Instanz erledigt. Als Rekurs- und Kassationsinstanz fungirt der Kleine Rath, eine Regierungsbehörde. Die Gerichtssprache ist in den Bezirken Moesa und Poschiavo die italienische, im Münsterthal (Val de Monastero) die romanische. — 11. Luzern. Die Friedensrichter, Bezirksgerichtsausschüsse und Bezirksgerichte erledigen, und zwar durchweg endgültig, Klagen über Beträge von höchstens 10, 100 und 215 Franken. Ueber höhere Streitwerthe urtheilen die 19 Bezirksgerichte in erster, das Obergericht in Luzern in zweiter Instanz. — 12. Neuenburg (Neuchâtel). Das Gesetz vom 23. November 1882 hat den Instanzenzug ganz aufgehoben. Die (18) Friedensrichter entscheiden bei Objecten bis zu 200 Fr., die sechs Bezirksgerichtspräsidenten bei Objecten bis zu 500 Fr., das Kantonsgericht Klagen mit höherem Streitwerth. Appellation ist unzulässig. Schiedsgerichte in Streitigkeiten zwischen Arbeitgebern und Arbeitern (Tribunaux d'arbitrage industriel). Der Civilkassationsgerichtshof (Cour de cassation civile) in Neuenburg fungirt gegenüber allen Gerichten als Kassationsinstanz. Die Gerichtssprache ist die französische. — 13. St. Gallen. Die Vermittler, die Gerichtscommissionen der 17 Bezirksgerichte, bezw. diese selbst entscheiden, ohne dass Appellation zulässig ist, Streitigkeiten mit einem Object bis zu 25, 100 und 500 Franken. Für Klagen mit höherem Streitwerth bilden die Bezirksgerichte die erste, das Kantonsgericht die zweite Instanz. Ausserdem besteht ein besonderes Kassationsgericht. — 14. Schaffhausen. Sechs Bezirksgerichte und für Matrimonial- und Statusklagen ein Kantonsgericht bilden die erste, das Obergericht die zweite Instanz. Auch hier fungirt ein Kassationsgericht. — 15. Schwyz. Die Vermittler, die bezirksgerichtlichen Kommissionen und die sechs Bezirksgerichte erledigen endgültig Klagen, deren Streitgegenstand höchstens 30, 150 und 300 Fr. beträgt. Bei höherem Streitwerth sind die Bezirksgerichte erste, das Kantonsgericht in Schwyz zweite Instanz. — 16. Solothurn. Es entscheiden endgültig die Friedensrichter bei Objecten bis zu 12 Franken, die Amtsgerichtspräsidenten bei Objecten bis zu 45 Franken, die fünf Amtsgerichte bis zu 150 Franken. Im Uebrigen sind die Amtsgerichte erste und das Obergericht in Solothurn zweite Instanz. — 17. Tessin (Ticino). Die Friedensrichter urtheilen, und zwar bei einem Streitwerth bis zu 25 Fr. endgültig, darüber hinaus bis zu 250 Fr. mit Appellation an das Bezirksgericht. Die sieben Bezirksgerichte (Tribunali distrettuali) sind zugleich erste Instanz für Klagen mit höheren Streitwerthen, wofür das Obergericht (Tribunale supremo) die zweite Instanz bildet. Die erste Instanz kann auch umgangen werden. Die Gerichtssprache ist die italienische. — 18. Thurgau. Die Friedensrichter, die Bezirksgerichtspräsidenten und die Gerichtskommissionen der Bezirksgerichte urtheilen endgültig, je nachdem der Werth des Streitgegenstandes 10, 30 und 60 Fr. nicht übersteigt. Im Uebrigen sind die acht Bezirksgerichte erste, das Obergericht in Frauenfeld zweite Instanz. Bei Streitwerthen von 60—100 Fr. entscheidet die Rekurskammer des Obergerichts auf schriftliche Beschwerde. — 19. Unterwalden ob dem Wald (Obwalden). Den Vermittlern und den beiden Civilgerichten steht die endgültige Entscheidung von Klagen zu, deren Object nicht mehr als 25 resp. 100 Fr. beträgt. Bei höheren Objecten bilden die Civilgerichte die erste, das Obergericht in Sarnen die zweite Instanz. — 20. Unterwalden nid dem Wald (Nidwalden). Klagen über höchstens 50 Fr. werden von den Vermittlungsgerichten, Klagen über mehr als 50 bis 200 Fr. von dem Kantonsgericht unter Ausschluss der Appellation entschieden. Bei höherem Streitwerth ist das Kantonsgericht erste, das Obergericht in Stans zweite Instanz. — 21. Uri. Zwei Bezirksgerichte fungiren als erste, das Kantonsgericht in Altdorf als zweite Instanz, doch ist die Appellation bei Objecten bis zu 150 Fr. ausgeschlossen. Im Bezirk Uri sind zur Zeit derartige Streitsachen einem besonderen „Siebnergericht“ zugewiesen. — 22. Waadt (Vaud). Erste Instanz sind bei Streitwerthen bis zu 150 Fr. die Friedensrichter, bei höheren Beträgen die 19 Bezirksgerichte (Tribunaux de district); die zweite Instanz bildet in allen Fällen das Kantonsgericht (Tribunal cantonal) in Lausanne. Die Gerichtssprache ist die französische. — 23. Wallis (Valais). Die Friedensrichter, die Kreisgerichtspräsidenten und die vier Kreisgerichte entscheiden endgültig über Klagen mit einem Object bis zu 30, 100 und 500 Fr. Für Klagen mit höheren Objecten sind die Kreisgerichte erste, das Kantonsgericht in Sitten zweite Instanz. Die Gerichtssprache ist im unteren Wallis bis Siders die französische, von da aufwärts die deutsche. Vor dem Kantonsgericht sind beide Sprachen zulässig. — 24. Zug. Die Friedensrichter, der Kantonsgerichtspräsident, der Gerichtsausschuss und das Kantonsgericht sind, und zwar unter Ausschluss der Appellation zuständig, je nachdem der Werth des Streitgegenstandes sich auf höchstens 25, 50, 100 und 300 Fr. beläuft. In anderen Streitsachen findet Appellation vom Kantonsgericht an das Obergericht statt. Ueber letzterem steht ein besonderes Revisions- und Kassationsgericht. — 25. Zürich. Die Friedensrichter und die Bezirksgerichtspräsidenten entscheiden endgültig bei Objecten bis zu 50 resp. 200 Fr. Im Uebrigen bilden die elf Bezirksgerichte die erste, die Appellationskammer des Obergerichts in Zürich die zweite Instanz. — Das Handelsgericht in Zürich fungirt für Handelssachen bis zu 500 Fr. als erste und einzige Instanz. — Das Kassationsgericht in Zürich ist zuständig für

Nichtigkeitsbeschwerden gegenüber den Urtheilen der Appellationskammer und des Handelsgerichts.

3. Anwaltschaft. Vor dem Bundesgerichte kann jede handlungsfähige Partei ihren Prozess entweder selbst oder durch eine andere handlungsfähige Person als Bevollmächtigten führen. Auch bei den Gerichten der Kantone besteht kein Anwaltszwang, die Vertretung durch Anwälte ist sogar im Sühneverfahren fast überall, im Bagatellprozess an vielen Orten untersagt, sofern es sich um Prozesse zwischen Kantonseinwohnern handelt.

Zur Ausübung der Advokatur ist in den Kantonen Aargau, Bern, Freiburg, Genf, Luzern, Neuenburg, Tessin, Thurgau, Uri, Waadt und Wallis ein Anwaltspatent auf Grund vorausgegangener Prüfung und Studienausweise erforderlich, im Uebrigen ist die Advokatur frei. In den anderen Kantonen werden alle stimm- und wahlfähigen Schweizerbürger, in einigen Kantonen auch die Ausländer zur gelegentlichen oder berufsmässigen Vertretung Dritter vor Gericht zugelassen. Die Anwälte sind nirgends bei einem bestimmten Gerichte eingetragen, vielmehr ist ihnen von Bundeswegen Freizügigkeit zugesichert, so dass der in einem Kanton erworbene Fähigkeitsausweis auch zur Ausübung der Anwaltspraxis in allen anderen Kantonen berechtigt. Die Verschiedenheit der Prozess- und zum Theil auch der Civilgesetze beschränkt indess die Wirksamkeit der Anwälte thatsächlich auf die eigenen, zum Mindesten aber auf die benachbarten Kantone.

Das Rechtsverhältniss zwischen den Klienten und Anwälten unterliegt Mangels spezieller Vereinbarungen den Bestimmungen des Schweizer Obligationenrechts über das Mandat (Artikel 392—405). Die Kündigung des ertheilten und angenommenen Auftrages ist jederzeit zulässig, darf aber Seitens des Anwalts, der eventuell schadenersatzpflichtig wird, nicht zur Unzeit geschehen (Artikel 402). Sie ist, da die Partei den Prozess auch selbst führen kann, ohne Bestellung eines anderen Anwaltes wirksam, muss jedoch dem Gerichte und Vorsichts halber auch der Gegenpartei mitgetheilt werden (Artikel 404). Anwaltskammern giebt es nicht.

Ueber die Festsetzung der Gebühren und die Disciplinargerichtsbarkeit bestehen folgende besonderen Vorschriften: 1. Das Bundesgericht entscheidet Streitigkeiten über die Liquidation der Anwaltsrechnungen nach schriftlicher Vernehmung der Parteien. Der gesetzliche Tarif ist lediglich für die Erstattungspflicht des unterliegenden Gegners maassgebend (Bundesgesetz über die Kosten der Bundesrechtspflege vom 25. November 1880). 2. In Aargau gilt der Anwaltstarif vom 10. März 1852. Das Obergericht übt die Disciplinargewalt aus (Gesetze über die Advokaten von 1833 und 1849). 3. Basel-Stadt. Streitigkeiten über Desserviten werden von den Moderationsausschüssen der betreffenden Gerichte entschieden. 4. Basel-Land. Ermässigung der Gebühren erfolgt eventuell durch das Obergericht. 5. Bern. Beschwerden über die Höhe der Liquidationen sind beim Gerichtspräsidenten am Wohnort des Anwalts anzubringen. Disciplinarbehörde ist das Obergericht. 6. Freiburg. Das Gesetz vom 21. November 1851 enthält den Gebührentarif; für Disciplinaruntersuchungen gegen Anwälte besteht ein besonderer Disciplinarrath. 7. Genf. Den Tarif regeln die Gesetze vom 10. November 1863 und 22. November 1878, die Disciplinargewalt übt die Commission d'examen et de surveillance. 8. Luzern. Maassgebend ist das Sportelgesetz vom 7. März 1861, Ermässigungen zu hoher Ansätze erfolgen durch den Richter von Amtswegen. Die Disciplinarbefugniss steht dem Obergerichte zu. 9. Solothurn (Gesetz vom 30. April 1859). Das Obergericht ist Moderationsinstanz, der Amtsgerichtspräsident erledigt anderweite Beschwerden. 10. Tessin. Der bestehende Tarif wird als veraltet bezeichnet. Die Disciplinargewalt üben die zuständigen Gerichte. 11. Thurgau. Das Anwaltsgesetz vom 4. November 1851 enthält einen Tarif, unterstellt die Anwälte der Disciplinargewalt der Gerichte und giebt dem Obergericht Moderationsbefugniss nach vorausgegangenem Schriftenwechsel. 12. Waadt (Gesetz vom 25. November 1880 mit Tarif). Ermässigungen der Ansätze erfolgen bei Beträgen bis zu 150 Fr. durch das Bezirksgericht, bei höheren Beträgen durch die Cour de modération des Kantonsgerichts. 13. In Wallis besteht ein gesetzlicher Tarif. Die Herabsetzung der Gebühren bewirkt eventuell der Gerichtspräsident. Das Justizdepartement des Regierungsrathes ist Aufsichtsbehörde. 14. In den übrigen Kantonen erstreckt sich die Disciplinarbefugniss der Gerichte nur auf den Verkehr des Anwalts mit ihnen selbst. Streitigkeiten über die Höhe der Liquidationen unterliegen dem gewöhnlichen Prozessverfahren. Vorausgehende Vereinbarungen über die Gebühren sind zulässig,[1] aber nicht üblich. In Zürich besteht ein Advokatenverein, der für seine Mitglieder einen Tarif aufgestellt hat. Der Vorstand des Vereins erledigt Beschwerden über dessen Mitglieder auf Anrufen beider Beteiligten im schiedsrichterlichen Verfahren.

Die Kenntniss der deutschen Sprache darf bei allen schweizerischen Advokaten vorausgesetzt werden. Ein Verzeichniss derselben enthält Schlatter's Rechtskalender.

4) Avoués und Rechtsagenten. Das französische Institut der Avoués besteht zur Zeit in keinem Kanton mehr.

Rechtsagenten oder Geschäftsagenten heissen in den deutschen Kantonen Geschäftsleute, die sich mit der Schuldbetreibung,[2] mit der Vertretung in Konkursen und mit ähnlichen Geschäften befassen. Soweit die Advokatur freigegeben ist (s. oben), können sie selbstverständlich auch die Führung von Prozessen übernehmen, wie andere Bürger. Besondere gesetzliche Bestimmungen bestehen: a) In Basel-Stadt. Den vier auf je sechs Jahre gewählten Amtleuten ist die berufsmässige Schuldbeitreibung ausschliesslich übertragen, wofür sie eine Kaution von 15 000 Fr. stellen müssen. b) In Basel-Land. Nur die gegen Kaution von 15 000 Fr. patentirten Geschäftsleute sind zur Vertretung im Schuldenbetreibungsverfahren befugt. c) In Freiburg. Die Procureurs jurés besorgen Schuldbetreibungen, Arrestsachen u. s. w. Sie sind geprüft und leisten 6000 Fr. Kaution. d) In Luzern. Geschäftsagenten mit ähnlichen Funktionen, wie im Kanton Freiburg, werden gegen 4000 Fr. Kaution patentirt. e) In Schaffhausen.

[1] Im Kanton Freiburg sind sie verboten.

[2] S. unten Seite 131.

Für Schuldbeitreibungen fungiren ebenfalls patentirte Geschäftsagenten. f) In Waadt. Das Kantonsgericht ernennt in jedem Bezirk ein bis drei Procureurs jurés, welche 5800 Fr. Kaution leisten. Der Gläubiger kann indess die Betreibung auch einem beliebigen anderen Bevollmächtigten übertragen.

B. Das Civilprozessverfahren. Kostenwesen. Zwangsvollstreckung.

1) **Bundesgericht** (Civilprozessordnung vom 13. Juli 1855 und Bundesgesetz über die Kosten der Bundesrechtspflege vom 25. Juni 1880).

Verfahren in Sachen, welche direkt an das Bundesgericht gelangen (siehe oben unter A. 1a und c).

a) Vorverfahren. Die Klage wird schriftlich in zwei Exemplaren dem Bundesgerichtspräsidenten eingereicht. Sie soll in Kürze enthalten: Die Bezeichnung der Parteien, den Klageantrag, die zur Begründung desselben dienenden Thatsachen sowie die genaue Bezeichnung der einzelnen Beweismittel für die angeführten Thatsachen, die Rechtsgrundsätze, sofern anderes als das Bundesrecht zur Anwendung kommt, den Werth des Streitgegenstandes. Der Gerichtspräsident bezeichnet einen Instruktionsrichter, der die Fristen und Termine für die Parteischriften und Parteivorträge ansetzt und die angetretenen Beweise erhebt. — Beweismittel sind: Geständniss, Urkunden, Augenschein, Sachverständige, Zeugen, zugeschobener Eid und der vom Gericht auferlegte Ergänzungs- oder Entkräftungseid. Es gilt die Eventualmaxime, die Fristen sind peremtorisch. Zur Nachholung versäumter Prozesshandlungen u. dergl. kann jede Partei einmal im Laufe des Rechtsstreits die Reform erklären, wodurch der Prozess in dieselbe Lage kommt, in der er sich vor der Versäumung befunden hatte. Beschwerden über die Prozessleitung werden vom Gericht im Hauptverfahren erledigt. b) Hauptverfahren: Mündliche Parteiverhandlung vor gesessenem Gericht. c) Als Rechtsmittel ist die Revision zugelassen, und zwar im Falle der Nichtigkeit innerhalb eines Monats, im Falle neuentdeckter Beweismittel, oder wenn durch ein Verbrechen auf das Verfahren eingewirkt wurde, binnen drei Monaten nach Entdeckung des Revisionsgrundes. Die Durchschnittsdauer der Prozesse vor dem Bundesgericht bis zum Erlass des Urtheils betrug im Jahre 1883 ca. zehn Monate, die Zustellung desselben erfolgte nach etwa 15 Tagen.

Kosten. Der Kläger, der in der Schweiz keinen festen Wohnsitz hat, ist für die Gerichtsgebühren und auf Verlangen des Beklagten auch für die sonstigen Kosten der Prozessführung kautionspflichtig. Die Kaution kann durch Hinterlegung baaren Geldes oder durch Bestellung von Pfändern oder Bürgen geleistet werden. Baarauslagen (s. unten) sind immer vorzuschiessen. Armenrecht befreit von der Pflicht zur Kautionsleistung und Zahlung der Gerichtskosten.

Die Gerichtskosten bestehen zunächst in den Auslagen des Instruktionsrichters, in den Baarauslagen der Kanzlei in Folge einer Einnahme des Augenscheines (Tagegelder der Richter 10 Fr., der Ersatzmänner 25 Fr., Reiseauslagen 20 Centimes per Kilometer), oder einer Vernehmung von Zeugen (Tagegeld 4 Fr., daneben Reiseentschädigung) bezw. Sachverständigen

(Tagegeld 15—35 Fr., Reiseentschädigung), sowie in den Portoauslagen u. dergl. Ausserdem wird erhoben eine Gerichtsgebühr von 25—500 Fr. und in den oben unter A. 1, c erwähnten Fällen eine solche von 100 bis 1000 Fr., und an Schreibgebühren ein Betrag von je 60 Centimes für die Folioseite.

Einigermaassen wegleitend bei der Prüfung von Advokaturrechnungen dürften die Grundsätze sein, nach welchen die Anwaltskosten vom unterliegenden Gegner zu ersetzen sind. Grundsätzlich hat die unterliegende Partei nicht nur sämmtliche Gerichtskosten zu tragen, sondern auch den Gegner schadlos zu halten. Hierzu gehört Zahlung von Reise- und (je 10 Fr.) Tagegeld an die persönlich erschienene Partei und Erstattung der Anwaltsgebühren. Es sind zu ersetzen für die Vertretung vor dem Instruktionsrichter 15—50 Fr., für die Vertretung vor dem Gericht 25—200 Fr., an Tagegeldern für die (in der Ostschweiz mindestens drei Tage betragende) Zeitversäumniss je 20 Fr., an Reisegeld 20 Centimes für den Kilometer, endlich für das Studium der Akten und die Anfertigung von Schriftsätzen ein im einzelnen Falle nach billigem Ermessen vom Richter festzusetzender Betrag.

Die Zwangsvollstreckung ist von der Partei zu bewirken. Urtheile, die auf eine bestimmte Geldsumme lauten, sind am Wohnorte des Schuldners durch Rechtstrieb zu vollziehen (s. unten S. 131 ff.). Die Vollstreckung anderer Urtheile ist bei der betreffenden Kantonsregierung nachzusuchen, welche den Verurtheilten unter Androhung von Ungehorsamstrafen und Exekution zur Erfüllung innerhalb einer bestimmten Frist auffordert. Beschwerden über Mängel im Vollstreckungsverfahren entscheidet das Bundesgericht.

Die Kosten der Zwangsvollstreckung sind nicht von Belang, es sei denn, dass in Vollziehung des Urtheils die Ausführung der geforderten Leistung auf Kosten des Verurtheilten angeordnet werden muss, in welchem Falle der die Vollstreckung Nachsuchende einen entsprechenden Vorschuss zu leisten hat.

Verfahren in Appellationssachen (A. 1, b).

Der Präsident bestimmt den Verhandlungstermin, in welchem die Parteien erscheinen und plaidiren dürfen. Das Gericht hat seinem Urtheil den von den kantonalen Gerichten festgestellten Thatbestand zu Grunde zu legen. Sind erhebliche Thatsachen bestritten und im Beweisverfahren nicht erörtert worden, so kann das Bundesgericht Aktenvervollständigung durch die kantonale Instanz anordnen und hierauf ohne weitere Parteivorträge das Endurtheil erlassen.

Nach Eingang der Akten von den kantonalen Gerichten wurde das Urtheil im Jahre 1883 durchschnittlich in ca. sieben Wochen erlassen und nach weiteren drei Wochen zugestellt.

Verfahren in staatsrechtlichen Angelegenheiten.

Die motivirte schriftliche Beschwerde ist binnen 60 Tagen nach Erlass oder Mittheilung der anzufechtenden Verfügung beim Bundesgericht einzureichen. Das Verfahren ist schriftlich. In der Regel sind weder Gerichtsgebühren, noch Entschädigungen an die Gegenpartei zu zahlen; Gebühren bis zum Betrage von 100 Fr. werden vielmehr nur in Fällen muthwilliger Beschwerdeführung erhoben. — Die Entscheidung erfolgte im Jahre 1883 durchschnittlich in etwa zehn Wochen, ihre Zustellung nach weiteren zwei Wochen.

2) **Die Gerichte der Kantone.** Wie vor dem Bundesgericht, so sind auch in den Kantonen die Fremden im gerichtlichen Verfahren den Einheimischen durchaus gleichgestellt. Diese Gleichstellung ist zudem durch einzelne Staatsverträge noch ausdrücklich garantirt.[1] Sie enthebt indessen den ausserhalb des betreffenden Kantons wohnenden Ausländer von der Kautionspflicht so wenig, als der Schweizerbürger im gleichen Falle hiervon befreit ist. Die Prozessfähigkeit der Aktiengesellschaften ist Gegenstand des Zusatzprotokolls (d. d. 13. Mai 1869) zur Uebereinkunft mit dem Norddeutschen Bund, betr. den Schutz des geistigen Eigenthums, und es ist der Inhalt dieses Protokolls durch Uebereinkunft vom 23. Mai 1881 bestätigt und auf das ganze Deutsche Reich ausgedehnt worden. Formlose Erklärung im gleichen Sinne Frankreich gegenüber (vergl. Ullmer, Staatsrechtliche Praxis der Schweizer. Bundesbehörden. Band II. Nr. 1248).[2] — Das Armenrecht wird Ausländern meist nur beim Nachweis des Gegenrechts ertheilt. Staatsverträge über gegenseitige Bewilligung des Armenrechtes bestehen mit Italien (d. d. 8. November 1882) und mit Oesterreich-Ungarn (d. d. 8. Januar 1884).

Wir skizziren im Folgenden 1. das ordentliche Prozessverfahren, 2. das Schuldbetreibungsverfahren (ungefähr dem Mahnverfahren und dem Urkundenprozess der deutschen Civilprozessordnung entsprechend), 3. die Besonderheiten des Wechselverfahrens.

1. Das ordentliche Prozessverfahren. Die kantonalen Prozessordnungen lassen sich mit Rücksicht auf den allgemeinen Gang des Verfahrens in folgende Gruppen eintheilen:

Gruppe a: Die Klage wird anhängig gemacht durch blosse Einreichung des Leitscheins (Weisung) des Vermittlers. Alsdann findet ohne weitere Vorbereitung die mündliche Hauptverhandlung statt, in welcher die Streitsache erschöpfend dargelegt werden soll. Hierher gehören: Appenzell, A. Rh. (Civilprozessordnung vom 25. April 1880). Appenzell, I. Rh. (Gerichtsordnung vom 24. November 1873; Verordnung betr. das Beweisverfahren vom 23. März 1874 und Verordnung über das Rekursverfahren vom 28. Mai 1880). Glarus (Civilprozessordnung von 1860). Schwyz (Verordnung über das Verfahren in bürgerlichen Rechtsstreitigkeiten vom 14. April 1848). Unterwalden nid dem Wald (Gesetzbuch Bd. I. Stans 1867. p. 739.

---

[1] Z. B. durch den Niederlassungsvertrag mit dem Deutschen Reiche vom 27. April 1876 Art. 1.

[2] S. auch Handels- etc. Vertrag mit den Hawaii-Inseln vom 20. Juli 1864 Art. 8 al. 2; Freundschafts- und Handelsvertrag mit Belgien vom 11. Dezember 1862 Art. 3 al. 2 und Uebereinkommen vom 22. November 1879 hierzu, ferner Niederlassungsvertrag mit Italien vom 22. Juli 1868 Art. 16 und Vertrag mit Salvador vom 30. Oktober 1883, Art. 3.

Titel XIV). Uri (Civilprozessordnung vom 24. November 1852). In den genannten Kantonen soll die Beweisaufnahme zugleich mit der Hauptverhandlung erfolgen; die Zeugen sind also mitzubringen. Das ganze Verfahren wäre ein ausserordentlich rasches, wenn nicht die Leichtigkeit, mit der „Vorfragen" (Einreden) aufgeworfen und — durch Appellation — verfolgt werden können, sowie auch die den Gerichten gewährte Möglichkeit, schwierigere Fälle einer „Kommission" zur näheren Untersuchung zu überweisen, die Erledigung verzögerte. In den anderen Kantonen dieser Gruppe, nämlich in Basel-Land (Gerichts- und Prozessordnung vom 26. November 1844), Schaffhausen (Bürgerliche Prozessordnung vom 25. Juni 1869), Thurgau (Bürgerliche Prozessordnung vom 1. Mai 1867) und Zürich (s. unten in ausführlicherer Darstellung), sind für das Beweisverfahren besondere Fristen und Termine vorgesehen.

Gruppe b: Der mündlichen Hauptverhandlung geht ein schriftliches Verfahren voraus. Die weitere Prozessinstruktion, Entscheidung über Einreden, Beweisbeschlüsse u. s. w. erfolgen in der Hauptverhandlung oder nach derselben. Für die einzelnen Kantone dieser Gruppe ist noch zu bemerken: St. Gallen (Gesetz über den Civilprozess vom 6. März 1850) und Zug (Civilprozessordnung vom 15. October 1863) beschränken das Vorverfahren auf eine kurze schriftliche Mittheilung der Anträge, Beweismittel, Fragen an die Zeugen und Schwörsätze, sowie auf Hinterlegung der zu gebrauchenden Urkunden. Im Uebrigen soll in der Hauptverhandlung auch die Beweisaufnahme erfolgen. In Aargau ordnet die Prozessordnung in bürgerlichen Rechtsstreitigkeiten (vom 19. December 1851) einen zweimaligen Schriftenwechsel (Klage, Antwort, Replik, Duplik) an, in Luzern (Gesetz über das Civilprozessverfahren vom 22. October 1850) und in Obwalden (Civilprozessordnung vom 21. April 1869) ist nur ein einmaliger Schriftenwechsel vorgeschrieben. In Freiburg (Civilprozessordnung von 1849) sollte das schriftliche Verfahren nur die Ausnahme bilden. Tessin (Codice di procedura civile vom 7. Juni 1843) hat je nach der Art der Prozesse rein mündliches oder schriftliches Verfahren. Zu dieser Gruppe gehört auch der Kanton Genf (Näheres siehe unten).

Gruppe c: Das Vorverfahren vor dem Gerichtsvorstand, theils schriftlich, theils mündlich, bezweckt die vollständige Prozessinstruktion mit Einschluss der Beweisaufnahme (abgesehen von der Zeugenvernehmung[1] und der Eidesleistung). Die mündliche Hauptverhandlung erstreckt sich auf das geschlossene Aktenmaterial, auf Grund dessen auch der Richter die Entscheidung trifft (vergl. Civilprozessordnung des Bundesgerichts).

Hierher gehören: Basel-Stadt, Bern, Graubünden (Gesetz über das Verfahren in bürgerlichen Rechtssachen vom 1. Juni 1871), Neuenburg (Code de procédure civile vom 17. Mai 1876 resp. vom 23. November 1881), Solothurn (Civilprozessordnung vom 13. December 1839), Waadt Code de procédure civile vom 25. November 1869) und Wallis (Gesetzbuch über die bürgerliche Prozessordnung vom 31. Mai 1856).

[1] Die Zeugenvernehmung erfolgt in Bern, Graubünden und Neuenburg durch den Instruktionsrichter, in Basel-Stadt und Solothurn durch das Prozessgericht.

Einer eingehenderen Behandlung bedürfen die Kantone Basel-Stadt, Bern, Genf und Zürich.

1. Basel-Stadt (Civilprozessordnung vom 8. Februar 1875). Mit der Klageschrift, enthaltend die Personalien, den Klageantrag, eine kurze Darstellung der Thatsachen, einen Antrag bezüglich der gerichtlichen und aussergerichtlichen Kosten, sind zugleich alle Beweisurkunden einzureichen. Dasselbe gilt von der Klagebeantwortung. Die Einreden der Inkompetenz, der mangelnden Prozessfähigkeit des Klägers und der abgeurtheilten Sache entbinden von der Einlassung zur Hauptsache, sonst gilt durchaus die Eventualmaxime.

Steht das Thatsächliche nicht fest, so ordnet der Präsident das Vorverfahren zur Beweisführung an. Nach Schluss der Akten erfolgt die mündliche Hauptverhandlung vor dem Prozessgericht. Sie umfasst den Vortrag der eingereichten Schriften, die Vernehmung der vom Präsidenten „vorsorglich" geladenen Zeugen und Sachverständigen und Rechtserörterungen ohne Erweiterung des thatsächlichen Materials. Das Gericht kann die Aktenvervollständigung durch ein zweites Vorverfahren beschliessen, oder ein unbedingtes oder ein bedingtes Endurtheil fällen. Durch letzteres wird eine Partei abgewiesen oder verurtheilt, wenn sie nicht einen bezeichneten Beweis beibringt oder antritt, z. B. den Ergänzungseid, den Entlastungs- oder Reinigungseid leistet.

Rechtsmittel: Die binnen zehn Tagen nach der Verkündung des Urtheils einzulegende Appellation hat aufschiebende Wirkung. In besonderen Fällen kann jedoch das Prozessgericht vorläufige Vollstreckung gegen genügende Kaution anordnen. Der auswärtige Appellant hat die erstinstanzlichen Kosten zu berichtigen und Kaution für die zweite Instanz zu stellen, ehe die Akten an die letztere versandt werden. Anschlussappellation Seitens des Gegners ist zulässig. Revision (= Restitution der Reichs-Civilprozessordnung) kann mit schriftlicher motivirter Eingabe binnen Monatsfrist nachgesucht werden. Gegen gewisse Zwischenbeschlüsse findet die Beschwerde statt.

Die Gerichtskosten bestehen in Schreibgebühren (50—75 Cts. für die Folioseite) und Prozessgebühren (Vorverfahren 5—50 Fr., Zwischenurtheile 5 Fr., Endurtheile bei 500—2000 Fr. Streitwerth 10—20 Fr., bei 10000—20000 Fr. 40—50 Fr., Appellationsgebühr 6 Fr., Prozessgebühr des Appellationsgerichtes bis 5000 Fr. 20—200 Fr., bei höherem Streitwerth 40—500 Fr.). Vgl. die Civil-Prozessordnung vom 8. Februar 1875 und die Taxordnung vom 12. November 1877.

Anwaltskosten. Die Amtleute beziehen für die Führung eines Prozesses in erster Instanz Gebühren bis zum Betrage von 50 Fr. — Die Anwaltsgebühren betragen in jeder Instanz etwa 100 Fr. Der unterliegenden Partei werden in der Regel die Gerichtskosten auferlegt (ordentliche Prozesskosten) und ferner, je nach dem Grade des Unterliegens, entweder eine Entschädigung an die Gegenpartei in fixirter Höhe oder die volle Bezahlung der gegnerischen Anwaltskosten (ausserordentliche Prozesskosten).

Zwangsvollstreckung: Bei Verurtheilungen zur Zahlung einer Summe Geldes ist der Beginn des Betreibungsverfahrens (s. unten) eine Woche nach dem Eintritte der Rechtskraft statthaft. Widerspruch Seitens des Schuldners kann nur auf Grund geleisteter Zahlung erhoben werden und wird vom Gericht summarisch entschieden.

In anderen Fällen ist das Vollstreckungsgesuch an den Präsidenten des Civilgerichts zu richten.

2. Bern. Gesetz betr. die Vereinfachung und Abkürzung des Civilprozessverfahrens, vom 2. April 1883.

a) Verfahren in Sachen, die vor dem Obergericht anhängig gemacht werden können. Der Kläger reicht dem Gerichtspräsidenten die Klageschrift ein, welche die Bezeichnung der Parteien, des Streitwerthes und des eingeklagten Rechtes, den Klageantrag, eine artikulirte Aufzählung der Thatsachen, mit spezieller Angabe der Beweismittel für jeden Satz, enthalten muss. Ausserdem ist das Zeugniss des Friedensrichters über den stattgehabten Sühneversuch beizufügen.

Der Gerichtspräsident setzt zur mündlichen, eventuell zur schriftlichen Einlassung auf die Klage, nöthigenfalls zur Einreichung der Replik und Duplik eine bestimmte Frist fest. Auch entscheidet er Zwischengesuche, die nach dem Gesetze die Einlassung hindern. Hiergegen findet Rekurs an das Obergericht statt. Ausser diesen Fällen hat der Beklagte sämmtliche Vertheidigungsmittel gleichzeitig vorzubringen. Der Präsident erlässt sodann einen Beweisbeschluss, der nur im Falle einer Eidesauflage der Appellation an das Obergericht unterliegt und erhebt die Beweise. Als Beweismittel sind auch der zugeschobene und der Ergänzungseid zulässig, letzterer wird indess nur vom Gericht auferlegt und abgenommen.

Nach Aktenschluss haben sich die Parteien zu erklären, ob sie Beurtheilung durch das Amtsgericht oder — mit Umgehung desselben — die endgültige Entscheidung durch das Appellationsgericht verlangen. In Sachen, die vor das Bundesgericht gebracht werden können, findet das Ueberspringen der Instanz schon auf einseitigen Antrag statt.

Die Verhandlung vor dem urtheilenden Gerichte ist eine mündliche. Bis zur Urtheilsfällung ist einmalige Reformerklärung statthaft. (Vgl. oben Bundesgericht.)

Die Appellation ist binnen 10 Tagen beim Gerichtspräsidenten zu erklären; nach weiteren zehn Tagen hat der Appellant demselben die gehefteten Akten unter gleichzeitiger Erlegung der Appellationsgebühr einzureichen, worauf dem Appellaten eine Frist zur Einreichung seiner Akten gesetzt wird. Alsdann erfolgt die Versendung derselben an das Appellationsgericht. — Weitere Rechtsmittel sind: das neue Recht (Restitution der Reichscivilprozessordnung) und die Nichtigkeitsklage; jenes ist binnen drei Monaten, diese binnen 30 Tagen nach Entdeckung des Restitutions- oder Kassationsgrundes einzulegen.

b) In Streitsachen, die vom Amtsgericht endgültig zu beurtheilen sind, findet das ganze Verfahren, durchaus mündlich, vor dem Gerichte selbst statt

Die Gerichtskosten sind, abgesehen von den nach der Seitenzahl berechneten Schreibgebühren, fixe Gebühren für jede Prozesshandlung, ohne Rücksicht anf die Streitsumme. Sie betragen im Sühneverfahren circa 3 Fr., im Instruktionsverfahren für jede Verhandlung 3 Fr., für die Ausfertigung von Urtheilen 3—5 Fr. etc. Bei den Amtsgerichten beträgt die Gebühr für ein Urtheil in der Hauptsache 9 Fr., für Zwischenurtheile 3 Fr., für die schriftliche Ausfertigung des Urtheils 3—8 Fr., für Verhandlungen ohne Urtheil 2 Fr., dem Weibel (huissier) kommt für jede Ladung oder Mittheilung 80 Cts. etc. zu. In der Appellationsinstanz sind zu zahlen: Als Appellationsgebühr bei Endurtheilen 12 Fr., bei Zwischenurtheilen 6 Fr., als Spruch- und Verhandlungsgebühr bei Endurtheilen 15 Fr., bei Zwischenurtheilen 9 Fr., für anderweite Verhandlungen 4,50 Fr. Die Gebühren im Bagatellprozess betragen ungefähr die Hälfte der amtsgerichtlichen Sätze. — Alle Aktenstücke sind stempelpflichtig (s. unten). Die Anwaltskosten unterliegen freier Vereinbarung. (Ueber das Moderationsverfahren siehe oben unter Anwaltschaft.)

Die unterliegende Partei ist in der Regel zum vollständigen Ersatz der Prozesskosten an den Gegner zu verurtheilen. Theilung der Kosten tritt ein, wenn jede Partei theils obsiegt, theils unterliegt, oder die obsiegende Partei unnöthige Weiterungen verursacht hat. Erhält eine Partei durch das Urtheil nicht wesentlich mehr, als ihr auf gütlichem Wege angeboten war, so können ihr sämmtliche Kosten aufgelegt werden.

Vollstreckung. 14 Tage nach Verkündigung des Urtheils kann beim Gerichtspräsidenten der Vollziehungsbefehl nachgesucht werden (s. unten Schuldbetreibung). Lautet das Urtheil auf andere als Geldleistungen, so ist der geeignete Vollstreckungsantrag an den Amtsgerichtspräsidenten zu richten (§§. 387 ff.).

3. Genf. (Loi sur la procédure civile vom 19. September 1819 und Abänderungsgesetze z. B. vom 24. März 1852.)

Behufs Einleitung des Prozesses verfasst der Kläger ein Schriftstück (exploit), welches enthalten soll: Datum, Bezeichnung der Parteien, die erforderliche Zahl der Abschriften und die Angabe, für wen sie bestimmt sind — unter gewöhnlichen Umständen ist nur eine Kopie für die Gegenpartei erforderlich —, die Ladung vor das Gericht zu einem bestimmten Termin. den Klageantrag, eine kurz gefasste Klagebegründung und die Unterschrift des Gerichtsdieners (huissier). Der ausländische Kläger hat zugleich im Kanton ein Domizil zu verzeichen (z. B. bei seinem Anwalt). Der Klage ist eine Abschrift der in Bezug genommenen Urkunden beizufügen. Die Zustellung der erwähnten Schriftstücke an den Beklagten erfolgt durch den Gerichtsdiener. Am bestimmten Gerichtstage reicht der Kläger die Klage dem Gerichtsschreiber ein, der die Prozesse in der Reihenfolge des Eingangs aufrufen lässt. Das Gericht kann nun im ersten Termin (audience d'introduction) sofortige mündliche Verhandlung beschliessen, oder einen neuen Termin ansetzen oder ein Instruktionsverfahren anordnen, d. h. doppelten Schriftwechsel unter den Parteien, bezw. von Anwalt zu Anwalt. Nach Schluss dieses Verfahrens findet die mündliche Hauptverhandlung statt, in welcher nur die im Vorverfahren produzirten Urkunden gebraucht werden dürfen.

In verwickelten Rechnungssachen und auch sonst auf Antrag der Parteien kann das Gericht die Vorlegung der Schriftstücke, welche noch durch ein „Memoire“ ergänzt werden dürfen, anordnen und ohne mündliche Verhandlung auf Grund der Akten beschliessen oder urtheilen. Sind erhebliche Thatsachen bestritten, so ergeht ein nicht anfechtbarer Beweisbeschluss; die Beweisaufnahme soll vor dem Prozessgericht erfolgen. Die Bestimmungen über die Beweismittel schliessen sich an das französische Recht an (Code civile 1315—1369).[1]

Die Appellation ist frühestens eine Woche, spätestens drei Monate nach Mittheilung des Urtheils durch ein Schriftstück (exploit), ähnlich der Klageschrift, zu erklären und durch den Gerichtsdiener dem Gegner zuzustellen. In diesem Schriftsatze sind die Beschwerdepunkte kurz anzuführen. Die erste Instanz kann unter gewissen Umständen vorläufige Vollstreckung anordnen, auch wenn Appellation eingelegt ist. — Weitere Rechtsmittel sind die Erläuterung und die Revision (Nichtigkeits- und Restitutionsklage).

Gerichtskosten. Zu den Gerichtskosten werden gerechnet (loi sur la procédure civile Art. 121 ff.): 1. die Gebühren des Staates;[2] 2. die Sporteln der Gerichtsschreiber (Agrées) und Gerichtsdiener;[3] 3. die Gebühren der Zeugen und Sachverständigen; 4. Reise- und Zehrungskosten der Parteien, wenn die Reise ausschliesslich des Prozesses wegen gemacht werden musste. Die Honorare der Advokaten gehören zunächst nicht zu den Gerichtskosten.

Zu 1. Der Fiskus erhebt die Gerichtsgebühren in der Form der Droits d'enregistrement (Einregistrirungsgebühr).[4] Diese Gebühren sind je nach der Natur des streitigen Rechtsverhältnisses verschieden; beim Mobiliarkauf betragen sie z. B. 1⁰/₀ des Kaufpreises. Kommen keine registrirungspflichtigen Akte in Frage, so werden bei Verurtheilungen in Geld $^3/_4$⁰/₀, sonst fixe Gebührensätze von höchstens 5 Fr. in erster und von 15 Fr. in der Appellationsinstanz erhoben. Ausserdem sind zu entrichten für Zwischenverfügungen 1 Fr., für die durch die Gerichtsweibel vermittelten Mittheilungen 50 Cts., für die Appellationserklärung 5 Fr.

Zu 2. Die Gerichtsschreiber erheben für die Einschreibung des Prozesses 75 Cts. bis 1,50 Fr.; für die Entgegennahme, Mittheilung und Zurücksendung der Akten 1 Fr., für schriftliche Ausfertigung 35 Cts. pro Seite (zu 25 Linien à 15 Silben), für die Protokollirung der Beweisaufnahme 1,50 Fr. pro Stunde und einige andere kleinere Gebühren. — Die Gerichtsweibel erhalten für die Mittheilung eines Urtheils 1,50 bis 2 Fr., und für die Erledigung anderer gerichtlicher Akte 80 Cts. bis 4 Fr., je nach der Entfernung von der Stadt.

Für die Gebühren der Anwälte gilt das französische System: Eine Reihe von Tarifsätzen besteht für diejenigen Verrichtungen, welche in Frankreich

[1] Dasselbe gilt von den übrigen Kantonen des französischen Rechtsgebiets, d. h. für Neuenburg (§§ 2067—2117 Code civil), Wallis (1183—1248 Code civil) und Waadt (972—1021 Code civil).

[2] Loi générale sur les contributions publiques vom 18. Juli 1870.

[3] Reglement sur le tarif des émoluments en matière civile vom 12. November 1869.

[4] Siehe unten Stempelsteuer.

den Avoués zufallen, z. B. für Redaktion von Gesuchen (3—12 Fr.) und anderen Schriftstücken (2,60 Fr. pro Seite), für Konsultationen (5 Fr.), für das Auftreten im Termin (1,50 bis 6 Fr.) Rechnungsstellung (1 Fr.), für Insinuationen, Aktenverzeichnisse, Publikationen etc. (je 1 Fr.). Doch ist es den Anwälten freigestellt, für die Plaidoyers ein höheres Honorar zu vereinbaren (vgl. „Frankreich").

Die eigentlichen Gerichtskosten (s. oben) werden der unterliegenden Partei, eventuell beiden Parteien nach dem Maasse des Unterliegens auferlegt. Volle Entschädigung wird nur in den Fällen illoyaler Prozessführung gewährt, insbesondere wenn unnöthige Weiterungen verursacht worden sind (Art. 750 ff. loi sur la procédure civile).

Vollstreckung. Das Urtheil wird mit der Vollstreckungsklausel versehen und ist durch einen Gerichtsweibel (huissier) mit dem Zahlungsbefehl dem Gegner zuzustellen. (Ueber das Weitere vergl. den Abschnitt „Schuldbetreibung".)

4. Zürich (Gesetz über die Rechtspflege vom 2. Dezember 1874, Abänderungsgesetz vom 13. Juni 1880).

Die Klage ist mündlich oder schriftlich beim Friedensrichter einzuleiten, welcher das Sühneverfahren durchführt und im Falle des Misslingens dem Kläger die mindestens das Hauptklagebegehren enthaltende „Weisung" an das zuständige Gericht ausstellt. Die Weisung wird mit dem Gesuch um Anhandnahme und Vertagung dem Gerichte eingereicht.

Vor Gericht findet eine mündliche Hauptverhandlung statt, in welcher alle Anträge, Behauptungen, Einwendungen und Beweisanträge bei Strafe des Ausschlusses anzuführen sind. Nur die Einrede der Unzuständigkeit entbindet von der Einlassung zur Hauptsache. Gegen den diesen Einwand verwerfenden Beschluss ist sofortige Appellation zulässig. In weitläufigen Rechnungssachen kann das Gericht auf Antrag an Stelle der Hauptverhandlung einen doppelten Schriftenwechsel anordnen. Nach Schluss der Hauptverhandlung, bezw. des Schriftenwechsels wird das Urtheil gefällt oder durch Beschluss festgestellt, welche Thatsachen und von wem sie zu beweisen sind. Hierauf erfolgt in doppeltem Schriftenwechsel Bezeichnung der Beweissätze und Beweismittel, sowie deren Anfechtung mit Bezug auf Haupt- und Gegenbeweis. Beweismittel sind u. A. Urkunden, die sofort beigefügt werden müssen, und persönliche Befragung der Gegenpartei, nicht auch Eideszuschiebung. Die Entscheidung über die Zulassung der angetretenen Beweise ist unanfechtbar. Die Beweisaufnahme erfolgt vor dem Prozessgericht, hierauf sofort die mündliche Schlussverhandlung und die Verkündung des Urtheils.

Die Appellationsfrist beträgt zehn Tage und läuft von der Mittheilung der schriftlichen, motivirten Urtheilsausfertigung. In zweiter Instanz dürfen neue Thatsachen nicht angeführt werden.

Die Kassation ist binnen 60 Tagen von der Urtheilsmittheilung an, die Revision binnen 3 Monaten von der Entdeckung des Revisionsgrundes an einzulegen.

Nur die Appellation schiebt die Vollstreckung auf. Mit dem Eintritt der Rechtskraft ist das Urtheil sofort vollstreckbar. Die Zwangsvollstreckung wegen Geldforderungen geschieht im Wege der Schuldbetreibung, sonst ist sie beim Bezirksgerichtspräsidenten (Befehlsverfahren) nachzusuchen.

Beim Handelsgericht ist der Weisung eine gedrängte Klageschrift beizufügen. Vor der Hauptverhandlung findet eine vorbereitende mündliche Verhandlung vor einem Gerichtsausschuss statt (Referentenaudienz). Appellation ist unzulässig. — Im Verfahren vor dem Gerichtspräsidenten sind die Beweisantretungen bei der Hauptverhandlung zu formuliren, so dass sofort über die Erhebung der Beweise entschieden werden kann.

Kosten. Für die Gerichtskosten und Prozessentschädigung an den Gegner hat der Kläger, der nicht im Kanton wohnhaft ist, durch Zahlung eines baaren Vorschusses, durch Bürgschaft oder Hinterlegung Kaution zu bestellen. Die ungefähre Höhe derselben beträgt bei einem Streitwerth von 1000 Fr. 150—200 Fr., bei 10 000 Fr. 250—300 Fr. Die Kaution wird neuerdings bei der Appellationserklärung erfordert, oder auch, sobald die aufgelaufenen Kosten den Betrag der Kaution erreicht haben.

Die Kosten der Einnahme eines Augenscheines, der Sachverständigen- und Zeugenvernehmungen sind allemal baar vorzuschiessen.

Die Gerichtskosten bestehen in den Staatsgebühren, die für jede Instanz besonders angesetzt werden, den Stempel- und Schreibgebühren und den Baarauslagen der Kanzlei. Die Höhe der Staatsgebühr richtet sich nach dem Streitwerth und dem Umfange der Sache. Durchschnittlicher Betrag sind bei 1000 Fr. Streitwerth 30 Fr., bei 10 000 Fr. 100 Fr., vor dem Handelsgericht 90 bezw. 300 Fr.

Die Schreibgebühren für die den Parteien zugehenden Ausfertigungen betragen 30 Cts. pro Folioseite, an Stempelsteuer werden 30 Cts. für den Bogen erhoben. Die Baarauslagen der Kanzlei bestehen in den Kosten der Ladungen (30 Cts. innerhalb des Kantons), und den an die Sachverständigen und Zeugen gezahlten Entschädigungen (für letztere 6 Fr. pro Tag und Reiseentschädigung).

Die Anwaltsgebühren berechnen sich nicht nach dem Streitwerth, sondern nach dem Umfang der Arbeit. Für jede Vertretung vor Gericht werden 25—40 Fr., für Anfertigung von Eingaben 2—30 Fr., für Korrespondenzen 1—5 Fr., Audienzen 1—5 Fr. und die Reiseauslagen berechnet. (Vergl. die Honorarordnung des Vereins Züricher Advokaten.)

Der gänzlich unterliegenden Partei wird ausser den Gerichtskosten eine in fixer Summe bestimmte Entschädigung an den Gegner auferlegt, welche annähernd die Advokaturkosten desselben deckt, und zwar der Regel nach für die erste Instanz 25—30 Fr., für die zweite Instanz 30 Fr., und wenn mehrere Verhandlungen stattgefunden haben, ein verhältnissmässiger höherer Betrag. Die unterliegende Partei wird, sofern der Prozess sich nicht durch ein Beweisverfahren komplizirt, bei einem Streitwerth von 1000 Fr. für jede Instanz im Ganzen mindestens 100 Fr., bei einem solchen von 10 000 Fr. mindestens das Doppelte, an Gerichtskosten, Entschädigungen und Anwaltsgebühren zu zahlen haben.

Die Durchschnittsdauer der durch Urtheil erledigten Prozesse betrug im Jahre 1882 bei den Bezirksgerichten 161 Tage, bei der Appellationskammer 34 Tage. Dazu kommt die meist nach Wochen zählende Frist, die nach der Verkündigung des Urtheils erster Instanz bis zur schriftlichen Mittheilung und Aktenversendung verstreicht. Das Verfahren vor dem Handelsgericht nahm durschschnittlich 102 Tage in Anspruch.

2. Das Schuldbetreibungsverfahren (Rechtstrieb, poursuite pour dettes).[1]

Es entspricht im Allgemeinen der deutschen Zwangsvollstreckung wegen Geldforderungen, dem Mahnverfahren, und ersetzt zum Theil den deutschen Urkunden- und Wechselprozess.

a) Die Voraussetzungen der Schuldbetreibung sind in dreifacher Weise verschieden. In den Kantonen der romanischen Schweiz bedarf es eines vollstreckbaren Schuldtitels (titre éxécutoire, französisches System). Als solche gelten in Freiburg: Urtheile,[2] notarielle Urkunden und Privaturkunden mit der Unterschrift des Schuldners und dem die Summe in Worten enthaltenden Vermerke: „Gut für . . . . .“; in Genf: Urteile oder notarielle mit der Vollstreckungsklausel versehene Urkunden; in Neuenburg: Urtheile oder eine Urkunde, welche das Anerkenntniss der Schuld enthält; nicht vollstreckbar ist der vom Schuldner unterzeichnete, aber kein ausdrückliches Anerkenntniss der Schuld enthaltende Kontokurrent, ebensowenig ein Brief, der die Richtigkeit einer Rechnung bestätigt, und das Zeugniss des Exekutors (huissier), dass eine Schuld anerkannt sei, sofern nicht das Anerkenntniss vom Schuldner unterschrieben wurde; in Tessin: Urtheile, Schuldscheine, in denen der Schuldner sich freiwillig der Zwangsvollstreckung unterworfen hat, sofern die Unterschrift durch einen Notar oder zwei Zeugen beglaubigt ist, ferner Wechselaccepte oder Zahlungsversprechen an Ordre oder an den Inhaber; in Waadt: Urtheile, notarielle Urkunden, Wechselversprechen oder Zahlungsversprechen an Ordre, Privaturkunden, sofern sie ganz vom Schuldner geschrieben oder doch wenigstens die Untersohrift und der Vermerk „Gut für . . .“, von seiner Hand herrühren.

Nach dem deutschen System kann in Bern der Gläubiger ohne Mitwirkung des Gerichts durch den Gerichtsweibel seinem Schuldner eine Zahlungsaufforderung zustellen lassen, der von letzterem binnen 14 Tagen widersprochen werden kann. Unterbleibt der Widerspruch, so erlässt nach 30 Tagen der Gerichtspräsident den Vollziehungsbefehl. Bei Urtheilen ergeht der Vollziehungsbefehl ohne vorherige Mahnung. In ähnlicher Weise wird eine vorausgehende Mahnung oder „Abkündung“ verlangt in den Gesetzen von Basel-Land, Glarus, Solothurn und Tessin.

In allen übrigen Kantonen kann die Schuldbetreibung ohne Weiteres,

[1] Nach Art. 64 der Bundesverfassung unterliegt, wie erwähnt, die Schuldbetreibung der Gesetzgebung des Bundes. Ueber den bezüglichen Gesetzesentwurf s. unten. Zur Zeit gelten noch die kantonalen Gesetze. In einigen dieser Gesetze ist noch der Schuldhaft („contrainte par corps“) Erwähnung gethan. Die betreffenden Bestimmungen sind aber durch Art. 59 der Bundesverfassung von 1874 aufgehoben worden.

[2] Unter Urtheil wird hier überall auch ein Gerichtsbeschluss verstanden, der das Prozessverfahren als durch Anerkennung, Vergleich u. s. w. beendigt erklärt.

namentlich auch ohne richterliche Bewilligung begonnen werden (Ausnahmen s. Wechselprozess).

b) Die Einleitung des Verfahrens erfolgt auf Antrag. Das Gesuch muss enthalten: den Namen und Wohnort des Schuldners und des Gläubigers, die Schuldsumme und den Rechtsgrund des Anspruches.

c) Das Verfahren bezweckt in den Kantonen Aargau, Basel-Stadt,[1] Basel-Land (bei Forderungen unter 40 Fr. Pfändung), Luzern und Schaffhausen (bei Forderungen unter 100 Fr. Pfändung) die Eröffnung des Konkurses über das Vermögen des nicht zahlenden Schuldners.

In allen übrigen Kantonen geht es auf Konstituirung eines gerichtlichen Pfandrechts. Dieses Pfandrecht muss binnen gesetzlicher Frist geltend gemacht werden, wozu ein Antrag des Gläubigers erforderlich ist. In Glarus, Schwyz und beiden Unterwalden werden die Pfandgegenstände dem Gläubiger zum amtlich festgestellten Preise zugeschlagen, in Freiburg, Tessin, Thurgau und Uri nur dann, wenn sie bei der Versteigerung unverkäuflich geblieben sind. Sonst werden hier, wie in allen übrigen Kantonen mit Pfändungssystem die Pfandgegenstände öffentlich versteigert. Führt die Pfändung nicht zur Befriedigung des Gläubigers, so kann derselbe die Eröffnung des Konkurses beantragen, und zwar entweder sofort oder mittelst eines weiteren Betreibungsverfahrens, im Kanton Zürich hohe Schuldbetreibung genannt. (Näheres siehe unter „Konkurs.“) Dies Verfahren ist oft noch von Erfolg begleitet, weil vielfach Liegenschaften nicht auf dem Wege der Einzelexekution, sondern nur im Konkurse zur Versteigerung kommen (z. B. in Zürich), und in den deutschen Kantonen namentlich deswegen, weil mit dem Konkurse, auch abgesehen von dem Falle einer strafbaren Handlungsweise des Schuldners, weitgehende Beschränkungen der bürgerlichen Ehrenrechte verbunden sind.

d) Der innerhalb der gesetzlichen Frist erhobene Widerspruch des Schuldners (Rechtsvorschlag, Rechtsdarschlag, opposition) hemmt zunächst das Verfahren. Wo die Einleitung des Verfahrens der richterlichen Mitwirkung bedarf, unterliegt ihr der Widerspruch in gleicher Weise, andernfalls ist jeder Widerspruch vom Beamten zu berücksichtigen.

Die Folgen des rechtzeitigen Widerspruches sind verschieden.

In Glarus, Schwyz, Nidwalden und Uri wird vorläufig gepfändet und nur das weitere Verfahren ruht bis zur Erledigung des Prozesses. Dem Gläubiger wird zur Anstellung desselben eine Frist gesetzt. Umgekehrt hat in beiden Appenzell, in Neuenburg und Waadt der Schuldner innerhalb einer zu bestimmenden Frist den Prozess einzuleiten, widrigenfalls sein Widerspruch wirkungslos wird.

In den Kantonen St. Gallen und Thurgau wird dem Gläubiger, der dem Gerichtspräsidenten seine Forderung durch Urkunden beweisen kann, „Rechtsöffnung“, d. h. die Bewilligung zur vorläufigen Pfändung, ertheilt. Alsdann bleibt auch hier das Verfahren sistirt.

In den Kantonen Basel-Land, Bern, Graubünden, Schaffhausen

[1] Für kleinere Forderungen kann auch Pfändung bewilligt werden.

und Zürich kann im Wege des summarischen Prozesses — das Rechtsöffnungsgesuch ist beim Gerichtspräsidenten anzubringen — nach Herstellung der Liquidität der Forderung durch Urkundenbeweis, „Rechtsöffnung“ mit der Wirkung erlangt werden, dass die Exekution ihren Fortgang nimmt. In Solothurn ist dies Verfahren ebenfalls bei Forderungen unter 40 Fr. statthaft. Die Abweisung des Rechtsöffnungsgesuches hat überall nur die Bedeutung einer Verweisung auf den gewöhnlichen Prozessweg.

e) Fristen und Kosten.

1. Basel-Stadt. Die Gerichtsschreiberei fertigt innerhalb einer Woche nach Eingang der Anmeldung den Zahlungsbefehl aus. Die Frist zur Erhebung des Widerspruches beträgt zwei Wochen. Erfolgt weder Widerspruch noch Zahlung, so kann der Gläubiger unter Einreichung des Zahlungsbefehls die Fortsetzung der Betreibung verlangen. Alsdann ergeht, und zwar wiederum innerhalb einer Woche, an den Schuldner die Warnung vor der Eröffnung des Konkurses, die der Gläubiger demnächst nach Ablauf von weiteren zwei Wochen fordern kann. Ist die Pfändung bewilligt worden (vergl. oben), so können die Pfandgegenstände nach zwei Wochen versteigert werden.

Abgekürzte Fristen bestehen für Forderungen aus inländischen Urtheilen, aus Mieths- und Pachtansprüchen, sowie für Gant- und Wechselforderungen (s. unten).

Die Kosten betragen für jeden Betreibungsakt, je nach dem Betrag der Forderung, 60 Cts. — 1,20 Fr., für den Rechtsvorschlag 40 Cts., für das Konkurserkenntniss oder die Bewilligung zur Versteigerung der Pfandgegenstände 1 Fr.

Ausser dem Ersatz dieser Kosten kann der Gläubiger von jedem Betreibungsakt vom Schuldner 40—80 Cts., für die Stellung des Konkursantrages 2 Fr. fordern. Eür nothwendige Korrespondenzen und Auslagen kann der Bevollmächtigte vom Gläubiger eine billige Vergütung beanspruchen.

2. Bern. Die Zahlungsaufforderung ist binnen 14 Tagen zu bestreiten; nach 30 Tagen kann Vollziehung nachgesucht werden.

Gegen den Vollziehungsbefehl oder die Pfändungsankündung darf in Ausnahmefällen binnen 4 Tagen Widerspruch erhoben werden.

Nach Ablauf dieser Frist erfolgt die Pfändung. Die Versteigerung beweglicher Pfandobjekte kann nach 14 Tagen, diejenige unbeweglicher nach drei Monaten verlangt werden.

Kosten. Die Gebühren der Vollziehungsbeamten bis zur Pfändung betragen je nach dem Betrage der Forderung 1—2 Fr.; für die Pfändung selbst sind ca. $2^1/_2$ Fr. zu zahlen, weitere Gebühren nur bei besonderen Vorkommnissen, z. B. wenn sich der Schuldner der Pfändung widersetzt, für die Anzeige an den Regierungsstatthalter 1,45—2,90 Fr., oder wenn die Zuziehung von Hülfspersonal nothwendig wird. Die Versteigerungsgebühr beträgt 1,45—2,17 Fr., eventuell, nämlich wenn sie mehr als einen halben Tag in Anspruch nimmt, sind noch 3,62 Fr. Taggeld für den Weibel zu zahlen. Dazu treten die Gebühren des Gerichtsschreibers mit 3—6 Fr.

Der Gläubiger kann diese Gebühren dem Schuldner anrechnen, soweit sie nicht aus dem Versteigerungserlöse gedeckt worden sind. Darüber hinaus hat der Schuldner ihn für die erwachsenen Unkosten nach einem festen Tarif zu entschädigen. Bei einer durchgeführten Betreibung steigen diese Ansätze auf circa 8 Fr.

3. Genf. Nachdem der Gläubiger die Zahlungsaufforderung dem Schuldner mit Zahlungsbefehl amtlich hat zustellen lassen, erfolgt die Exekution, die der Gläubiger in folgenden verschiedenen Arten zugleich betreiben kann. a) Die Mobiliarexekution (saisie des biens meubles) ist acht Tage nach Zustellung des Zahlungsbefehls statthaft. Der Weibel bestellt einen Wächter (gardien) für die Pfandgegenstände. 2—4 Wochen nach der Pfändung soll der Verkauf erfolgen, der Gläubiger kann indess Aufschub gewähren. b) Die Pfändung von beweglichen, im Besitze Dritter befindlichen Sachen oder von Forderungen des Schuldners (Saisie-arrêt). Die Pfändung ist sowohl dem Schuldner als dem Dritten mitzutheilen und der Letztere zu einer Erklärung vor Gericht zu veranlassen. Bestreitet er die Schuld, so kann gegen ihn der Prozessweg beschritten werden. c) Pfändung der Einkünfte einer Liegenschaft (Saisie générale des revenus d'un immeuble). Die Liegenschaft wird sequestrirt und ein Güterverwalter bestellt. d) Liegenschaftenpfändung (Saisie immobilière). Die Liegenschaften, die man in Anspruch nehmen will, sind schon im Zahlungsbefehl zu bezeichnen. Einen Monat später wird gepfändet und nach 18—24 Wochen zur Versteigerung geschritten. Nachgebote werden noch binnen drei Wochen nach Abhaltung des Versteigerungstermins entgegen genommen.

Der Gerichtsdiener erhält für die Vornahme einer Pfändung (Saisie de meubles oder saisie d'immeubles) im Ganzen 2 Fr., für die Versteigerung 1,50 Fr. (oder 75 Cts. pro Stunde) und einige kleinere Gebühren für etwaige weitere Verrichtungen. Ebenso stehen dem Gerichtsschreiber mehrere geringe Gebührenbeträge zu und vom Versteigerungserlös bis 10000 Fr. 1%, darüber hinaus $^1/_2$%.

4. Zürich. Jedes bis Sonnabend Abend eingereichte Betreibungsgesuch wird nächsten Dienstag vom „Gemeindammann" vollzogen (Rechtsbot). Die Frist für Erhebung des Widerspruchs (Rechtsvorschlag) beträgt 10 Tage, für das Begehren um Wiederaufhebung desselben (Rechtsöffnungsgesuch) 30 Tage. Wird weder Widerspruch erhoben noch bezahlt, so schreitet der Gemeindammann nach 21 Tagen vom Rechtsbot an gerechnet zur Pfändung. Dieses Pfandrecht dauert sechs Monate. Nach Empfang des Pfandscheins kann der Gläubiger den Verkauf der Pfänder (Versilberung) verlangen. Diese wird dem Schuldner mit vierzehntägiger Frist angedroht (Versilberungsanzeige) und im Falle der Nichtbezahlung demnächst vollzogen. Ist der Pfandschein dagegen leer, d. h. sind keine Pfandobjekte vorhanden, oder ist er ungedeckt, d. h. reichen die Pfänder nicht aus, so kann der Gläubiger entweder Nachpfändung oder unter Verzicht auf die erworbenen Pfandrechte die hohen Rechte" verlangen. Im letzteren Falle erhält der Schuldner, die Warnung vor dem Konkurse. Nach 21 Tagen wird dem Gläubiger die Durchführung des Verfahrens bescheinigt und er kann nunmehr binnen 14 Tagen beim Gerichtspräsidenten die Eröffnung des Konkurses beantragen.

Kosten. Es sind zu zahlen für den Rechtsbot 20 Cts., für Pfändung und Pfandschein 1,20 Fr., für Nachpfändung 80 Cts., für die Versilberungsanzeige 20 Cts., für die Versilberung und Uebersendung des Erlöses 2,40—21,20 Fr. (für die Versilberung 1 % des Erlöses, jedoch nicht mehr als 20 Fr.), für die Warnung vor dem Konkurs 20 Cts. und für die Durchführungsanzeige 40 Cts.

Der Schuldner hat lediglich die Rechtstriebskosten und die Portoauslagen des Gläubigers zu ersetzen.

Inkassomandatare berechnen für jede Eingabe 1 Fr., ebensoviel für jede Korrespondenz und eine Inkassogebühr von 1 % bei Summen unter 1000 Fr., von da ab 2 ‰ (Taxordnung des Advokatenvereins).

3. Wechselprozess. a) Bundesrecht. Das Bundesgesetz über das Obligationsrecht, in Kraft seit dem 1. Januar 1883, regelt das materielle Wechselrecht und enthält zugleich eine Reihe prozessualischer Bestimmungen.

Jeder Handlungsfähige ist auch wechselfähig. Der Wechselschuldner kann sich nur solcher Einreden bedienen, welche aus dem Wechselrecht selbst hervorgehen oder ihm unmittelbar gegen den jedesmaligen Kläger zustehen (Art. 811). Bei allen nach Art. 811 zulässigen Einreden soll der Richter, wenn ihm die vorgebrachten Thatsachen unglaubhaft erscheinen, sofortige vorläufige Exekution, nöthigenfalls unter Kautionsauflage verfügen (Art. 812).[1]

Die Erhebung des Protestes ist am Zahlungstage nicht zulässig; sie muss aber spätestens am zweiten Werktag nach dem Zahlungstage geschehen (Art. 762).

Es besteht keine Notifikationsfrist. Die Wechselklage verjährt gegenüber dem Acceptanten in drei Jahren, gegenüber dem Aussteller und den Indossanten in einem Monate, in drei Monaten oder in zwölf Monaten, je nachdem der Wechsel im Inlande, im übrigen Europa oder ausserhalb Europas zahlbar war. Die Frist beginnt für den Inhaber mit dem Tage des Protestes, für den Indossanten mit dem Tage, an dem er den Wechsel im Regresswege eingelöst hat, oder zur Einlösung aufgefordert wurde (Art. 803 ff. und 827 Ziff. 11).

b) Kantonales Recht.[2] 1. Die Erhebung von Wechselprotesten erfolgt in den Kantonen Basel-Stadt, Bern, Freiburg, Genf, Neuenburg, Tessin, Waadt, Wallis und Zürich durch einen Notar, in Aargau durch Notare, Anwälte, Gerichtsschreiber oder Gerichtssubstituten, in St. Gallen durch den Wechselnotar der betreffenden Gemeinde, in Thurgau durch den Notar oder Friedensrichter des Kreises. In Appenzell A. Rh. ist der Gemeindeschreiber, in Unterwalden und Uri der Landschreiber oder ein Gemeindeschreiber zuständig. Ferner nehmen Proteste

[1] Art. 812, sowie die in kantonalen Gesetzen über die Wchselexekution und den Wechselprozess enthaltenen besonderen Vorschriften finden indessen nur auf diejenigen Personen und Gesellschaften Anwendung, die in das Handelsregister eingetragen sind. Die Eintragungen werden im offiziellen schweizerischen Handelsamtsblatt veröffentlicht. Schweizerisches Ragionenbuch, seit Juli 1883 in Lieferungen erscheinend. Bern, Haller & Stämpfli.

[2] Vgl. Renward Meyer, Sammlung der kantonalen Vorschriften über das Handelsregister und die Wechselvollstreckung. Zürich 1885.

auf: in Basel-Land der Bezirksschreiber, in Glarus die Beamten der Gerichtskanzlei, in Graubünden der Kreisgerichtsschreiber, in Schaffhausen der Bezirksgerichtspräsident, in Schwyz der erste Pfandschätzer der Gemeinde, in Zug der Kantonsgerichtspräsident und in Luzern jeder beeidigte Schreiber einer Gerichts- oder Administrationsbehörde.

2. Exekution und Wechselprozess. a) Basel-Stadt. Der Wechselgläubiger hat unter Vorlegung der Urkunden beim Civilgerichtspräsidenten die Bewilligung des schnellen Wechselrechts nachzusuchen. Wird sie ertheilt, so stellt der Gerichtsschreiber dem Schuldner die Aufforderung zu, binnen drei Tagen zu zahlen oder binnen zwei Tagen Widerspruch (Rechtsvorschlag) zu erheben, widrigenfalls vom Gläubiger sofort das „Konkursbegehren“ gestellt werden könnte (Gesetz über Betreibung und Konkurs §§ 84—91).

Ist ein rechtlich zulässiger Widerspruch (s. oben) erfolgt, so hat der Gläubiger binnen einer Woche die Wechselklage schriftlich beim Civilgerichtspräsidenten einzureichen, widrigensfalls die vom Schuldner hinterlegte Streitsumme zurückgezahlt wird. Nach der in kurzer Frist einzureichenden Klagebeantwortung findet eine mündliche und summarische Verhandlung vor dem Gericht statt, und zwar ohne Rücksicht auf Gerichtsferien (Civilprozessordnung §§ 197—205).

b) Aehnlich ist das Verfahren in Bern. Das „Betreibungsbegehren“ ist dem Amtsgerichtspräsidenten einzureichen, welcher den Vollstreckungsbefehl bewilligt (s. oben Schuldbetreibung). Wird ein zulässiger Widerspruch erhoben, so hat der Gläubiger beim Gerichtspräsidenten unter Vorlegung aller Urkunden die Wechselklage zu erheben.

Der Gerichtspräsident entscheidet nach vorheriger mündlicher und summarischer Verhandlung bei Beiträgen bis zu 300 Fr. endgiltig. Bei höheren Beträgen ist Appellation zulässig; doch kann der Gerichtspräsident gegen Kautionsleistung Seitens des Gläubigers vorläufige Vollstreckung anordnen (Wechselordnung vom 3. November 1859; Gesetz über Einführung des Obligationenrechts vom 2. Dezember 1882).

Auf wesentlich gleicher Grundlage stehen die Gesetze von Aargau (Wechselordnung vom 12. Februar 1857), Basel-Land (Gesetz betr. die Einführung des Obligationenrechts vom 16. Oktober 1882), Luzern (Gesetz über Betreibung und Wechselprozess vom 20. September 1883), Schaffhausen (Gesetz betr. Einführung des Obligationenrechts vom 18. November 1882), Solothurn (Gesetz und Dekret betr. Einführuug des Obligationenrechts vom 31. Oktober 1882), Uri (Einführungsverordnung zum Obligationenrecht vom 28. Februar 1883), Wallis (Gesetz über Wechsel vom 20. November 1856; nur der Prozess, nicht auch die Betreibung ist gegenüber dem ordentlichen Verfahren abgekürzt) und Zug (Gesetz betr. Wechselprotest, Wechselprozess und Wechselexekution vom 4. September 1884).

c) In Genf ist die Klage zunächst beim Handelsgericht auzubringen und ein Urtheil zu erwirken, bevor der Weg der Schuldbetreibung betreten werden kann (Code de commerce liv. IV, loi sur la procédure civile). In den anderen Kantonen des französischen Rechtes, in Freiburg, Neuenburg, Tessin und Waadt, wird dagegen das Wechselaccept als vollstreckbarer

Titel behandelt, der, wenn kein zulässiger Widerspruch erhoben wird, ohne Prozess im Schuldbetreibungsverfahren geltend gemacht werden kann.

d) Zürich. Das Gesuch um Bewilligung des schnellen Rechtstriebs ist unter Beifügung der Urkunden dem Bezirksgerichtspräsidenten einzureichen.

Nach ertheilter Bewilligung ist der Rechtstrieb beim „Gemeindammann" zu erledigen. Die Frist zur Erhebung des Widerspruchs (Rechtsvorschlag) beträgt 48 Stunden. Gegenüber dem Rechtsvorschlag kann beim Gerichtspräsidenten binnen 30 Tagen „Rechtsöffnung" beantragt werden. Der Gerichtspräsident entscheidet summarisch; bei Beträgen über 50 Fr. ist Rekurs an die Rekurskammer des Obergerichts zulässig. Erfolgt kein Widerspruch, so wird 48 Stunden nach Zustellung des Zahlungsbefehls gepfändet (Schuldbetreibungsgesetz vom 29. Oktober 1871 §§ 94—107. 164—168).

e) In Appenzell A. Rh. und St. Gallen besteht für Wechselforderungen ebenfalls der schnelle Rechtstrieb; wird aber ein zulässiger Widerspruch erhoben, so ist der Wechselgläubiger auf den gewöhnlichen Prozessweg angewiesen.

In den übrigen Kantonen ist das Verfahren durchweg dasselbe wie in gewöhnlichen Schuldsachen, soweit nicht die erwähnten bundesrechtlichen Vorschriften Abweichungen enthalten.

C. Vollstreckung ausländischer Urtheile in Civilsachen.

Die rechtskräftigen Civilurtheile, die in einem Kanton gefällt sind, sollen in der ganzen Schweiz vollzogen werden (Art. 61 der Bundesverfassung).

Für das Ausland kommt zunächst in Betracht der Staatsvertrag mit Frankreich (Art. 55 ff.) nebst Erläuterungsprotokoll vom 16. Juni 1869. Danach sind für die Exekution erforderlich:

1. das Urtheil in einer durch den Gesandten der Schweiz legalisirten Ausfertigung;

2. das Original der Urkunde über die Notifikation des Urtheils oder irgend einen andern Akt, der die Stelle der Notifikation vertritt (Vollstreckungsklausel etc.);

3. das vom Gerichtsschreiber des Prozessgerichtes zu ertheilende Zeugniss der Rechtskraft des Urtheils.

Die Vollziehung darf nur verweigert werden:

1. wenn das Prozessgericht unzuständig war;

2. wenn die Parteien nicht gehörig vorgeladen waren;

3. wenn die Normen des öffentlichen Rechtes oder die Interessen der öffentlichen Ordnung desjenigen Landes, in welchem die Vollziehung verlangt wird, derselben entgegenstehen.

Gegenüber andern Staaten gilt das kantonale Recht. Die Kantone Basel-Stadt, St. Gallen und Graubünden sichern die Vollstreckung unter ähnlichen Bedingungen zu wie der Staatsvertrag mit Frankreich. Andere Kantone, wie z. B. Zürich, stellen lediglich die Voraussetzungen auf, unter denen ein ausländisches Urtheil nicht vollzogen werden darf; andere Kantone haben keine diesbezügliche Vorschriften. Immerhin wird unter den Bedingungen des französischen Vertrages und beim Nachweis der Reciprocität Vollstreckung zu erlangen sein.[1]

Die Vollstreckung erfolgt in Graubünden auf Ansuchen der zuständigen auswärtigen Behörde, in allen andern Kantonen auf Betreiben der Partei.

a) In einigen Kantonen ist vor Einleitung des Vollstreckungsverfahrens die Bewilligung einer Oberbehörde einzuholen, s. z. B. in Bern (Appellationshof), Luzern (Bezirksgericht), Waadt (Staatsrath).

b) In anderen Kantonen wird die Frage der Vollstreckbarkeit im Vollziehungsverfahren (Rechtstrieb etc.) erledigt, falls der Schuldner Widerspruch erhebt. So in Basel-Stadt, wo der Gläubiger im Falle des Widerspruchs zwar auf den gewöhnlichen Prozessweg verwiesen wird, in diesem aber die Erörterung des materiellen Inhalts des Urtheils unzulässig ist, ferner in St. Gallen, Schaffhausen, Schwyz (Beschwerden gegen einen Rechtsvorschlag sind an den Regierungsrath zu richten) Wallis und Zürich.

Die Kosten dieses Vollstreckungsverfahrens sind meist nur geringfügig (vergl. Schuldbetreibung).

D. Konkursverfahren.

I. Bundesrecht. 1. Die Gesetzgebung über das Konkursrecht steht dem Bunde zu (Art. 64 der Bundesverfassung). Demgemäss enthält das Schweizer Obligationenrecht eine Reihe von Bestimmungen über materielles Konkursrecht (Konkurs der Handelsgesellschaften, Aktienvereine etc. und Bestimmungen über Kompensation im Konkurse Art. 136. 137). Das Bundesgesetz liegt erst im Entwurfe vor (siehe oben S. 114). Es gilt daher in der Hauptsache kantonales Recht mit folgenden Ausnahmen:

Durch Konkordat vom 8. Juli 1818, welchem alle Kantone ausser Appenzell I. Rh. und Schwyz beigetreten sind, ist für das bewegliche Vermögen eines Falliten die Einheit des Konkurses gewahrt, d. h. es fällt solches Vermögen in die Hauptmasse, auch wenn es ausserhalb desjenigen Kantons sich befindet, in welchem die Konkurseröffnung erfolgt ist. Besitzt der Gemeinschuldner Liegenschaften in verschiedenen Kantonen, so ist an jedem Orte ein Spezialkonkurs nachzusuchen und durchzuführen. Entsteht Streit über das Eigenthum oder ein Pfandrecht an beweglichen Sachen, so entscheidet darüber das Gericht des Ortes, an welchem die Sache liegt.

Die schweizerischen Gläubiger sind den Kantonsangehörigen durch Bundesrecht gleichgestellt. Dagegen lassen einige Kantone[2] nicht „vergegenrechtete"[3] Fremde den sonstigen Gläubigern nachstehen. Im Uebrigen ist die Gleichstellung aller Gläubiger anerkannt und durch zahlreiche Staatsverträge auch den Ausländern zugesichert, so in den Niederlassungsver-

---

[1] Gegenüber Deutschen Gerichten hat das Obergericht in Zürich, gegenüber Baden insbesondere dasjenige von Schaffhausen Reciprocität wiederholt zugesichert. Diplomatische Zusicherungen im gleichen Sinne wurden 1885 zwischen Waadt und Oesterreich-Ungarn ausgewechselt (Samml. d. Bundesgesetze VIII, 83).

[2] Appenzell, Basel-Land, Glarus, St. Gallen, Schaffhausen, Uri, Thurgau, Zug.

[3] D. h. Angehörige von Staaten, welche die Schweizer nicht auf gleichem Fusse behandeln, wie die eigenen Staatsbürger.

trägen mit Deutschland (vom 27. Juni 1876) und Italien (vom 22. Juni 1868 Art. 8). Der Vertrag mit Frankreich über Gerichtsstand etc. gestattet (Art. 6) gegenseitige Vollziehung eines auf Konkurseröffnung lautenden Erkenntnisses, auch bezüglich des in dem anderen Staate befindlichen Vermögens.

Alle Kantone haben ein Konkursverfahren (Auffall Geldstag, Falliment, faillite, discussion des biens), Genf und Waadt allerdings nur gegenüber Kaufleuten. Neben dem bürgerlichen Liquidationsverfahren haben ein spezielles Konkursverfahren in Handelssachen die Kantone Freiburg, Wallis und Bern-Jura.[1] In einigen Kantonen besteht neben dem Konkurse für den unverschuldet in Vermögensverfall Gerathenen eine der römischen bonorum cessio nachgebildete freiwillige Güterabtretung, und zwar in Aargau, Unterwalden O. W., Uri (in den beiden letztgenannten Kantonen unter dem Namen beneficium inventarii) und in Tessin (cessione dei beni). In Waadt ist die freiwillige Güterabtretung der einzige Weg, der zur Gesammtliquidation (discussion des biens) eines Nichtkaufmanns führt.

2. Voraussetzungen des Konkurses.

Die erklärte Zahlungsunfähigkeit oder die Schulden halber ergriffene Flucht des Schuldners führen überall, die Ausschlagung einer Erbschaft in den meisten Kantonen[2] den Konkurs herbei. Der Konkurs wird ferner eröffnet auf Antrag eines Gläubigers, der im Schuldbetreibungsverfahren keine Befriedigung seiner Forderung erlangt hat, und in einigen Kantonen auch ohne vorausgegangene Betreibung, wenn die Zahlungsunfähigkeit des Schuldners und die Gefährdung der Forderung bescheinigt wird, so in beiden Appenzell, in Freiburg, Genf, Neuenburg, St. Gallen, Thurgau, Waadt und Wallis.

Die Kosten des Konkursverfahrens sind in folgenden Kantonen vom Antragsteller zu hinterlegen: In Luzern (30 Fr.), St. Gallen (22,33 Fr.). Thurgau (50—400 Fr., zugleich als Kaution für eventuelle Schadensersatzansprüche des Konkursbeklagten) und in Zürich (40 Fr., hier jedoch nur, wenn der Schuldner kein Grundeigenthum besitzt).

3. Die Anmeldung einer Konkursforderung ist schriftlich[3] einzureichen und soll die genaue Bezeichnung des Betrages nebst den geforderten Zinsen und Kosten (in Waadt die Summe in Worten), sowie die Angabe des Schuldgrundes enthalten. Die urkundlichen Beweisstücke (Schuldscheine, Betreibungsakte etc.) sind in Original beizufügen. Die Anmeldungsfrist, welche in der Publikation[4] mitgetheilt wird, beträgt 14 Tage bis 3 Monate (in Basel-Stadt 6 Wochen, in Bern 60 Tage, in Genf 35 Tage, in St. Gallen bis zum Tage der Gläubigerversammlung, in Zürich 4—8 Wochen).

[1] Vergl. oben S. 116.

[2] In den übrigen Kantonen findet ebenfalls ein gerichtliches Liquidationsverfahren statt, das aber nicht den odiosen Namen Konkurs führt.

[3] Vergl. unten Abschnitt G „Stempelsteuer“.

[4] Es fehlt hierfür an einem amtlichen Centralorgan; die Konkurseröffnungen werden daher in dem betreffenden kantonalen Amtsblatt und je nach dem Umfange des vorliegenden Geschäftsbetriebes in einer oder mehreren politischen Zeitungen bekannt gemacht. Grundversicherte und meist auch die bekannten laufenden Gläubiger erhalten Spezialanzeigen.

Die Versäumung der Anmeldefrist hat in den Kantonen Appenzell I. Rh., Glarus, St. Gallen, Schwyz, beiden Unterwalden, Uri und Zug den Verlust des Forderungsrechtes, sonst nur den Ausschluss von der Befriedigung aus der Konkursmasse zur Folge. In Luzern ist die versäumte Anmeldung bei gänzlichem Verluste binnen Jahresfrist nachzuholen.[1]

4. Die Verwaltung und Liquidation der Konkursmasse wird in den meisten Kantonen von der zuständigen Behörde besorgt: in Aargau vom Geldstagsabgeordneten des Bezirksgerichts, in Appenzell A. Rh. eventuell[2] vom Gemeinderath, in Appenzell I. Rh. von der Auffallskommission, in Basel-Stadt von der Gerichtsschreiberei, in Bern durch den vom Gerichtspräsidenten ernannten Massaverwalter, in Freiburg durch den Gerichtspräsidenten, eventuell einen Massenverwalter, in Genf durch einen vom Juge commissaire ernannten Syndic, in Glarus von der Fallimentskommission, in Graubünden durch den vom Kreisgericht bezeichneten Massavogt, in Schaffhausen vom Gerichtspräsidenten allein oder in Verbindung mit einem Gläubigerausschuss, in Schwyz von der Fallimentsund Gantkommission, in Thurgau eventuell vom Notar, in Unterwalden von der Konkurskommission, in Waadt von dem amtlichen Liquidator unter Aufsicht der Gläubiger, in Wallis von einem durch den Gerichtspräsidenten bezeichneten Verwalter, in Zug nöthigenfalls von einem Gutkurator, in Zürich vom Notar.

In Luzern, Neuenburg, St. Gallen und Tessin hat die Gläubigerversammlung den Verwalter zu bestellen; in anderen Kantonen können die Gläubiger, wie oben angedeutet, entweder die Verwaltung von sich aus bezeichnen, oder doch wenigstens Ausschüsse wählen, welche bei derselben mitwirken. In Basel-Stadt wird nur in kaufmännischen Konkursen eine Gläubigerversammlung berufen.

Für die Liquidation der Masse giebt es folgende Wege:

a) Die Versteigerung (Gant, vente aux enchères, incanto), theils ausschliesslich, theils als Regel, in allen Kantonen, ausser Schwyz und Zug. In Thurgau erfolgt die Versteigerung, wenn die Gläubiger keinen anderen Liquidationsmodus beschliessen. An Stelle der Versteigerung kann in gewissen Fällen Verkauf aus freier Hand stattfinden.

b) Das Zugsverfahren (Nachschlag, Ueberschlag). Dasselbe besteht darin, dass die Masse oder Theile derselben dem letzten Gläubiger angeboten werden, der sie übernehmen (ziehen) kann mit der Verpflichtung, alle vorangehenden Gläubiger zu befriedigen. Verzichtet dieser auf den Zug, so geht er leer aus und der vorletzte Gläubiger tritt an seine Stelle etc. Dieses Verfahren gilt in den Kantonen Schwyz und Zug ausschliesslich. In einer Reihe anderer Kantone, wie Appenzell I. Rh., St. Gallen, Solothurn und beiden Unterwalden wird es zur Veräusserung von

---

[1] Diese Bestimmung findet ihre Begründung darin, dass in Luzern (wie auch Glarus, Unterwalden O. W., Uri und Zug) über später angefallenes Vermögen des Gemeinschuldners ein Nachkonkurs eröffnet wird, an welchem nur die im frühern Konkurse angemeldeten Gläubiger theilnehmen.

[2] D. h. wenn die Gläubigerversammlung (s. unten) nicht ein Anderes beschliesst.

Liegenschaften dann angewendet, wenn bei der vorausgegangenen Versteigerung die Angebote den Betrag der eingetragenen Schulden nicht erreicht hatten.

c) Die Anweisung. Die Gläubiger werden auf bestimmte Gegenstände der Masse kollozirt, d. h. es werden ihnen dieselben zum Schätzungswerth an Zahlungsstatt überwiesen. Dieses Verfahren findet aushülfsweise in den Kantonen Bern, Freiburg, Graubünden, Neuenburg und Uri statt, wenn die Versteigerung kein genügendes Ergebniss geliefert oder die Kreditoren es beschlossen haben.

5. Die Prüfung der geltend gemachten Ansprüche geschieht meistens durch die amtlichen Organe. Doch steht auch den Gläubigern innerhalb der ihnen hierzu gesetzten Frist[1] frei, angemeldete Forderungen zu bestreiten.

In beiden Appenzell, Glarus, Graubünden, Schaffhausen, Schwyz, Thurgau und Uri beschliesst die Gläubigerversammlung über die Zulassung der Ansprüche, vorbehaltlich der Entscheidung des Gerichts.

In der Regel müssen bestrittene Ansprüche im ordentlichen Prozesswege verfolgt werden. Indessen stellt die Konkursbehörde die Weisung an das Gericht aus, so dass es eines Sühneverfahrens nicht bedarf. Ein abgekürztes Verfahren besteht in den Kantonen Bern, Freiburg, Zürich (vor dem Gerichtspräsidenten), in Aargau (mündliches Verfahren vor Gericht) und in Wallis.

6. Die Rangordnung der Gläubiger ist in den einzelnen Kantonen verschieden. Es existiren zahlreiche Vorrechte. Das Frauengut hat ein solches Vorrecht in den Kantonen Basel (Stadt und Land), Schaffhausen, Schwyz und Unterwalden O. W., wenn ein gesetzliches Inventar darüber aufgenommen war, in Uri, Waadt und Wallis, sofern andere Beweismittel als das blosse Anerkenntniss des Ehemannes vorliegen, und in Zug und Zürich; in allen diesen Kantonen für den ganzen Betrag, — in Aargau, Bern und Glarus für die Hälfte, in Graubünden für ein Viertel, der Rest steht allen anderen Forderungen nach. In beiden Appenzell und Luzern kann die Ehefrau das noch vorhandene Vermögen vindiciren (aussondern), in Luzern überdies für die Hälfte ein Vorrecht in Anspruch nehmen.

Die gerichtlichen Pfandrechte gelten durchweg auch im Konkurse.

In Bern und Freiburg besteht ausserdem ein Vorrecht für Ansprüche aus notariellen oder eigenhändig und mit gewissen Förmlichkeiten ausgestellten Schuldanerkenntnissen. In Zürich kann ein Schuldner durch Ausstellung einer notariellen Generalobligation dem Gläubiger ein Vorrecht im Konkurse verschaffen.

7. Zwangsvergleich. Das Institut des gerichtlichen Zwangsvergleiches (Akkord, Accommodement, concordat) besteht in den meisten Kantonen.[2] Die Voraussetzungen sind verschieden. In Basel und St. Gallen ist die

[1] Diese Frist heisst im Kanton Zürich Bedenkzeit.

[2] Es besteht nicht in Bern, Freiburg, Solothurn, Tessin, Unterwalden N. W., Wallis und Zug.

Zustimmung von drei Viertel der Gläubiger mit drei Viertel der Gesammtforderungen, in Genf die Zustimmung der Mehrheit der Gläubiger mit drei Viertel der Forderungen erforderlich, in Zürich genügt nach beiden Richtungen hin einfache Mehrheit. In einigen Kantonen muss auch die Vergleichsofferte eine gewisse Höhe erreichen. Genf hat überdies ein eigenes Verfahren, um zahlungsunfähigen Kaufleuten den Abschluss eines gerichtlichen Zwangsvergleiches ohne Konkurseröffnung zu ermöglichen (Loi du 2 octobre 1880 sur les Sursis concordataires.)

8. Die Dauer des Konkursverfahrens soll nach gesetzlicher Bestimmung in Freiburg drei Monate, in Luzern sechs Monate, in Glarus und Tessin ein Jahr nicht übersteigen. Doch wird aus letzterem Kanton die Klage erhoben, dass trotzdem einzelne Konkurse bis zu 20 Jahren dauern. In Zürich betrug 1882 die durchschnittliche Dauer der Konkurse, in denen keine bestrittenen Ansprüche zum gerichtlichen Austrag kamen, sieben Monate acht Tage, wo dies der Fall war, vierzehn Monate siebzehn Tage.

9. Vertretung und Kosten. Die Vertretung durch einen Advokaten oder Geschäftsagenten ist für den Ausländer in allen Fällen zu empfehlen; bei grösseren Interessen und da, wo Gläubigerversammlungen mit weitergehenden Befugnissen vorgesehen sind, muss sie als nothwendig bezeichnet werden.

Besondere Grundsätze für die Kosten einer solchen Vertretung lassen sich nicht aufstellen (vergl. — oben B, 2 der Einzeldarstellungen über Anwaltsgebühren). Für die einfache Anmeldung wird die Gebühr 3—5 Fr. nicht übersteigen.

Für die Kosten des Konkursverfahrens haftet, falls sie nicht aus der Masse bestritten werden können, nur derjenige Gläubiger, der den Konkurs beantragt hat. In Basel-Stadt bestehen diese Kosten in 30—40 Fr. verschiedener Gebühren, wozu ca. 5% vom Erlös der versteigerten Aktivmasse treten. In Genf (vergl. G 3) werden bei Liegenschaften 4%, bei beweglichen Sachen 1% des Erlöses als Registrirungsgebühr berechnet. In Zürich betrugen die Konkurskosten im Jahre 1883 durchschnittlich 220 Fr., doch wird, wenn die Aktivmasse offenbar unzureichend ist, der Konkurs nicht durchgeführt. Die Durchschnittskosten der aus diesem oder einem anderen Grunde wieder aufgehobenen Konkurse beliefen sich auf 40 Fr.

E. Nachlassregulirung.

A. Bundesrecht. Durch das Bundesgesetz vom 24. December 1874, betreffend die Feststellung und Beurkundung des Civilstandes und die Ehe, sind Civilstandsregister eingeführt worden. Der Civilstandskreis entspricht meist dem Umfange einer Gemeinde. Man schreibt „an den Civilstandsbeamten in X“.

Das Konkordat vom 15. Juli 1821 über Testirungsfähigkeit und Erbrechtsverhältnisse zwischen Aargau, Appenzell J. Rh., Bern, Luzern, Schaffhausen, Schwyz, Solothurn, Tessin, Unterwalden, Uri und Zürich verpflichtet diese Kantone gegenseitig, das Recht des Heimathsortes des Erblassers anzuwenden, im Uebrigen gilt das Recht desjenigen Ortes, an welchem die Erbschaft eröffnet wurde.

Staatsverträge über Nachlassangelegenheiten bestehen mit Griechenland (Freizügigkeitsvertrag vom 18. Juli 1827) mit den Vereinigten Staaten von N. Amerika (Niederlassungsvertrag vom 25. November 1850; er normirt u. A. die Gleichstellung der Erben, die Verpflichtung zur Sorge für abwesende Erben, den Gerichtsstand der belegenen Sache und, wenn die Erbschaft in beiden Ländern liegt, den Gerichtsstand der Heimath oder des letzten Wohnorts), mit Baden (vom 6. Dezember 1856), mit Italien (Niederlassungsvertrag vom 22. Juli 1868: die Erben sind gleichgestellt, die Anzeige von Erbfällen erfolgt an den italienischen Gesandten oder Konsul; zuständig ist das Gericht der belegenen Sache), mit Frankreich (Vertrag vom 15. Juni 1869 Art. 5), mit Russland (Niederlassungsvertrag vom 26. Dezember 1872 Art. 4), mit Persien (Handelsvertrag vom 23. Juli 1873: die Erbschaft ist der Familie oder dem Associé des Erblassers zu übergeben und wo dies nicht möglich, dem Agenten oder Konsul des Vertragsstaates) und mit Brasilien (Konsularvertrag vom 21. Oktober 1878 mit sehr ausführlichen Bestimmungen in Art. 10—27).

Sodann sichern die Niederlassungsverträge mit Oesterreich-Ungarn (vom 7. Dezember 1875) und Deutschland (vom 27. April 1876) den Angehörigen der genannten Staaten die Möglichkeit des Erwerbs von Liegenschaften ausdrücklich zu; Belgien ist durch Uebereinkunft vom 22. November 1879 das Recht des Meistbegünstigten eingeräumt.

B. Kantonales Recht. 1. Die Regulirung des Nachlasses ist zunächst Sache der betheiligten Erben.[1] Die Staatsbehörden schreiten nur da ein, wo behufs Ermittlung der Erbschaftssteuer oder Einleitung der Vormundschaft über minderjährige Erben die Feststellung und Sicherung des Nachlasses nothwendig wird. Sind die Erben unbekannt oder abwesend, so hat die Vormundschaftsbehörde (in der Mehrzahl der Kantone der Gemeinderath oder ein Ausschuss desselben, das Waisenamt; in Freiburg, Genf, Neuenburg, Waadt, Wallis der Friedensrichter) für die Sicherstellung des Nachlasses und die Ermittlung und Benachrichtigung der Erben zu sorgen. In Basel-Stadt und Basel-Land liegen diese Funktionen dem Civilgerichtsschreiber (Stadt), bezw. dem Bezirksschreiber (Land) ob, sobald der Erblasser oder ein Erbe Fremde sind. In Zürich hat der Gemeinderath das Bezirksgericht zu benachrichtigen, welches die erforderlichen Maassregeln trifft, damit die Erbschaft an die rechtmässigen Erben gelange.

2. Der Ausländer hat sich mit den nöthigen Ausweisen versehen (Civilstandsauszug, Zeugniss über seine Handlungsfähigkeit, Nachweis der Identität etc.) an die vorbenannten Behörden zu wenden. Für den Erwerb des Eigenthums an Grundstücken ist in Bern, St. Gallen, Waadt und Wallis die Bewilligung des Regierungsrathes (conseil d'état) nachzusuchen, welche

[1] Ausnahmen: In Appenzell A. Rh. und im Bezirk Oberegg von I. Rh. erfolgt amtliche Theilung durch den Gemeinderath in allen Fällen; ebenso die Inventarisation durch den Gerichtsschreiber in Solothurn.

regelmässig ertheilt wird. In den Fällen, in denen ein Staatsvertrag zur Anwendung kommt, bedarf es dieser Bewilligung nicht.

3. Die Durchführung der Erbschaftsliquidation ist den Erben überlassen. In Basel-Stadt ist der Gerichtsschreiber, in Zürich der Notar befugt, derartige Mandate der Erben zu übernehmen. Die Erbschaftsgläubiger haben ihre Rechte selbst zu wahren, nur in Glarus erfolgt stets der Rechnungsruf, d. h. eine öffentliche Einladung an die Interessenten, ihre Forderung anzumelden und die Aufnahme des Inventars zu beantragen.

4. Die Erbschaft wird von Rechtswegen erworben (le mort saisit le vif) in den Kantonen Aargau, Appenzell A. Rh. und I. Rh., Basel (Stadt und Land), Glarus, Schaffhausen, Schwyz, Solothurn, Thurgau, in beiden Unterwalden, Uri, Zug und Zürich; in den übrigen Kantonen bedarf es einer Antrittserklärung.

Die Fristen zur Abgabe von Antritts- oder Entsagungserklärungen fallen regelmässig mit der Frist für die Anrufung des beneficium inventarii zusammen.

5. Die Rechtswohlthat des Inventars wird den Erben in allen Kantonen gewährt und hat überall die Bedeutung einer bedingten Erbantretung, d. h. es ist die Ausschlagung der Erbschaft nach Einsicht des Inventars ausdrücklich zu erklären. Das öffentliche Inventar hat in den Kantonen Bern-Jura, Freiburg, Genf, Neuenburg, St. Gallen, Tessin und Waadt die Sonderliquidation des Nachlasses für die Gläubiger zur Folge. In Graubünden, Solothurn und Wallis haften die antretenden Erben für die angemeldeten Forderungen im vollen Umfange, für weitere Ansprüche nur bis zum Betrage der Erbschaft, in Basel, Bern (deutscher Theil), Luzern und Zürich nur für angemeldete Forderungen; doch kann anderen Gläubigern aus wichtigen Gründen Restitution gegen den Ablauf der Anmeldefrist ertheilt werden. Die Frist zur Stellung des Gesuches um Aufnahme des Inventars ist in Basel-Stadt, Bern, Zürich und auch in der Mehrzahl der übrigen Kantone auf 30 Tage bemessen.

6. Die Intestaterbfolge ist in den einzelnen Kantonen durchaus verschieden geregelt, so dass eine gedrängte Uebersicht auch nur einiger Kantone hier unmöglich gegeben werden kann. Eine Zusammenstellung des geltenden Rechts giebt Lardy, Les législations civiles des cantons Suisses und speziell für die Ansprüche der Ehefrau Schreiber, Die ehelichen Güterrechte der Schweiz. Bern 1880.

7. Erbschaftssteuer. Sie wird erhoben in Aargau (Gesetz betr. Erhebung einer Erbschafts- und Schenkungssteuer vom 28. Mai 1857), Basel-Stadt (Gesetz betr. die direkten Steuern vom 31. Mai 1880), Basel-Land (Gesetz betr. die Erbgebühr vom 16. Dezember 1880), Bern (Gesetz über Erbschafts- und Schenkungssteuer vom 26. Mai 1864, Abänderungsgesetz vom 4. Mai 1879), Freiburg (Gesetz vom 20. November 1848 betr. Vermögens-Einkommens- und Handänderungssteuer), Genf (loi générale sur les contributions publiques vom 18. Juni 1870), Glarus (Beschluss betr. Erhebung einer Todfallsteuer vom 7. Mai 1876), Luzern (Verordnung über den Bezug der Erbgebühren), Neuenburg (Loi sur la perception d'un droit

sur les successions vom 30. Dezember 1870), Schaffhausen, Thurgau (Gesetz betr. die Handänderungs- und Stempelgebühr vom 23. Mai 1850), Unterwalden N. W. (Verordnung über den Bezug der Erbabgabe vom 26. Juli 1875), Waadt (Loi sur la perception du droit de mutation vom 25. Mai 1824), Zug (Gesetz betr. die Bestreitung der Staatsauslagen vom 1. Juni 1876), und Zürich (Erbschaftssteuergesetz vom 20. Februar 1870). Die Steuer beträgt je nach dem Grade der Verwandtschaft und der Höhe der Erbschaft oder des Legates 1—15 %. Descendenten und kleinere Beträge bleiben meist steuerfrei.

Die Erbschaftssteuer trifft den Einheimischen wie den Fremden, sie ist somit durch das vertragsmässige Verbot der Abzugsgelder (gabella hereditaria) nicht berührt. Wird derselbe Erbanfall von mehreren Kantonen für die Besteuerung in Anspruch genommen, so steht dem Besteuerten Beschwerde an das Bundesgericht wegen Doppelbesteuerung (Art. 46 der Bundesverfassung) zu.

8. Allgemeine Grundsätze für die Gebührenberechnung des die Erben vertretenden Anwaltes lassen sich nicht aufstellen. Maassgebend ist die Zahl und der Umfang der gerichtlichen und aussergerichtlichen Vorkehrungen, die zu treffen sind. Die Züricher Advokaten berechnen für Eingaben je nach dem Inhalt 2—40 Fr., für Zeitversäumniss 30—50 Fr. pro Tag, ohne die Reiseauslagen und für das Inkasso 2 ‰, bei Beträgen unter 1000 Fr. 1 %.

F. Konsulargerichtsbarkeit.

Die Schweiz anerkennt keine Gerichtsbarkeit fremder Konsuln in streitigen Sachen. Dagegen steht ihnen eine gewisse freiwillige Gerichtsbarkeit (Notariatsbefugnisse) zu, indem ihnen gestattet ist, Testamente ihrer Staatsangehörigen, andere Urkunden und Verträge zwischen diesen unter einander und mit Dritten — auch Schweizern — aufzunehmen, sofern diese Verträge in dem von ihnen vertretenen Staatsgebiet erfüllt werden sollen. Die Schweiz verlangt für ihre Konsularagenten die gleichen Befugnisse.

Schweizer Konsulargerichte mit Gerichtsbarkeit in streitigen Sachen bestehen in Persien[1] (Teheran, Bender-Buschir, Tauris), und zwar sollen hier Prozesse zwischen Schweizern nach schweizerischen Rechten entschieden werden, während in Streitigkeiten zwischen Schweizern und Einheimischen der Konsul nur interveniren kann; ferner in Japan[2] als Civilgerichte für Streitigkeiten unter Schweizern und in Sachen, in denen ein Schweizer beklagt wird.

Besondere Konsularverträge bestehen mit Italien (vom 22. Juli 1868), mit Brasilien (vom 21. Oktober 1878) und Rumänien (vom 14. Februar 1880). Sodann sind in den Niederlassungsverträgen mit den Vereinigten Staaten von Amerika (vom 25. November 1850 Art. 7), den Hawaiischen Inseln (vom 20. Juli 1874 Art. 7) und Dänemark (vom 10. Febr. 1875 Art. 9) den Konsuln der betreffenden Staaten die Befugnisse der Konsuln der meistbegünstigten Staaten ausdrücklich zugesichert.

[1] Handelsvertrag vom 6. Juli 1873.

[2] Freundschaftsvertrag vom 23. Februar 1864.

G. Vollmachten. Stempelsteuer.

1. Die Verschiedenheit der Sprachen wie auch des Kurialstils in den Kantonen lässt die Aufstellung allgemein brauchbarer Formulare nicht zu.

Eine Vollmacht zur Prozessführung in einem bestimmten Falle („de plaider") giebt die Befugniss zu allen den Prozess betreffenden Handlungen, darunter auch zur Erwirkung vorsorglicher Maassnahmen und zur Ergreifung der ordentlichen Rechtsmittel. Dagegen bedarf es durchweg einer ausdrücklichen Ermächtigung zur Bestellung eines anderen Vertreters (Substituten), zu Vergleichen, zur Uebertragung an ein Schiedsgericht und Zurücknahme der Klage, sowie zur Empfangnahme von Zahlungen (Inkassomandat) und Verfügungen über den Streitgegenstand. Auch zur Eidesannahme ist meist besondere Vollmacht erforderlich.

2. Die Vorschriften über die Beglaubigung der Vollmachten sind ebenfalls verschieden.

In Basel-Stadt, Zürich, Genf und anderen Kantonen erfolgt die Ertheilung der Vollmacht formlos; schriftliche Vollmachten bedürfen in der Regel keiner Beglaubigung; sofern der Richter letztere für nothwendig erachtet, setzt er zu ihrer Einholung Fristen an.

Andere Kantone (Luzern, St. Gallen etc.) fordern in allen Fällen beglaubigte Vollmachten, in Bern und Neuenburg muss wenigstens die ausserhalb des Kantons ausgestellte Vollmacht von der zuständigen Behörde beglaubigt sein.

In Freiburg, Waadt u. s. w. bedarf die ausserhalb des Kantons ausgestellte Vollmacht überdies noch der Beglaubigung durch die Kantonskanzlei (Chancellerie d'état).

3. Stempelsteuer. In Genf gilt das französische System der Verkehrssteuern, welche in der Form von Enregistrement und Timbre erhoben werden. Der Einregistrirungsgebühr unterliegen nicht nur die Urtheile und Verfügungen (s. oben S. 132), sondern auch alle dem Gericht vorgelegten Urkunden; doch wird von Urkunden, die im Ausland errichtet sind, die dort gezahlte Registrirungsgebühr in Abzug gebracht. Ausserdem ist der Gebrauch von Stempelpapier oder die Abstempelung (1,50 Fr. der grosse, 1 Fr. der mittlere, 60 Cts. der kleine Bogen) vorgeschrieben für alle vorzulegenden Akten, Urkunden, Eingaben, Rechnungen etc.

In den übrigen Kantonen bestehen keine Einregistrirungsgebühren, wohl aber Stempelsteuern (50 Cts. bis 1,50 Fr. pro Doppelseite). Der Gebrauch von Stempelpapier[1] für alle Eingaben an das Gericht und die Verwaltungsbehörden ist angeordnet in Bern, Freiburg, St. Gallen, Tessin, Thurgau, Uri, Waadt und Zug. In Zürich unterliegen nur die von den Behörden *ausgehenden* Schriftstücke der Stempelpflicht.

Die Stempelstrafen sind erheblich. Im Auslande angefertigte Schriftstücke können im Inlande gestempelt werden.

---

[1] St. Gallen giebt auch Stempelmarken aus.

Anhang.

Schuldexekution und Konkurs nach dem Entwurf für ein „Bundesgesetz über Schuldbetreibung und Konkurs".[1]

1. Die Einleitung der Vollstreckung für alle Arten von Geldschulden, inbegriffen die Forderungen auf Sicherstellung, beginnt mit dem Zahlungsbefehl. Derselbe wird dem Schuldner auf schriftliches Gesuch des Gläubigers durch das Betreibungsamt des betreffenden Amtskreises zugestellt. Es wird darin eine Zahlungsfrist von 20 Tagen, bei Wechselforderungen von 3 Tagen eingeräumt. Ist die Frist ohne Widerspruch (Rechtsvorschlag) abgelaufen, so richtet sich das weitere Vollstreckungsverfahren danach, ob der Schuldner im Handelsregister eingeschrieben ist oder nicht. Gegen Nichtkaufleute hat der Gläubiger ein Pfändungsbegehren zu stellen, bezw. ein Begehren um Pfandverwerthung, wenn für seine Forderung ein freiwilliges Pfandrecht oder ein Retentionsrecht besteht. Gegen Kaufleute erfolgt auf Antrag des Gläubigers die Konkursandrohung, bei Forderungen, die sich auf einen Wechsel oder Check gründen, aber sofort die Konkurseröffnung. Im Allgemeinen sind Mobilien und Immobilien der Exekution im Betreibungsverfahren in gleicher Weise unterworfen; immerhin soll zunächst auf Bewegliches gegriffen werden.

2. Pfändungsverfahren (Saisie). Der Betreibungsbeamte hat so viele Vermögensstücke des Schuldners einzeln aufzuschreiben, als zur Deckung des Gläubigers erforderlich scheinen, und er hat letzterem darüber eine Urkunde („Pfandschein") zu behändigen. Die gepfändeten Gegenstände bleiben in der Regel bis zum amtlichen Verkauf im Besitz des Schuldners; ausgenommen sind Baarschaft, Werthschriften und Kostbarkeiten, die in amtliche Verwahrung kommen. Eine Reihe von Vermögensstücken, die für die Existenz des Schuldners und seiner Familie schwer entbehrlich wären, sind als nicht pfändbar erklärt; so auch Pensionsguthaben von Invaliden, Entschädigungen für Verunglückte u. s. w.

Der Betreibungsbeamte hat die Pfandobjekte ohne weiteren Antrag des Gläubigers nach bestimmter Frist öffentlich zu versteigern; unter besonderen Umständen ist die sofortige Veräusserung, wie auch der Verkauf aus freier Hand zulässig. Der Beamte ist den Betheiligten für gewissenhafte Liquidation der Pfänder verantwortlich; es ist auch die subsidiäre Haftbarkeit des kantonalen Fiskus vorgesehen. Die Schadensersatzklage verjährt in sechs Monaten nach Wahrnehmung der Benachtheiligung, spätestens aber in zwei Jahren. Eine ergänzende Pfändung („Nachpfändung") ist sofort vorzunehmen, wenn die Liquidation der Hauptpfändung kein genügendes Resultat ergeben, oder wenn im Gantverfahren für pfandversicherte Forderungen der Gläubiger einen Verlust bereits erlitten, oder, als in sicherer Aussicht stehend, nachgewiesen hat.

Mehrere die Pfändung betreibende Gläubiger sind mit Bezug auf den Erlös gleichberechtigt, wenn ihre Pfändungsbegehren in denselben Zeitraum

[1] Vgl. oben S. 114.

von zehn aufeinanderfolgenden Tagen fallen. Es können so dekadenweise Gläubigergruppen entstehen. Für die zeitlich in den letzten Rang kommende Gruppe sollen diejenigen Vorzugsrechte gelten, die für den Konkursfall aufgestellt sind. Die gar nicht, oder nicht vollständig befriedigten Gläubiger erhalten eine beweiskräftige Verlustbescheinigung (acte de défaut). An die erfolglose Auspfändung können die kantonalen Gesetzgebungen in Bezug auf politische und bürgerliche Rechte die gleichen Folgen knüpfen wie an den eigentlichen Konkurs des Schuldners.

3. Konkursverfahren (faillite). Dasselbe bezweckt die Liquidation und Vertheilung des ganzen Vermögens des Schuldners an sämmtliche Gläubiger nach Maassgabe ihrer Forderungsrechte. Durch den Akt der Konkursandrohung wird dem Schuldner noch eine weitere Frist von 20 Tagen gewährt. Nach Ablauf derselben, resp. Beseitigung allfälliger Einsprachen und bei wechselrechtlichen Forderungen schon nach der dreitägigen Frist des Zahlungsbefehls kann der Gläubiger beim Gericht das Konkurseröffnungsbegehren stellen. Schon mit der Konkursandrohung kann aber die Inventarisation des ganzen beweglichen und unbeweglichen Vermögens des Schuldners („Aufnahme des Güterverzeichnisses") verlangt werden. Das Konkursdekret wird vom Betreibungsbeamten publizirt und den bekannten Gläubigern speziell mitgetheilt mit der Einladung an dieselben zur Geltendmachung ihrer Ansprüche. Zugleich hat der Beamte, der vorläufig als Konkursverwalter fungirt und den Aktivstand der Masse feststellt, spätestens auf zehn Tage eine Gläubigerversammlung zusammenzuberufen. Diese Versammlung ernennt den Konkursverwalter, wozu auch der Betreibungsbeamte wählbar ist, und zu dessen Beaufsichtigung einen oder mehrere Kommissäre. Sie beschliesst (mit absoluter Mehrheit der anwesenden resp. vertretenen Gläubiger) überhaupt über alle wichtigeren Angelegenheiten. Wenn weniger als fünf Gläubiger erscheinen, so kann die Versammlung sich nicht konstituiren, und es fungirt der Betreibungsbeamte weiter als Konkursverwalter. Eine zweite Gläubigerversammlung wird jedoch stets nach Anfertigung des Kollokationsplanes einberufen, der auch die Anerkennung oder Bestreitung einzelner Ansprachen zusteht. Die durch allfällige Pfandbetreibungen erworbenen Vorzugsrechte einzelner Gläubiger fallen im Konkurs dahin. Hingegen sollen Forderungsprivilegien in nachgenannter Reihenfolge bestehen: 1. Lohnforderungen von Dienstboten und Bureauangestellten, von Tagelöhnern und Fabrikarbeitern, ferner Forderungen aus ärztlicher Behandlung und Krankenpflege; 2. Forderungen aus vormundschaftlicher Verwaltung; 3. Forderung der Kinder für das der elterlichen Verwaltung unterworfene Vermögen; 4. Forderung der Ehefrau für die Hälfte des zugebrachten Weibergutes.

Was nach Befriedigung dieser bevorzugten Klassen übrigbleibt, wird auf sämmtliche Gläubiger im Verhältniss ihrer ungedeckten Forderungen vertheilt. Pfandgläubiger, inbegriffen Inhaber von Retentionsrechten, erhalten vorab den Erlös der zu ihrer Deckung dienenden Vermögensstücke; blos der Ueberschuss des Erlöses fällt in die allgemeine Masse. Abgesehen von den Konkursen in Folge vorangegangener Betreibung kann sofort Konkurs eröffnet werden: a) gegen jeden Schuldner auf Grund seiner Insolvenzerklärung, oder nach seiner schuldenhalber erfolgten Flucht, oder gestützt auf den Nachweis betrügerischer Handlungen zum Nachtheil der Gläubiger; b) gegen die im Handelsregister eingeschriebenen Schuldner auf Grund nachgewiesener Insolvenz. Auch die erblose Verlassenschaft wird nach Analogie des Konkursverfahrens liquidirt.

4. Durch das Rechtsmittel des Rekurses an die Aufsichtsinstanz, bezw. an das zuständige Gericht, ist im Betreibungs- und Konkursverfahren eine Abwehr gegen allfällige Ungebühr geboten; doch sind im Interesse prompter Exekution kurze Fristen festgesetzt.

Das summarische Verfahren ist vorgesehen für den Konkursprozess, sowie für die bei der Zwangsliquidation im Pfändungsverfahren sich ergebenden Kollisionen verschiedener Ansprachen. Desgleichen für die Beurtheilung von auf beweiskräftige Urkunden gestützte Forderungen, gegen welche der betriebene Schuldner Rechtsvorschlag (opposition) erhoben hat (Urkundenprozess). Die Beurtheilung durch den summarischen Richter erfolgt rechtskräftig. Indessen ist das summarische sog. Rechtsöffnungsverfahren zur Beseitigung des Rechtsvorschlages eingeschränkt auf Forderungen genannter Art; andere bestrittene Forderungen müssen im gewöhnlichen Verfahren eingeklagt werden.

5. Der Gesetzentwurf ordnet in einlässlicher Weise den Zwangsvergleich (concordat), der dem insolventen Schuldner auch schon vor Einleitung einer Betreibung gestattet sein soll. Ebenso die Voraussetzungen, unter welchen die Anfechtungsklage (actio Pauliana) sowohl im Pfändungsverfahren, als im Konkurs eingeräumt ist.

6. Durch das skizzirte Bundesgesetz sollen die kantonalen Gesetze über Schuldbetreibung und Konkurs aufgehoben werden, insbesondere auch die kantonalen Vorschriften über Wechselexekution. Dagegen bleibt in Kraft, was oben von wechselprozessualischen Vorschriften des Obligationenrechtes mitgetheilt worden ist; ferner die besonderen Bestimmungen kantonaler Gesetze über den Wechselprozess für alle diejenigen Fälle, in denen der erhobene Widerspruch nicht im Wege des einfachen Urkundenprozesses (Rechtsöffnung) erledigt werden kann.

7. Die Exekution rechtskräftiger Urtheile erfolgt, wenn die Verurtheilung auf Geldzahlung lautet, ebenfalls auf dem Wege der Schuldbetreibung. Die zulässigen Einreden sind eng umschrieben. Ausländische Urtheile geniessen nur dann diese Vortheile, wenn ein Staatsvertrag mit dem bezüglichen Staate besteht (Art. 83).

Vierter Abschnitt.[1]

Königreich der Niederlande

einschliesslich der Kolonien und Besitzungen.

Von

Dr. jur. C. Asser,

Richter im Haag, Mitglied und Sekretär der Kommission zur Revidirung des Civilgesetzbuches für die Niederlande.

A. Gerichtswesen und Civilprozess.

I. Verfassung und sachliche Zuständigkeit der Gerichte.

I. Die ordentlichen Gerichte erster Instanz sind die Arrondissements-Gerichte (Arrondissements-rechtbanken).

Neben denselben bestehen als Gerichte erster Instanz noch Einzelrichter (Kantonrechter), welche für die Klagen bis zum Betrage von 200 Gulden und für einige im Gesetz speziell bezeichnete Arten von Klagen ohne Rücksicht auf den Streitwerth zuständig sind.

Bei Klagen bis zu 50 Gulden entscheidet der Einzelrichter in erster und letzter Instanz. Bei Klagen über ein höheres Objekt geht die Berufung an das Arrondissements-Gericht.

II. Den Arrondissements-Gerichten sind als zweite Instanz die Gerichtshöfe (Gerechtshoven) übergeordnet, der Zahl nach fünf, und zwar zu: 's Hertogenbosch, Arnhem, 's Gravenhage, Amsterdam und Leeuwarden. Die Berufung ist aber nur zulässig bei einem Streitwerth von mindestens 400 Gulden. In einigen speziellen Fällen ist die Berufung überhaupt ausgeschlossen.

Einzelne im Gesetz speziell bezeichnete Arten von Rechtssachen werden von den Gerichtshöfen bereits in erster Instanz entschieden. Auch können durch Vereinbarung der Parteien (Prorogation) die Gerichtshöfe zur Entscheidung in erster und letzter Instanz berufen werden.

III. Der höchste Gerichtshof (de Hooge Raad der Nederlanden) entscheidet u. A.:

1. als Gericht erster Instanz (mit einer Besetzung von sieben Mitgliedern): über alle Klagen gegen den König oder ein Mitglied des Königlichen Hauses, sowie über alle Klagen gegen den Staat, mit Ausnahme jedoch der dinglichen und der auf Reichssteuern bezüglichen Klagen.

Insoweit in diesen Fällen noch das Rechtsmittel der Revision zulässig ist, entscheidet über dasselbe der Hohe Rath in einer Besetzung von elf Mitgliedern;

2. als Gericht zweiter Instanz: in den Fällen der Berufung gegen

[1] Die von Herrn Asser eingelieferte erheblich umfangreichere Arbeit ist mit Genehmigung desselben gekürzt worden.

die von den Gerichtshöfen in erster Instanz erlassenen Urtheile, soweit dieses Rechtsmittel überhaupt zulässig ist.

Ferner über die Rechtsmittel gegen die von den obersten Kolonial-Gerichtshöfen in erster Instanz erlassenen Entscheidungen, soweit solche Rechtsmittel überhaupt zulässig sind (für Surinam und Curaçao bei einem Objekt von mindestens 1000 Gulden; für Niederländisch-Indien bei einem Objekt von mindestens 10 000 Gulden);

3) als Kassationshof: über das Rechtsmittel der Kassation gegen alle von einem Niederländischen Gericht in letzter Instanz erlassenen Urtheile, insofern die Kassation nicht ausnahmsweise ausgeschlossen ist.

II. Oertliche Zuständigkeit.

Für persönliche Klagen und Klagen wegen beweglicher Sachen ist das Gericht des Wohnsitzes des Beklagten zuständig. In Ermangelung eines solchen kann der Kläger beim Gericht seines eigenen Wohnsitzes klagen. Bei Klagen gegen mehrere Beklagte hat der Kläger die Wahl unter den sämmtlichen gegen die einzelnen Beklagten zuständigen Gerichten. Im Falle eines vereinbarten Wohnsitzes hat der Kläger die Wahl zwischen dem Gericht des vereinbarten und des thatsächlichen Wohnsitzes.

Speziell in Handelssachen hat der Kläger die Wahl zwischen dem Gerichte des Wohnsitzes des Beklagten und dem Gerichte, in dessen Bezirk der Vertrag geschlossen wurde oder die Waare geliefert ist oder die Zahlung erfolgen soll.

Bei Klagen wegen unbeweglicher Sachen richtet sich die Zuständigkeit nach der Lage der streitigen Sache.

Bei gemischten Klagen (Grenzscheidungssachen und Theilungssachen) hat der Kläger die Wahl zwischen dem persönlichen und dem dinglichen Gerichtsstand. Für Erbschaftsprozesse ist das Gericht des Wohnsitzes des Erblassers zuständig.

III. Anwaltschaft.[1]

Bei den Einzelrichtern können die Parteien alle Prozesshandlungen vor dem Richter in eigener Person oder durch einen beliebigen Bevollmächtigten vornehmen.

Bei den Kollegialgerichten dagegen können die Parteien nicht selbst auftreten, müssen sich vielmehr bei den schriftlichen Prozesshandlungen durch einen Anwalt (Procureur) und bei der mündlichen Verhandlung (Pleidooien) ebenfalls durch einen solchen oder durch einen Advokaten vertreten lassen. Im Kassationsverfahren werden die Parteien durch Advokaten vertreten, die zugleich die sonst den Anwälten vorbehaltenen Funktionen ausüben.

---

[1] Ernstlich gewarnt wird vor vielen von den sogenannten „Zaakwaarnemers", welche, soweit kein Anwaltszwang besteht, in Prozessen und in Konkursen die Vertretung von Parteien berufsmässig übernehmen. Auch die sogenannten Bureaux für die Beitreibung von Schulden, mit welchen sich die Kriminaljustiz zuweilen zu beschäftigen hat, können im Allgemeinen nicht empfohlen werden.

Durch ein Gesetz von 1879, wonach alle Rechtsdoktoren zur Prokuratur zugelassen sind, hat die früher bedeutsame Unterscheidung zwischen Anwälten und Advokaten thatsächlich ihre Bedeutung verloren, indem die meisten Advokaten seitdem zugleich auch Anwälte sind.

IV. Gerichtssprache.

Gerichtssprache ist bei allen Gerichten die holländische Sprache.[1]

V. Verfahren in erster Instanz.

Das Verfahren bei den Einzelrichtern ist mündlich. Die Parteien können, wie bereits erwähnt, selbst auftreten oder sich durch einen beliebigen Bevollmächtigten vertreten lassen.

Das Verfahren beginnt mit einer Ladung des Beklagten zu einem bestimmten Termin. Falls der Kläger oder der Beklagte in diesem Termin nicht erscheint, so wird auf Antrag der Gegenpartei Versäumnissurtheil (vonnis bij verstek) erlassen. Und zwar wird in ersterem Falle der Beklagte aus dem Prozess entlassen (von der Instanz entbunden) und der Kläger in die Kosten verurtheilt. Erscheint dagegen der Beklagte nicht, so gelten die in der Klagschrift behaupteten Thatsachen als vom Beklagten zugestanden und wird die Klage, soweit sie rechtlich begründet erscheint, zugesprochen. Gegen ein solches verurtheilendes Versäumnissurtheil steht dem Beklagten der Einspruch (verzet) zu, und zwar bis zur Vollstreckung des Urtheils beziehentlich bis zu bestimmten, im Gesetz speziell bezeichneten Vollstreckungshandlungen.

Erscheinen beide Parteien, so wird über die Klage und die Vertheidigung des Beklagten mündlich verhandelt, und, wenn die Sache zur Ententscheidung reif ist, sofort oder in einer nächsten Sitzung Urtheil erlassen. Bedarf es zunächst noch einer Beweisführung, so wird dieselbe durch ein vorbereitendes Urtheil angeordnet.

Entsteht im Laufe des Prozesses ein Streit über die Echtheit eines Schriftstückes, so muss der Einzelrichter diesen Zwischenstreit zur Entscheidung an das Arrondissementsgericht verweisen, welches in solchem Fall nach seinem Ermessen zugleich die Entscheidung in der Sache selbst erlassen kann.

II. Das Verfahren bei den Kollegialgerichten ist verschieden, je nachdem die Sache im ordentlichen oder im summarischen Verfahren verhandelt wird. Letzteres ist für gewisse Sachen vorgeschrieben. So insbesondere für die Handelssachen (zaken van koophandel), vorbehaltlich einer gegentheiligen Anordnung des Gerichts. Das summarische Verfahren ist aber auch in allen anderen Sachen zulässig, wenn entweder beide Streittheile darüber einverstanden sind oder auf Antrag des einen Theiles der Richter dieses Verfahren anordnet. Grundsätzlich sollen die Sachen von geringerem Streitwerth und die einfachen und zu beschleunigenden Sachen summarisch verhandelt werden. Thatsächlich bildet das summarische Verfahren die Regel.

Im summarischen Verfahren findet ein Schriftenwechsel der Parteien

---

[1] Deutsche, englische und französische Urkunden bedürfen in der Regel keiner Uebersetzung, da wohl alle niederländischen Richter diese Sprachen verstehen.

mittels motivirter Anträge in Terminen vor dem Gericht statt, an welchen sich demnächst eine mündliche Verhandlung anschliesst. Im Gegensatz dazu findet im ordentlichen Verfahren im Anschluss an den ersten Gerichtstermin eine eingehendere vorbereitende schriftliche Verhandlung direkt zwischen den Parteien durch gegenseitige Zustellung von Schriftsätzen ohne Mitwirkung des Gerichts statt. Erst dann, wenn im Verlauf dieses Schriftenwechsels die Sache zu irgend einer Entscheidung reif geworden ist, wird dieselbe von der einen oder anderen Partei durch Ladung der Gegenpartei wieder vor das Gericht gebracht, welches dann, wo nöthig, nach weiterer mündlicher Verhandlung entscheidet.

Die mündliche Verhandlung hat grundsätzlich die Aufgabe, den thatsächlichen Inhalt der Schriftsätze zum Vortrag zu bringen und die dabei sich ergebenden Rechtsfragen zu erörtern. Dies gilt auch für das summarische Verfahren. Die mündliche Verhandlung ist übrigens nicht obligatorisch; das Gericht kann nämlich im Falle eines gemeinschaftlichen Antrags der Parteien auf Grund der bei Gericht hinterlegten Schriftsätze entscheiden.

Der Vortrag der Parteien in der mündlichen Verhandlung erfolgt durch deren Advokaten oder Anwälte. Die Parteien selbst können nur mit besonderer Genehmigung des Gerichts das Wort ergreifen. Andererseits kann aber das Gericht, und zwar in allen Instanzen, auch das persönliche Erscheinen der Parteien anordnen, um einen Vergleich zu versuchen.

Bezüglich des Erlasses von Versäumnissurtheilen und der Zulässigkeit des Einspruches gegen verurtheilende Versäumnissurtheile gilt das unter I. Gesagte auch für das Verfahren bei den Kollegialgerichten.

In gewissen, im Gesetz speziell bezeichneten Fällen ist vor Erlass des Urtheils das öffentliche Ministerium über die Sache zu hören.

III. Beweis. Hervorzuheben ist, dass der Zeugenbeweis nur in Handelssachen unbeschränkt zulässig ist. In anderen Rechtsstreiten ist derselbe nur zulässig bei Objekten bis zu 300 Gulden und bei höheren Objekten nur zur Ergänzung eines bereits angefangenen schriftlichen Beweises, oder wenn die Natur des Anspruches (wie z. B. bei Schadensersatzansprüchen aus Delikten, nothgedrungener Hinterlegung u. s. w.) einen Beweis durch Urkunden ausschliesst, sowie auch dann, wenn die Beweisurkunden ohne Schuld des Beweisführers in Verlust gerathen sind.[1]

Handelsbücher liefern unter Kaufleuten, wenn der Abschluss des Geschäfts im Allgemeinen zugestanden oder bewiesen ist, Beweis betreffs der Zeit des

---

[1] Im Anschluss an den Text mag hier noch erwähnt werden, dass, mit Ausnahme der speziell im Gesetz bezeichneten Fälle, alle bei Gericht vorgelegten Urkunden mit Stempel versehen und registrirt sein müssen. Der Stempel ist entweder ein Dimensionsstempel, der nach dem Format des Papiers sich bemisst (*f* 0,22½; 0,37½; 0,75; 1,12½; 1,50) oder ein Werthstempel, wie dies z. B. bei Handelspapieren, Miethsverträgen u. s. w. der Fall ist. Neben demselben wird bei der Registrirung der Urkunde eine Gebühr erhoben, welche in der Regel mindestens *f* 1,20 beträgt, oft aber, wenn sie sich nach dem Werthe bemisst, bedeutend hoch sein kann.

Die Handelspapiere, welche keiner Registrirung bedürfen, sind einem besonderen Werthstempel (gewöhnlich *f* 0,05 für je *f* 100) unterworfen.

Abschlusses und der Lieferung, sowie betreffs der Qualität, Quantität und des Preises der gelieferten Waare. Gegenbeweis ist zulässig. Auf Verlangen der Gegenpartei sind die Handelsbücher, falls sie nicht bereits „durch Tod bekräftigt“ sind, durch Eid zu ergänzen. Mit einigen Modifikationen gilt dasselbe auch gegenüber Nichtkaufleuten.

Der Schiedseid kann nur über eigene Handlungen des Schwurpflichtigen oder von demselben wahrgenommene Thatsachen zugeschoben und auch nur unter der gleichen Voraussetzung zurückgeschoben werden. Zur Ergänzung unvollständiger Beweisergebnisse dient der richterliche Eid (Ergänzungseid).

VI. Rechtsmittel.

Solche sind, ausser dem bereits erwähnten Einspruch gegen Versäumnissurtheile, die Berufung (hooger beroep), die Revision (revisie) und die Kassation.

Die Berufung geht an das nächsthöhere Gericht; sie ist zulässig gegen Urtheile der Einzelrichter bei einem Objekt von mehr als *f* 50; gegen Urtheile der Arrondissementsgerichte bei einem Objekt von mindestens *f* 400.

Die Revision ist das Rechtsmittel gegen die vom höchsten Gerichtshof in erster Instanz erlassenen Urtheile. Ueber dieses Rechtsmittel entscheidet derselbe Gerichtshof, aber bei verstärkter Besetzung (vgl. oben I).

Ausser den Endurtheilen können auch die interlokutorischen Urtheile mit der Berufung bezw. Revision angefochten werden. Die blos präparatorischen Urtheile dagegen sind nur mit dem Endurtheil zugleich anfechtbar.

Die Berufungs- bezw. Revisionsfrist beträgt in der Regel drei Monate nach der Zustellung des Urtheils.

Die mit einem sonstigen Rechtsmittel nicht oder nicht weiter anfechtbaren (in letzter Instanz erlassenen) Urtheile der Einzelrichter, der Arrondissementsgerichte und der Gerichtshöfe können wegen Ueberschreitung der richterlichen Kompetenz (overschrijding van macht) wegen wesentlicher prozessualischer Verstösse und wegen Gesetzesverletzung (schending van wet) beim höchsten Gerichtshof im Kassationsverfahren angegriffen werden. Bei Einlegung der Kassation sind die sogen. Kassationsmittel speziell geltend zu machen, und nur diese sind Gegenstand der Beurtheilung. Je nach Lage der Sache vernichtet der höchste Gerichtshof das angefochtene Urtheil und verweist die Sache in die frühere Instanz zurück oder entscheidet auch, wenn die Sache spruchreif ist, selbst.

Ein ausserordentliches Rechtsmittel ist die requeste civiel, mit welcher für ganz spezielle Fälle (z. B. wegen gefälschter Beweismittel oder sonstigen Betrugs bei der Prozessführung, wegen in sich widersprechender Urtheile, wegen neu aufgefundener, durch die Gegenpartei zurückgehaltener Beweismittel) ein an sich rechtskräftiges Urtheil nachträglich noch angefochten werden kann.

Auch mit Hülfe des Einspruchs durch Dritte (verzet door derden) kann ein an sich rechtskräftiges Urtheil — in der Regel allerdings nur zu Gunsten der den Einspruch einlegenden Partei — wieder beseitigt werden.

VII. Kostenwesen.

Die verlierende Partei hat der obsiegenden die Kosten zu erstatten. Doch bleiben unnöthige Kosten nach Bestimmung des Gerichts zu Lasten derjenigen Partei, die sie verursacht hat.

Im Urtheil selbst wird der Kostenbetrag bestimmt, welchen die unterliegende Partei der obsiegenden zu ersetzen hat (die Kosten des Urtheils selbst nicht mit inbegriffen).

Die Gebühren der Anwälte sind durch einen Tarif geregelt, in welchem für die einzelnen Prozesshandlungen bestimmte, oft auch nach der aufgewendeten Zeit sich richtende Gebührensätze angeordnet sind. Dieser Tarif ist ein einheitlicher für alle Anwälte, ohne Unterscheidung, ob dieselben bei einem höheren oder niederen Gericht angestellt sind.

Die Anwälte sind berechtigt von der Partei einen Kostenvorschuss zur Bestreitung der Auslagen zu fordern, und zwar vom Kläger *f* 60, vom Beklagten *f* 30. Erforderlichenfalls ist der Vorschuss nachträglich zu erhöhen; auf Antrag des Anwalts kann der Gerichtspräsident den Betrag des zu leistenden Vorschusses festsetzen.

Auch für die Advokaten besteht ein gesetzlicher Gebührentarif; im Uebrigen haben dieselben das ihnen geschuldete Honorar nach der Bedeutung und Schwierigkeit der Sache, sowie mit Rücksicht auf den für dieselben erforderten Zeitaufwand zu bemessen.

Ausländer[1] haben als Kläger, sowie auch als Intervenienten der Gegenpartei Sicherheit wegen des Kostenersatzes zu leisten. Der Betrag wird vom Gericht nach Maassgabe des voraussichtlichen Kostenaufwandes bemessen. Diese Kostenkaution für die Gegenpartei haben selbst zum Armenrecht zugelassene Ausländer zu leisten, falls dieselben nicht durch Staatsvertrag auch hiervon befreit sind. Vor Stellung dieser Kostenkaution ist die Gegenpartei nicht verpflichtet, sich auf die Klage bezw. die Intervention einzulassen.

Das Armenrecht befreit vorläufig von der Verpflichtung zur Zahlung der Gerichtskosten (Stempel, Registrirungs- und Gerichtsgebühren), sowie von der Verpflichtung zur Zahlung der Gebühren bezw. des Honorars des der Partei zugeordneten Anwalts, Advokaten und Gerichtsvollziehers. Dagegen befreit das Armenrecht nicht von der Verpflichtung, die etwa an Zeugen und Sachverständige verschuldeten Beträge zu zahlen, so dass auch der Anwalt einer zum Armenrecht zugelassenen Partei deswegen einen Vorschuss zu fordern veranlasst sein kann. Das vom Gericht I. Instanz ertheilte Armenrecht gilt zugleich für die höheren Instanzen, wenn die Gegenpartei ein Rechtsmittel verfolgt; es ist alsdann ohne Weiteres auf Antrag ein Armenanwalt u. s. w. für die höhere Instanz zu bestellen. Will die Armenpartei ihrerseits ein Rechtsmittel verfolgen, so bedarf sie einer erneuten Zulassung zum Armenrecht durch das höhere Gericht. Das Gesuch um Ertheilung des Armenrechts

---

[1] Unter gewissen Voraussetzungen — im Falle längeren Aufenthalts in den Niederlanden und auf Grund besonderer königlicher Bewilligung — sind Ausländer den Inländern gleichgestellt.

bedarf vor den Kollegialgerichten der Unterschrift eines, nöthigenfalls vom Präsidenten bestellten, Anwalts.

Ausländern wird das Armenrecht nur auf Grund und nach Maassgabe eines etwaigen Staatsvertrags bewilligt.

Die Gesammtkosten eines Prozesses vor dem Einzelrichter mögen bis zum Urtheil in der Regel *f* 10 — 20 betragen. Prozesse vor den Arrondissementsgerichten sind erheblich theurer. Im Falle eines vom Kläger genommenen Versäumnissurtheils mögen dieselben einschliesslich des Honorars etwa *f* 35 betragen; im Falle kontradiktorischer Verhandlung ohne Beweisaufnahme dagegen *f* 150—200 für den Kläger, für den Beklagten etwas weniger. Im Falle einer Beweisaufnahme durch Zeugen und Sachverständige betragen die Kosten entsprechend mehr. Im Falle eines Urkundenbeweises bedarf es einer Rekognition der vorzulegenden Urkunden, wodurch die Prozesskosten unter Umständen wesentlich erhöht werden (vgl. oben S. 153 Note 1).

Die Kosten der Berufungs- und der Kassationsinstanz sind mit Rücksicht auf die geringeren Auslagen in der Regel geringer als die der ersten Instanz. In wichtigeren Sachen mögen die Gesammtkosten eines Prozesses in diesen höheren Instanzen je etwa *f* 400—500 betragen.

VIII. Zwangsvollstreckung.

Verurtheilende Erkenntnisse sind in der Regel vollstreckbar, insolange ein die Vollstreckung ausschliessendes Rechtsmittel — Einspruch, Berufung, Revision und Kassation (die requeste civiel hemmt die Vollstreckung nicht) — nicht eingelegt ist. Die Vollstreckung erfolgt auf Grund einer „Im Namen des Königs“ vom Gerichtsschreiber ertheilten Ausfertigung.

In einzelnen vom Gesetz bezeichneten Fällen sind die Urtheile erst nach erlangter Unanfechtbarkeit vollstreckbar.

In den vom Gesetz bestimmten Fällen können Urtheile für vorläufig vollstreckbar erklärt werden, zuweilen nach Ermessen des Gerichts mit oder ohne Sicherheitsleistung. So insbesondere wenn die Verurtheilung auf Grund eines authentischen Titels oder eines anerkannten Schuldscheines erfolgt ist. In Handelssachen ist allgemein die vorläufige Vollstreckbarkeit gegen Sicherheitsleistung zulässig. Die vorläufige Vollstreckbarkeit kann nur im Urtheil selbst, nicht durch ein Nachtragsurtheil angeordnet werden. Vollstreckbar sind ausser den Urtheilen auch im Inlande errichtete authentische Akte und zwar ebenfalls auf Grund einer „Im Namen des Königs“ ausgestellten Ausfertigung. Ferner im Inlande erlassene Schiedssprüche auf Grund eines Vollstreckungsbefehls, welchen der Präsident des Arrondissementsgerichts, innerhalb dessen Bezirk der Schiedsspruch erfolgt ist, auf das bei Gericht hinterlegte Original des Schiedsspruchs einschreibt.

Der Gerichtsvollzieher wird durch den Besitz der vollstreckbaren Urtheilsausfertigung zu allen Vollstreckungshandlungen legitimirt, mit Ausnahme der Personalhaft, zu welcher er einer besonderen Vollmacht bedarf.

Die Vollstreckung erfolgt durch Beschlagnahme und Veräusserung von Mobilien und Immobilien, durch Beschlagnahme unter Dritten u. s. w. Falls mehrere Gläubiger bei der Zwangsvollstreckung in denselben Gegenstand konkurriren, findet ein besonderes Kollokations- und Vertheilungsverfahren statt.

Die Personalhaft ist nur in den vom Gesetz bezeichneten speziellen Fällen zulässig. Gegen Kaufleute ist dieselbe zulässig wegen aller Handelsschulden und zwar auch zu Gunsten von Nichtkaufleuten. Gegen Nichtkaufleute ist die Schuldhaft zulässig insbesondere wegen Verpflichtungen aus Wechseln und sonstigen ein Handelsgeschäft betreffenden Verpflichtungsscheinen, sowie aus den Seehandel betreffenden Verträgen. Ferner in verschiedenen Fällen wo eine Verpflichtung zur Zurückgabe von anvertrauten Sachen und Geldern in Frage steht, sowie wegen aller Entschädigungsansprüche aus Delikten, insofern dieselbe *f* 150 übersteigen. Speziell zu Gunsten von Niederländern ist die Schuldhaft uneingeschränkt zulässig gegen Ausländer, welche keinen Wohnsitz im Inlande haben. Frauen gegenüber ist die Zulässigkeit der Schuldhaft mehrfach eingeschränkt.

Die vorläufige Beschlagnahme unter Handen des Schuldners zur Sicherung der Zwangsvollstreckung (conservatoir beslag) ist zulässig. Die Voraussetzungen sind: Glaubhaftmachung des Anspruchs sowie der Gefährdung. Die Anordnung der Beschlagnahme erfolgt durch den Präsidenten des Arrondissementsgerichts, nach Ermessen desselben ohne oder gegen Sicherheitsleistung. Der Anspruch selbst ist binnen kurzer Frist (in der Regel binnen acht Tagen) durch Ladung des Schuldners geltend zu machen, widrigenfalls die Beschlagnahme wirkungslos wird. Dasselbe gilt im Wesentlichen bei der Beschlagnahme unter Dritten; doch bedarf es in diesem Falle einer Anordnung des Arrestes durch den Gerichtspräsidenten nicht, wenn die Beschlagnahme für eine urkundlich verbriefte Forderung erfolgt.

IX. Vollstreckung ausländischer Urtheile und Schiedssprüche.

Eine Vollstreckung ausländischer Urtheile findet nicht statt. Die Prozessordnung spricht zwar (Art. 431) von Ausnahmefällen, in welchen dieselbe zulässig sei und bestimmt, dass in solchen Fällen die Vollstreckung nur zulässig sein soll auf Grund einer besonderen auf Antrag erfolgenden Vollstreckbarerklärung durch das niederländische Gericht, innerhalb dessen die Zwangsvollstreckung geschehen soll. In Wahrheit kennt aber die niederländische Gesetzgebung nur einen solchen Ausnahmefall, und zwar im Seerecht (bei der grossen Haverie).

In gleicher Weise ist die Vollstreckbarkeit der Schiedssprüche auf im Inland erlassene Schiedssprüche beschränkt, da nur solche (vgl. oben S. 156) in gesetzlicher Form vollstreckbar erklärt werden können. Doch ist dadurch nicht ausgeschlossen, dass im Falle eines auf Grund eines Schiedsvertrags im Ausland erlassenen Schiedsspruches der Anspruch auf die im Schiedsspruch zuerkannte Leistung klagend geltend gemacht wird.

B. Konkurs.

Die niederländische Gesetzgebung unterscheidet zwischen dem im Handelsgesetzbuch geregelten Faillissement, welches nur auf Kaufleute Anwendung findet und dem in der Prozessordnung geregelten nur in besonders dringlichen Fällen zugelassenen nicht kaufmännischen Konkurs, welcher ebenfalls eine Beschlagnahme des Vermögens des zahlungsunfähigen Schuldners und Verwaltung desselben durch Kuratoren zum Zwecke der gleichmässigen Befriedigung der Gläubiger zur Folge hat.

Die nachstehende Darstellung kann sich auf den kaufmännischen Konkurs um so mehr beschränken, als die Bestimmungen beider Gesetzbücher nicht sehr wesentlich von einander abweichen.

I. Die Failliterklärung erfolgt, sobald ein Kaufmann (Handelsgesellschaft) seine Zahlungen eingestellt hat, auf Antrag desselben (wozu er verpflichtet ist) oder auf Antrag eines Gläubigers. In gewissen Fällen kann auch das öffentliche Ministerium den Antrag stellen.

Ueber den Nachlass eines verstorbenen Kaufmannes ist der Konkurs zu eröffnen, wenn der Antrag innerhalb drei Monaten nach seinem Tode erfolgt.

Einspruch und Berufung sind zulässig, ohne jedoch das Verfahren zu hemmen.

Der Konkurs gilt bereits von dem Tage an, an welchem der Antrag gestellt ist, als eröffnet. Dieser Tag ist im Eröffnungsurtheil anzugeben.

II. In Folge der Konkurseröffnung — von dem bezeichneten Tage an — ist der Faillit zur Verfügung über sein Vermögen nicht mehr berechtigt. Die Verwaltung desselben geht auf den im Eröffnungsurtheil bezeichneten Verwalter (Kurator — nach Ermessen des Gerichts werden mehrere Kuratoren bestellt), unter Aufsicht eines Richterkommissars, über, welcher die Veröffentlichung des Eröffnungsurtheils zu veranlassen, sowie Inventar und Bilanz aufzunehmen hat.

Bereits anhängige Exekutionen werden sistirt. Doch kann, wenn der Tag des definitiven Verkaufs bereits bekannt gemacht ist, der Verwalter mit Genehmigung des Richterkommissars, die Versteigerung für Rechnung der Masse, unter Vorbehalt des etwaigen Vorzugsrechts des betreibenden Gläubigers, geschehen lassen.

Personalhaft kann im ersten Stadium des Konkurses nicht vollzogen werden. Ist aber der Schuldner bei Eröffnung des Konkurses schon in Haft, so dauert diese fort.

III. Anfechtung von Rechtsgeschäften der Failliten.

1. Zahlungen, welche der Faillit innerhalb der letzten vierzig Tage vor der Konkurseröffnung auf zu dieser Zeit noch nicht fällige Schulden geleistet hat, sind an die Masse zurückzugewähren.

2. Pfandrechte und Hypotheken, welche innerhalb der letzten vierzig Tage zur Sicherung bereits bestehender Verpflichtungen nachträglich gewährt sind, oder welche für innerhalb dieser Zeit eingegangene Verpflichtungen zunächst nur zugesagt und nicht sofort auch bestellt waren, sind nichtig.

3. Schenkungen sind nichtig: a) wenn sie innerhalb der letzten 60 Tage, Verwandten oder Verschwägerten gegenüber, wenn sie innerhalb der letzten 120 Tage gewährt sind; b) ohne Zeitbeschränkung, wenn der Schenkgeber Kenntniss seines Vermögensverfalls hatte.

4. Alle Rechtsgeschäfte des Failliten — ohne Zeitbeschränkung — welche

beiderseits zur betrügerischen Benachtheiligung der Gläubiger abgeschlossen sind.

IV. Aussonderungsrechte des unbezahlten Verkäufers, des Kommissionärs u. s. w.

1. Der ganz oder theilweise noch unbezahlte Verkäufer hat innerhalb 30 Tagen nach der Lieferung Anspruch auf Rücklieferung der Waaren gegen Rückzahlung der Abschlagszahlung und Ersatz der wegen der Waare für Fracht, Zölle und Steuern, Versicherung, grosse Haverei und Kommission gemachten Aufwendungen. Hat der Käufer für den vollen Kaufpreis Wechselaccepte gegeben, so steht dies der Zahlung gleich. Ist dies nur für einen Theil des Kaufpreises geschehen, so muss der Verkäufer Sicherheit wegen der daraus für die Konkursmasse sich ergebenden Verpflichtungen leisten.

Ist die Waare bereits weiterverkauft, so hat der Verkäufer unter Umständen ein Aussonderungsrecht an der noch ausstehenden Kaufpreisforderung.

2. Der Kommittent bleibt nicht bloss Eigenthümer des noch vorhandenen Kommissionsgutes, sondern auch aller von ihm nur kommissionsweise (zur Einkassirung, zur Deckung von Schulden u. s. w.) begebenen Handelspapieren (Wechsel, Anweisungen u. s. w.).

3. Gleiches gilt von Handelspapieren, sogar denjenigen, welche in Kontokurrent gegeben waren, wenn dem Fallliten zur Zeit der Begebung ein Guthaben und auch später nicht zustand.

4. Der Verkaufskommittent hat ein Aussonderungsrecht an dem noch ausstehenden Kaufpreis der vom Kommissionär bereits verkauften Waaren.

V. Die Anmeldung und Verifikation der Forderungen, sowie etwaiger Vorzugsrechte erfolgt in einem Termin, wozu die bekannten Gläubiger persönlich, die unbekannten durch öffentliche Aufforderung geladen werden. In dem Termine erscheinen die Gläubiger persönlich oder durch Bevollmächtigte. Auswärtige Gläubiger müssen Wohnsitz am Orte des Konkursgerichts wählen. Es empfiehlt sich dem Verwalter schon vor dem Termin von der anzumeldenden Forderung Kenntniss zu geben und demselben die geeigneten Nachweise vorzulegen, damit die Verifikation der Forderung ohne Anstand erfolgen kann.

Der Verwalter, sowie jeder (in Person oder durch Bevollmächtigte) anwesende Gläubiger kann die Beeidigung einer angemeldeten Forderung fordern. Wird die Forderung bestritten, so wird der Streitpunkt vom Richterkommissar sofort in eine bestimmte Sitzung des Gerichts verwiesen, so dass es einer weiteren Ladung nicht mehr bedarf.

Gläubiger, welche ihre Forderung im Termin verificiren zu lassen versäumt haben, können dies in einer dazu auf ihre Kosten stattfindenden Sitzung nachholen, zu welchem die anerkannten Gläubiger zu laden sind.

VI. Akkord. Ein Zwangsakkord ist zulässig, wenn entweder $^2/_3$ der Gläubiger mit $^3/_4$ der Gesammtforderungen oder $^3/_4$ der Gläubiger mit $^2/_3$ der Gesammtforderungen demselben zustimmen und vom Gericht die Bestätigung (Homologatie) des Akkords erklärt wird. Die dem Akkord widersprechenden Gläubiger können binnen acht Tagen Opposition erheben, in welchem Falle über die Bestätigung des Akkords kontradiktorisch verhandelt wird. Der Widerspruch gegen den Akkord kann insbesondere darauf gestützt werden, dass die

Akkordsumme erheblich weniger als die zu erwartende Konkursdividende beträgt.

Bevorzugte Gläubiger werden durch den Akkord nicht berührt, stimmen demgemäss auch nicht mit, falls sie nicht auf ihr Vorzugsrecht verzichten.

VII. Kommt ein Akkord nicht zu Stande, so findet im kaufmännischen Konkurse noch eine besondere Insolvenzerklärung statt, und ist demnächst die Masse vom Verwalter unter Aufsicht des Richterkommissars zu versilbern und unter die Gläubiger zu vertheilen. Die Vertheilung erfolgt auf Grund eines vom Richterkommissar angefertigten Vertheilungsplanes, welcher nach erfolgter öffentlicher Bekanntmachung 14 Tage auf der Gerichtsschreiberei zur Einsicht aufliegt und gegen welchen jeder Gläubiger Widerspruch erheben kann. Ueber den Widerspruch entscheidet das Gericht auf Grund kontradiktorischer Verhandlung.

Den Gläubigern bleiben ihre Forderungen, soweit dieselben im Konkurs nicht gedeckt worden sind, vorbehalten. Dieselben können jederzeit, sobald der Faillit wieder Vermögen besitzt, die Wiedereröffnung des Konkurses beantragen.

VIII. Kosten. Kosten entstehen nur, wenn die Anmeldung durch einen Bevollmächtigten bewirkt wird (f 0,22$^1/_2$ Vollmachtsstempel und f 1,20 für Registrirung der Vollmacht). Für Vertretung eines Gläubigers im Konkurs berechnen die Anwälte und Advokaten ihre tarifmässigen Gebühren und Auslagen. Gerichtsvollzieher pflegen als Vertreter im Konkurs 10$^0/_0$ der zur Auszahlung kommenden Summen zu berechnen, so dass die Vertretung durch solche jedenfalls bei grösseren Forderungen nicht zu empfehlen ist.

C. Nachlasssachen.

I. Zur gesetzlichen Erbfolge sind berufen: in erster Linie die Abkömmlinge nach Stämmen; in zweiter Linie: die Eltern, Geschwister und Abkömmlinge von Geschwistern; in dritter Linie: die Voreltern und Seitenverwandten. Betreffs der näheren Bestimmungen wird auf die Artikel 899—908 des bürgerlichen Gesetzbuchs verwiesen.

Anerkannte uneheliche Kinder erhalten $^1/_3$, $^1/_2$, $^3/_4$ dessen, was sie als eheliche Kinder erhalten würden, je nachdem sie mit Erben der ersten, zweiten oder dritten Klasse zusammenerben.

Die Verwandten erben bis zum zwölften Grad. Erst in Ermangelung solcher Erben fällt der Nachlass dem Ehegatten zu. In Ermangelung auch dieses hat der Staat Anspruch auf den Nachlass.

II. Pflichtberechtigt sind Abkömmlinge und die Eltern und Voreltern. Der Pflichttheil beträgt bei einem ehelichen Kinde $^1/_2$, bei zweien $^2/_3$, bei drei oder mehr Kindern $^3/_4$ des gesetzlichen Erbtheils. Anerkannte uneheliche Kinder sowie Eltern und Voreltern sind in allen Fällen für $^1/_2$ ihres gesetzlichen Erbtheils pflichttheilberechtigt.

III. Zwischen Ehegatten besteht allgemeine Gütergemeinschaft, falls solche nicht ganz oder theilweise vor Abschluss der Ehe durch Vertrag ausgeschlossen ist. Dritten gegenüber gilt ein solcher Vertrag nur, wenn er bei der Gerichtsschreiberei des Arrondissementgerichts registrirt worden ist.

unterschätzende Bedeutung. Ein nicht unwesentlicher Nutzen desselben besteht weiter darin, dass dadurch den Betheiligten die zeitraubenden Anfragen bei den auswärtigen Konsulaten erspart und damit auch die Konsulate von einer Menge lästiger Anfragen befreit werden, während ihnen andererseits durch das vorliegende Werk die Beantwortung von Anfragen erleichtert wird.

Auch der Wissenschaft glauben die Herausgeber durch ihr Sammelwerk einen Dienst zu erweisen, weil sie ihr damit die Möglichkeit einer Vergleichung der Justizeinrichtungen und der Prozessrechte der Kulturländer des Erdballs bieten.

Da das gesammte Material fast vollständig vorliegt und nur noch theilweise der Ueberarbeitung oder auch der Uebersetzung bedarf, so kann die rasche Veröffentlichung des ganzen Werkes versprochen werden. Der Umfang desselben lässt sich nicht mit Sicherheit vorausbestimmen. Es sind ca. sechs bis sieben Lieferungen, die erforderlichen Falles der grösseren Handlichkeit halber zwei Bände bilden sollen, dafür in Aussicht genommen. Einzelne Lieferungen oder Bände werden *nicht* abgegeben.

Dass das Werk in so umfassender Weise hat unternommen und durchgeführt werden können, ist wesentlich der während der jahrelangen Vorbereitungen demselben *zu Theil gewordenen Förderung durch das Auswärtige Amt zu Berlin zu danken.*

Aufgenommen sind alle am internationalen Verkehr irgend betheiligten Länder. Wir geben nachstehend ein Verzeichniss derselben:

Aegypten, Argentinische Republik, Belgien, Bolivia, Bosnien und Herzegowina, Brasilien, Britisches Reich mit den Kolonien, Bulgarien, Central-Amerika (Costarica, Guatemala, Honduras, Nicaragua, Salvador), Chile, China, Columbien, Congo-Staat, Dänemark mit Island und den Kolonien, Deutsches Reich, Dominikanische Republik, Ecuador, Frankreich mit Algier, Tunis und den Kolonien, Griechenland, Haiti, Hawaii, Japan, Italien, Korea, Liberia, Luxemburg, Madagaskar, Marokko, Mexiko, Monaco, Montenegro, Niederlande mit den Kolonien, Norwegen, Oesterreich-Ungarn, Paraguay, Persien, Peru, Portugal mit den Kolonien, Rumänien, Russisches Reich, Samoa- und Tonga-Inseln, Schweden, Schweiz, Serbien, Siam, Spanien mit den Kolonien, Türkisches Reich, Uruguay, Venezuela, Vereinigte Staaten von Amerika, Zanzibar.

Bestellungen nehmen alle Buchhandlungen des In- und Auslandes entgegen.

Die Verlagsbuchhandlung:

Veit & Comp. in Leipzig

Druck von Metzger & Wittig in Leipzig.